DER RETTER

12 Lebensgeschichten und die Botschaft vom Kreuz

MARK DRISCOLL & GERRY BRESHEARS

Bibliografische Information der Deutschen Nationalbibliothek
Die Deutsche Nationalbibliothek verzeichnet diese Publikation in der
Deutschen Nationalbibliografie; detaillierte bibliografische Daten sind
im Internet über http://dnb.ddb.de abrufbar.

Mark Driscoll und Gerry Breshears
Der Retter: 12 Lebensgeschichten und die Botschaft vom Kreuz

© 2013 pulsmedien, Worms
Best.-Nr.: 652.809
ISBN: 978-3-939577-09-6

Originaltitel: Death By Love: Letters from the Cross
© 2008 Crossway Books (Wheaton, Illinois)

Übersetzung: Frauke Bielefeldt, Marcus Hübner, Sabine Engel
Satz und Umschlag: Holger S. Hinkelmann, Berg
Cover und Art Design: Christopher Koelle und Matt Mantooth, Portland Studios
Zeichnungen im Innenteil: Christopher Koelle, Portland Studios
Druck und Verarbeitung: CPI Ebner & Spiegel, Ulm

Soweit nicht anders angegeben wurden folgende Bibelübersetzungen verwendet:
Neues Testament: Neue Genfer Übersetzung (© 2011 Genfer Bibelgesellschaft)
Altes Testament: Neues Leben Übersetzung (Neues Leben – Die Bibel, © 2002
und 2006 R. Brockhaus im SCM-Verlag, Witten) und Lutherübersetzung (Die
Bibel nach der Übersetzung Martin Luthers in der revidierten Fassung von 1984,
durchgesehene Ausgabe in neuer Rechtschreibung, © 1984 Deutsche Bibelgesellschaft, Stuttgart)

www.pulsmedien.de

Inhalt

Vorwort: Der Juwel des Glaubens 5

Dank 10

Einleitung: „Wir haben Gott getötet!" –
    Jesus, unsere stellvertretende Sühne 13

1   „Dämonen quälen mich!" –
    Jesus, Katies Sieger (Christus Victor) 33

2   „Sex ist mein Gott!" –
    Jesus, Thomas' Befreiung 55

3   „Meine Frau hat mich mit meinem Freund betrogen!" –
    Jesus, Lukes Bundesopfer 69

4   „Ich bin doch ein guter Christ!" –
    Jesus, Davids geschenkte Gerechtigkeit 83

5   „Ich habe ein Kind sexuell belästigt!" –
    Jesus, Johns Rechtfertigung 103

6   „Mein Vater hat mich oft geschlagen!" –
    Jesus, Bills Propitiation (Zornstillung) 117

7   „Er hat mich vergewaltigt!" –
    Jesus, Marys Reinigung 135

8   „Mein Papa ist Pastor!" –
    Jesus, Gideons unbegrenzt-begrenzte Sühne 153

9   „Ich werde in die Hölle wandern!" –
    Jesus, Hanks Lösegeld 171

10 „Meine Frau hat einen Gehirntumor!" –
    Jesus, Calebs Vorbild (Christus Exemplar) 185

11 „Ich hasse meinen Bruder!" –
    Jesus, Kurts Versöhnung 205

12 „Ich möchte Gott kennenlernen!" –
    Jesus, Susans Offenbarung 221

Anmerkungen 236

Vorwort: Der Juwel des Glaubens

Niemand kommt mit einer fertigen Theologie auf die Welt. Jede Generation muss sich die Grundzüge der biblischen Wahrheit selbst aneignen, d. h. die unveränderlichen Aussagen der Schrift mit den ständig veränderten Fragen einer Kultur in Beziehung setzen. Manchmal verläuft dieser Prozess erfolgreich und führt zu einer Wiederbelebung biblisch orientierter, fruchtbarer Gemeindearbeit. Manchmal scheitert dieses Projekt auch und produziert falsche Lehren, die der Kirche das Genick brechen und verhindern, dass die Kraft des Evangeliums entfesselt wird, weil sie entweder einen falschen Jesus pflegt oder mit dem wirklichen nichts anfangen kann.

Heute steht die Kirche erneut vor diesen beiden großen Optionen. Pastoren und Gemeinden der Emerging Church tasten fast jede Glaubensüberzeugung an, die bisher als christlich galt. Die womöglich herausragendste unter ihnen ist die Sühnelehre, oder schlicht und ergreifend: Was Jesus am Kreuz für uns getan hat.

Manchen widerstrebt das Kreuz gefühlsmäßig, weil es ein Symbol für Gewalt und Schande ist. Andere hegen rationale Vorbehalte, weil im Laufe der Kirchengeschichte verschiedenste theologische Interpretationen entstanden sind, was nun am Kreuz genau vollbracht worden ist. Das hat zu Verwirrung geführt und die Frage aufgeworfen, ob überhaupt eine von ihnen wirklich richtig oder auch nur hilfreich ist.

Wir schreiben dieses Buch nicht, um den vielen Theologen zu gefallen, die hier sicher eine Menge zu bekritteln finden werden, sondern um (hoffentlich!) komplizierte Wahrheiten normalen Lesern verständlich zu machen. Damit sie Jesus mehr lieben und anbeten, wenn sie sein Kreuz auf sich nehmen und ihm nachfolgen. Außerdem hoffen wir, damit befreundeten Pastoren und anderen christlichen Leitern zu helfen, die in Lehr- und Leitungsverantwortung stehen. Es bricht uns das Herz, wie das Kreuz Jesu angegriffen und vernachlässigt wird. Mit diesem Buch versuchen wir darauf zu antworten und mitzuhelfen, dass das Kreuz im Zentrum dessen bleibt, was es heißt, zu denken und zu leben wie Jesus.

Vorweg noch ein paar wichtige Vorbemerkungen, damit wir uns im weiteren Verlauf des Buches auf die biblischen Inhalte konzentrieren können.

1. Das Kreuz ist ein Juwel mit vielen Facetten. Viel Tinte ist im Laufe der Kirchengeschichte verbraucht worden, um die Debatten zwischen verschiedenen Theologen und christlichen Traditionen auszutragen. Unser Anliegen mit diesem Buch ist im Wesentlichen, die Perspektiven darzustellen, die biblisch verankert sind. Wir wollen die Gesamtheit der biblischen Aussagen lehren, ohne einen der verschiedenen Aspekte zu vernachlässigen. Ein Theologe hat das Kreuz den großen Juwel des christlichen Glaubens genannt, und wie jeder Diamant hat er verschiedene Facetten, von denen jede es wert ist, gebührend beleuchtet zu werden. Deswegen tun Sie gut daran, jede Seite dieses Diamanten mit den anderen zusammen zu sehen, denn sie strahlen gemeinsam und nicht gegeneinander zur Ehre Gottes. Die Lehre vom Kreuz wird meistens dann dürftig, wenn man eine dieser Facetten ignoriert oder sogar ablehnt oder eine Seite auf Kosten der anderen überbetont, was oft als Überreaktion auf die Überreaktion anderer geschieht. Solch enge und rückschrittliche Theologie hat leider dazu geführt, dass die Schönheit des Kreuzes von den verschiedenen Kampfgruppen verstellt wird, die mit ihrem theologischen System hoch hinauswollen, statt sich tief vor dem Gekreuzigten zu beugen.

2. Das Kreuz ist kein Juwel der Heiden. Leider haben manche Ausleger Gedanken in Umlauf gebracht, dass die Kreuzigung kaum mehr als eine Anpassung alter heidnischer Vorstellungen sei, die anderen Religionen entstammten. Es wird dann behauptet, dass wir in gleicher Weise modernes heidnisches Gedankengut adaptieren sollten, indem wir das Werk Jesu neu interpretieren auf dem Hintergrund von Göttinnenkulten, atheistischer Therapie, säkularem Feminismus, Marxismus und der Postmoderne. Das führt im Rückschluss zum Ausverkauf von allem, was das Kreuz vorher an gut christlicher Bedeutung hatte.

Der Same für solch theologisches Unkraut ist ein evolutionäres Verständnis von Wahrheit, d.h. die Sichtweise, dass Wahrheit sich nach und nach entwickelt. Damit wäre die Bibel allgemein und das Alte Testament im Besonderen einer archaischen, primitiven Zeit zuzuordnen und somit für moderne Menschen unzumutbar, die sich nur angewidert abwenden von diesem ganzen Gerede von Blut. Sie sind viel zu kultiviert, um ernsthaft über Sünde und Strafe nachzudenken. Doch Altes wie Neues Testament behaupten eindeutig, dass unser Verständnis vom Kreuz aus Gottes Offenbarung erwächst und nicht aus menschlichem Mutmaßen mit heidnischen Anleihen. Im großen Kapitel über die Sühneopfer spricht Gott (3Mose 17,11): *„Ich habe es euch … gegeben, dass ihr damit entsühnt werdet."* Ebenso macht Paulus deutlich, dass er die Botschaft des Evangeliums nicht erfunden oder von anderen Religionen abgekupfert hat, sondern allein durch göttliche Offenbarung empfangen hat (1Kor 15,3-4; Gal 1,11-12.15-17).

Deshalb lassen sich die Sühnemetaphern des Neuen Testaments nur angemessen vor dem Hintergrund des Alten Testaments interpretieren, dem sie entstammen, nicht als Anleihen am Heidentum.

Die Botschaft des Evangeliums kommt von Gott und geht an die Kultur. Sie ist kein Produkt der Kultur, auch wenn sie wirksam in alle Kulturen hineinkommuniziert werden soll. Deshalb ist sie verbindlich für alle Menschen überall und zu allen Zeiten. Jedes Evangelium, das dem Heidentum entspringt oder sich daran anpasst, ist ein falsches, dämonisch gespeistes Evangelium (2Kor 11,3-4; Gal 1,6-9). D. A. Carson schreibt dazu:

> *Keine Wahrheit, die Menschen verkünden, kann kulturübergreifend formuliert werden, aber das heißt nicht, dass eine dergleichen formulierte Wahrheit nicht Kulturgrenzen überschreiten kann.[1]*

3. Der Juwel steht nicht für sich da, sondern ist eingebettet in den Strom der Geschichte. Verschiedene christliche Traditionen haben jeweils ihre Lieblingsfacetten entdeckt, die sie gerne betonen.

- Jesus begann sein Werk mit seiner Inkarnation als Immanuel – „Gott mit uns". Die Ostkirche hilft uns, die Wichtigkeit dieses Aspektes zu sehen: Gott kommt und bringt göttliches Leben und Kraft zurück in die gefallene Menschheit. So wird die volle Menschheit Jesu betont, ohne seine Göttlichkeit zu verneinen.
- Das Leben Jesu war nicht nur eine Hinführung zum Kreuz, sondern gibt uns ein Beispiel dafür, wie wir als seine Nachfolger leben sollen und können. Darauf weist uns die Tradition der Täuferbewegung hin [z. B. die Mennoniten – *Anm. d. Übers.*].
- Jesus hat uns Gottes Wesen auf dramatische Weise nahegebracht durch seinen treuen Gehorsam, sein Leben ohne Sünde und seine unerschütterliche Liebe. Sein Kreuz bringt göttliche Versöhnung und Vergebung und ist die Grundlage für unsere Rechtfertigung. Das zeigt uns die Reformierte Tradition.
- Seine Auferstehung ist die Kraft, mit der göttliches Leben in die Welt hineinbricht, und bestätigt, dass der Vater seine Bezahlung am Kreuz angenommen hat. Die Auferstehung ist die Grundlage unserer Wiedergeburt und unseres neuen Lebens und die Garantie für unsere Auferstehung in der Zukunft, wie die pietistische Tradition betont.
- Jesus ist erhöht als gesalbter König und hat damit auch die Macht über Satan und Dämonen. Er trat als bescheidener galiläischer Landbewohner auf, aber nun ist er der herrliche Sohn Gottes, der bei seiner Rückkehr alle Feinde besiegen wird. Das war der Glaube der Alten Kirche mitten in ihrer polytheistisch-heidnischen Umgebung.

4. Das Kreuz lehnt die Liebe Gottes nicht ab, sondern offenbart sie wie sonst nichts. Manche mögen einwenden, dass ein liebender Gott seinen Zorn nicht auf Jesus ausschütten könnte, doch genau dies sagt die Schrift: *„Aber der Herr wollte ihn leiden lassen und zerschlagen"* (Jes 53,10).

Andere werden monieren, dass ein Gott der Liebe niemals den blutigen, unschuldigen Tod Jesu gutheißen könnte. Doch die Bibel sagt schlicht und einfach, dass am Kreuz die Liebe Gottes am klarsten zu erkennen ist. Jesus selbst hat genau dies behauptet: *„Liebt einander, wie ich euch geliebt habe; das ist mein Gebot. Niemand liebt seine Freunde mehr als der, der sein Leben für sie hergibt"* (Joh 15,12-13).

Andere biblische Schriften greifen Jesu Worte auf. Sein Kreuz ist der Ort, an dem die Liebe am allersichtbarsten auf der ganzen Welt wird. Wörtlich aus dem Griechischen übersetzt würde Johannes 3,16 lauten: *„Denn auf diese Weise hat Gott die Welt geliebt: Er gab seinen einzigen Sohn, damit jeder, der an ihn glaubt, nicht zugrunde geht."* Dies ist also die Art, in der Gott seine Liebe zu uns ausdrückt. Schließlich sagt auch 1. Johannes 4,9-10: *„Gottes Liebe zu uns ist daran sichtbar geworden, dass Gott seinen einzigen Sohn in die Welt gesandt hat, um uns durch ihn das Leben zu geben. Das ist das Fundament der Liebe: nicht, dass wir Gott geliebt haben, sondern dass er uns geliebt und seinen Sohn als Sühneopfer für unsere Sünden zu uns gesandt hat."*

Natürlich geht es im blutigen Kreuzestod um Liebe! Das Ausmaß unserer Sünde und das Ausmaß von Gottes Liebe können nicht voll erfasst werden ohne Jesus am Kreuz.

Dieses Buch will die Wahrheit über das Kreuz mit Leidenschaft und getreu den biblischen Aussagen darstellen. So werden Sie sich vielleicht wundern, dass wir nichts theologisch Neues bringen. Innovation führt in der Theologie unweigerlich zu Irrlehre. Stattdessen ist dieses Buch der Versuch, sich dem Kreuz in voller Treue zur zeitlosen Wahrheit der Schrift zu nähern, mit der die Kirche schon immer gut gefahren ist. Diese zeitlose Wahrheit wollen wir auf zeitgemäße Art vortragen, schriftgemäß, kulturrelevant und persönlich hilfreich. Wir möchten Gott „hinterherdenken", so wie er sich in der Schrift offenbart hat, und falls uns das hier und da nicht gelingt, bitten wir schon jetzt um Gottes Vergebung und Ihre Nachsicht.

Die Kapitel sind jeweils so aufgebaut, dass ich am Anfang eine Person vorstelle, die ich aus meiner Gemeindearbeit bei Mars Hill kenne, und dann an diese Person einen Brief richte, in dem ich eine Facette des großen Juwels erläutere, die für das praktische Leben dieser Person gerade besonders relevant ist. Damit folge ich dem Beispiel des Neuen Testaments, das zum Großteil aus Briefen besteht, die christliche Leiter an die Menschen geschrieben haben, die sie liebten. Das Lukasevangelium und die Apostelgeschichte sind z.B. von Lukas an Theophilus geschrieben, Titus und die Timotheusbriefe von ihrem Mentor Paulus, der Philemonbrief (ebenfalls von Paulus) an Philemon, Archipus und die fromme Aphia, und der 3. Johannesbrief von Johannes an Gajus. Dieses Buch ist mir persönlich sehr nahegegangen. Der Schreibprozess verlief oft unter Tränen, obwohl ich eigentlich nicht nahe am Wasser gebaut bin.

Wir wollen aufzeigen, dass es so etwas wie eine christliche Gemeinschaft oder christliches Wirken nicht geben kann ohne eine saubere Theologie des Kreuzes, die auch einen praktischen Bezug zum persönlichen Leben echter Menschen hat. Deshalb wird mein Tonfall anders als in meinen öffentlichen Predigten zutiefst seelsorgerlich und eher wie in einem persönlichen Gespräch mit einem meiner Gemeindemitglieder ausfallen. Ich warne Sie vor: Dieses Buch nimmt das Leid menschlicher Sünde sehr ernst und wird daher an manchen Stellen knallhart zu lesen sein (wohl auch deshalb, weil wir überschwemmt werden von seichten, christlichen Büchern über siegreiches Leben).

Jedes Kapitel beinhaltet eine Darstellung Gottes, denn wahre Theologie findet ihren Anfang und ihre Mitte in Gott selbst. Dann wird jeweils ein biblischer Sündenaspekt beleuchtet und der entsprechende Aspekt des Werkes Jesu als Lösung des Sündenproblems aufgezeigt, die Gott vorgegeben hat. Achten Sie beim Lesen bitte auch darauf, dass wir Kreuz und Auferstehung so eng miteinander verwoben betrachten, dass sie letztlich ein einziges Ereignis darstellen. Wenn wir also an einer Stelle vom Tod oder Kreuz Jesu sprechen, können Sie davon ausgehen, dass wir seine Auferstehung und das leere Grab mit im Blick haben, denn hätte sein Leben am Kreuz geendet, wäre es wirkungslos geblieben.

Unser Ziel mit jedem Kapitel war es, das Werk Jesu am Kreuz ganz seelsorgerlich-praktisch anzuwenden. Viele unserer Leser werden zu den Themenbereichen weitere theologische Fragen haben, deshalb schließt sich an jedes Kapitel ein Frageteil an. Für diese Antworten ist mein Freund Gerry Breshears verantwortlich, ein ausgewiesener Theologe, von dessen demütig-biblischen Einsichten Sie sicherlich genauso profitieren werden, wie ich es getan habe.

Wir beten, dass dieses Buch total praktisch wird, in seelsorgerlichem Ton gehalten, gepaart mit theologischer Tiefe, und dass es uns tiefer hineinführt in die Anbetung.

Mark Driscoll

Dank

Dieses Buch ist aus einer Predigtreihe entstanden, die ich unter dem Titel „Christ on the Cross" („Christus am Kreuz") in Seattle gehalten habe. Seattle ist eine der entkirchlichsten Städte Amerikas und hat mehr Hunde als evangelikale Christen. Unser Publikum wuchs auf 800 Leute pro Woche an, vor allem junge, hippe Akademikersingles in den Zwanzigern. Jeden Sonntaggottesdienst schrie ich mir über eine Stunde lang den Hals wund über die Schwere der Sünde, den Zorn Gottes und die Versöhnung in Jesus, und ich bin froh, berichten zu können, dass im Evangelium Jesu immer noch die Kraft Gottes steckt.

Dieses Buch ist ein Gemeinschaftswerk unter Freunden. Als junger Pastor wollte ich die Bibel so kompetent wie möglich verkündigen; das führte zu einer engen Freundschaft zu meinem Professor Gerry Breshears, dessen Einsichten in die Bibel für mich von unschätzbarem Wert waren, um die Person und das Werk Jesu zu verstehen, wie es in der Schrift gezeigt wird. In diesem Buch hören Sie meine Stimme, denn ich habe die Worte zu Papier gebracht, aber viele der Gedanken wurden von meinem guten Freund entwickelt, der mir hilfreiche Rückmeldungen gab, als ich ihm die Kapitel zusandte. Außerdem hören Sie Gerrys Stimme im Frageteil am Ende jedes Kapitels. Seine Erklärungen werden Ihre Erkenntnis von Jesus weiter vertiefen. Unsere Hoffnung ist, dass dieses Buch gut lesbar, praktisch und an der Bibel orientiert sein möge, damit Dozenten und Pastoren gleichermaßen wie „normale" Christen und Nichtchristen auf ihre Kosten kommen.

Ein riesiger Dank geht an unsere Freunde vom Verlag Crossway Books, die so freundlich waren, dieses Buch als zweites in der *Re:Lit*-Reihe zu veröffentlichen. Die Zusammenarbeit war geradezu unglaublich!

Re:Lit steht abgekürzt für *Resurgence Literature*, dem Verlagszweig von *Resurgence* (www.theresurgence.com). Dort finden Sie kostenlos eine wachsende Menge theologisches Material, dazu Infos zu anstehenden Konferenzen, die wir durchführen. Die Ältesten der Mars Hill Church (www.marshillchurch.org) sind so großzügig gewesen, *Resurgence* zusammen mit dem *Acts 29 Church Planting Network* (www.acts29network.org) zu finanzieren, um in unserer Kultur zeitlose christliche Wahrheit in zeitgemäßer Form neu aufleben zu lassen [„Wiederaufleben“: engl. *resurgence]*.

Die ungefähr 16 Stunden der Predigtreihe „Christ on the Cross" stehen als kostenloser Download unter www.marshillchurch.org zur Verfügung.

„Wir haben Gott getötet!" – Jesus, unsere stellvertretende Sühne

Jesus wurde vor zweitausend Jahren in einer Kleinstadt geboren; seine Mutter war eine unverheiratete, mittellose Teenagerin. Er wurde von Josef adoptiert, einem einfachen Zimmermann, und verbrachte seine ersten 30 Jahre damit, mit seinem Vater den Hammer zu schwingen.

Als er etwa 30 Jahre alt war, begannen seine öffentlichen Wirkungsjahre, in denen er predigte, Kranke heilte, Hungrigen zu essen gab und sich mit schrägen Sündern anfreundete, die von der religiösen Elite jener Zeit verachtet wurden. Ihm blieben gerade einmal drei kurze Jahre, bevor er hingerichtet wurde, weil er sich selbst Gott genannt hatte. Er starb den schmachvollen Kreuzestod wie Zehntausende vor ihm.

Die Bibel ist uns gegeben, damit wir von Jesus wissen können. Ihr Hauptaugenmerk liegt nicht auf seinen einzelnen Handlungen wie seiner Liebe zu den Kindern, seiner Freundschaft zu gesellschaftlichen Außenseitern oder seinem Beistand für Niedergeschlagene, sondern auf seiner letzten Lebenswoche. Hier geschieht sein Sühnewerk, am Kreuz und im leeren Grab. Insgesamt widmen die vier Evangelien, die von seinem Leben berichten, ungefähr ein Drittel ihres Umfangs dieser letzten Woche, in der die Ereignisse kulminieren und zum Kreuz führen. Nur zwei Evangelien erwähnen überhaupt seine Geburt und alle vier berichten nur spärlich von seiner Auferstehung, doch diese letzte Woche nimmt bei allen großen Raum ein, bei Johannes sogar fast die Hälfte.

Noch bemerkenswerter ist, dass das Symbol für Jesus, das sich im Laufe der Geschichte durchgesetzt hat, das Kreuz ist. Die frühe Kirche kannte noch verschiedene Symbole, so den Fisch und den Brotlaib, aber das Kreuz hat von jeher die Verbindung des Gläubigen mit dem Tod Jesu aufgezeigt. Der Kirchenvater Tertullian (155–230 n. Chr.) schreibt von dem damaligen Brauch mancher Christen, mit der Hand auf ihrem Körper das Kreuz nachzuzeichnen und ihre Hälse und Häuser mit Kreuzen zu schmücken, um den brutalen Tod Jesu zu feiern. Das wäre so, als wenn heute die Nadel eines Fixers oder das gebrauchte Kondom eines Perversen zum beliebtesten Symbol der Welt würde, mit dem man Häuser, Gemeinden und Bodys ziert.

Der antike jüdische Historiker Josephus nannte die Kreuzigung den „verachtungswürdigsten aller Tode."[2] Der römische Philosoph Cicero forderte die römische Bevölkerung sogar auf, gar nicht erst über die Kreuzigung zu reden, weil es für anständige Ohren zu schmählich sei.[3] Die Juden hielten die Kreuzigung nach 5. Mose 21,22-23 ebenso für die grausamste Todesart:

> *Wenn jemand wegen eines Verbrechens zum Tod verurteilt und hingerichtet worden ist und der Tote danach an einem Pfahl aufgehängt wird, dürft ihr ihn nicht über Nacht dort hängen lassen. Ihr müsst ihn noch vor Sonnenuntergang begraben; denn wer am Holz hängt, ist von Gott verflucht und bringt Unheil über das Land. Ihr sollt das Land nicht unrein machen, das der Herr, euer Gott, euch geben wird.*

Erfunden wurde die Kreuzigung wohl von den Persern (ca. 500 v. Chr.) und beendet unter Konstantin, dem ersten christlichen Kaiser Roms. Die Perser haben die Kreuzigung zwar erfunden, aber die Römer perfektionierten sie und hoben sie sich für die verabscheuungswertesten Menschen ihrer Gesellschaft auf: Sklaven, Arme und römische Bürger, die schlimmsten Hochverrat begangen hatten.

Seit der Zeit der Römer ist wahrscheinlich keine schrecklichere Todesart mehr entwickelt worden. Unter Adolf Hitler haben deutsche Soldaten im KZ Dachau Juden gekreuzigt, indem sie Bajonette und Messer durch ihre Beine, Schultern, Kehlen und Geschlechtsteile trieben. Die Roten Khmer unter Pol Pot in Kambodscha haben Menschen ebenfalls gekreuzigt. Heute wird die Kreuzigung noch im Sudan aktiv durchgeführt – und online in dem Videospiel *Roma Victor*.

Die Schmerzen, die ein Mensch am Kreuz auszuhalten hat, sind so überwältigend, dass ein eigenes Wort entstanden ist: *excruciating* [engl., auf Dt. „entsetzlich, qualvoll" – *Anm. d. Übers.]*, das wörtlich „vom Kreuz kommend" bedeutet. Der Kreuzestod ist u. a. deshalb so schmerzhaft, weil es sich im Grunde um einen ausgedehnten Erstickungstod handelt. Die so Hingerichteten hingen nicht selten tagelang am Kreuz; dabei wechselten sie ständig zwischen Ohnmacht und Bewusstsein, während ihre Lungen unter dem Gewicht des schweren Körpers um jeden Atemzug rangen. Es war nicht unüblich, dass die Opfer versuchten, so tief auszuatmen, dass sie zusammensackten und so ihren Tod beschleunigten.

Das alles geschah nicht in privater Abgeschiedenheit, sondern in aller Öffentlichkeit – als würde man heute einen blutenden, nackten Mann über dem Haupteingang Ihres Einkaufszentrums aufhängen. Menschenmengen sammelten sich um die Opfer und machten sich darüber lustig, wie sie dort in der Hitze schwitzten, bluteten und von den tagelangen Schmerzen inkontinent wurden. Wenn sie dann endlich gestorben waren, wurden sie nicht anständig beerdigt, sondern für die Geier hängen gelassen, die sich das Fleisch herauspickten. An den herunterfallenden Knochen taten sich dann die Hunde gütlich, die laut antiker Berichte[4] auch schon mal eine ganze Hand oder einen Fuß als Spielzeug mit nach Hause brachten. Was immer vom Gekreuzigten übrig blieb, landete schließlich im Müll, wenn es seine Familie nicht begrub.

Solche Kreuzigungen waren nicht nur entsetzlich schmerzhaft und eine öffentliche Demütigung, sie wurden auch recht regelmäßig vollstreckt. Zehntausende Menschen ließen in der Antike auf diese Weise ihr Leben. Nach dem Aufstand des Spartakus wurden an einem einzigen Tag 6000 seiner Gefolgsleute gekreuzigt. Sie wurden am Wegesrand einer 120 Meilen langen Landstraße aufgereiht – wie Leitplanken einer modernen Autobahn.

Normalerweise wurden nur Männer gekreuzigt. Manchmal hängte man sie auf Augenhöhe auf, damit Passanten ihnen im Todesmoment direkt in die Augen sehen, sie verfluchen und bespucken konnten. In den wenigen Fällen, in denen eine Frau gekreuzigt wurde, hing man sie mit dem Gesicht zum Kreuz auf. Nicht einmal eine so barbarische Gesellschaft wollte das Gesicht einer Frau in einem solchen Todeskampf sehen.

Als Jesus gekreuzigt wurde, starben links und rechts mit ihm zwei weitere Männer. Als einige Jahre später Petrus, dem Leiter der Jünger, das gleiche Schicksal bevorstand, bat er darum, mit dem Kopf nach unten gekreuzigt zu werden, da er sich für unwürdig hielt, auf die gleiche Weise zu sterben wie Jesus. Seiner Bitte wurde stattgegeben und er hing kopfüber am Kreuz, bis er im Tod die Augen schloss. Als er sie im nächsten Moment wieder öffnete, sah er seinen Erlöser mit den Narben vor sich und hörte: *„Gut gemacht, du guter und treuer Knecht!"*

Deswegen ist es nicht verwunderlich, dass viele Menschen nicht verstehen können, wie Christen das Kreuz als ihr Evangelium – die *Gute* Nachricht – bezeichnen können, das sie auch noch jedes Jahr groß feiern an Karfreitag. [Karfreitag heißt auf Englisch „*Good* Friday", also „*guter* Freitag". – *Anm. d. Übers.*] Christen sehen im Kreuz den Weg, den Gott gewählt hat, um den Menschen ihre Sünden zu vergeben. Doch nicht jeder hält den Tod Jesu für solch eine Gute Nachricht. Gandhi, seines Zeichens Hindu, hat

z. B. über die Kreuzigung gesagt: „Sein Tod am Kreuz war ein großartiges Vorbild für die Welt; aber mein Herz kann nicht akzeptieren, dass in ihm irgendeine geheimnisvolle oder wunderhafte Kraft liegen sollte."[5]

Gute Nachricht

Die Frage schreit nach einer Antwort: Wie können Christen die Kreuzigung Jesu als die Gute Nachricht feiern, sogar die beste, von der sie jemals gehört haben?

Dazu müssen wir die historischen Fakten um die Kreuzigung hinter uns lassen und uns mit der theologischen Bedeutung des Todes Jesu befassen. Die prägnanteste Zusammenfassung des Evangeliums hilft uns dabei: *„Dass Christus gestorben ist für unsre Sünden nach der Schrift; und dass er begraben worden ist; und dass er auferstanden ist am dritten Tage nach der Schrift"* (1 Kor 15,3b-4; Luther).

In dieser prallen Bibelstelle bezeichnet Paulus den Tod, die Grablegung und die Auferstehung Jesu als das wichtigste Ereignis der ganzen Menschheitsgeschichte und als Beglaubigung des Wahrheitsgehaltes der Bibel. Dabei erklärt er auch, warum dieses Ereignis eine Gute Nachricht ist: Das kleine Wort „für" schlägt die Brücke vom Tod Jesu zu uns. Das griechische *hyper*, das hier mit „für" übersetzt ist, kann entweder im Sinne von „zum Vorteil von" oder „wegen" gemeint sein. Denken Sie einen Moment nach: Jesus starb nicht *zum Vorteil von* unseren Sünden – er hat ihnen nicht im Geringsten geholfen! –, sondern *wegen* unseren Sünden. Es waren unsere Sünden, aber sein Tod.

Von Anfang der Heiligen Schrift (1 Mose 2,17) bis zu ihrem Ende (Offb 21,8) ist der Lohn der Sünde der Tod. Das heißt im Klartext: Wenn wir sündigen, müssten wir sterben. Aber Jesus, der eine sündlose Mensch, stirbt an unserer Stelle *„für unsere Sünden"*. Das Gute an der Guten Nachricht des Evangeliums ist, dass Jesus starb, um unsere Strafe auf sich zu nehmen. Theologisch ausgedrückt: Sein Tod war stellvertretend, ausschließlich um unsertwillen, nicht um seinetwillen. Deswegen sehen wir im Tod Jesu das Zentrum der Guten Nachricht, denn hier sühnt Jesus unsere Schuld, wie es im Alten Testament verheißen war.

Zu den wichtigsten Feiern des Alten Testaments gehörte das Sühneopfer, das am Großen Versöhnungstag (Jom Kippur) nach den Regeln im 3. Mosebuch erbracht wurde. Der Große Versöhnungstag war der wichtigste Tag des Jahres und widmete sich dem Problem der Sünde zwischen Menschen und Gott.

Viele Ereignisse an diesem Tag kann man als Prophetie auf das Sterben Jesu hin deuten, eins sticht dabei besonders heraus: An diesem Tag wurden zwei gesunde, makellose Böcke ausgewählt, um sündlose Vollkommenheit zu symbolisieren (womöglich unter Protest von Tierschutzorganisationen). Der erste Bock war ein Sündopfer. Der Hohepriester schlachtete ihn stellvertretend für das Volk, das für seine Sünden tatsächlich einen so gewaltsamen Tod verdient hätte. Danach ging er ins Allerheiligste und spritzte das Blut des Bockes an den Gnadenthron auf der Bundeslade. Der Bock war nicht länger schuldlos, als er die Schuld übernahm, sondern ein Sündopfer (3Mose 16,15). Deshalb repräsentierte sein Blut nun das Leben, das zur Bezahlung für die Schuld des Volkes dahingegeben wurde. So wurde der Ort, an dem Gott wohnte, gereinigt von dem Schmutz der Vergehen des Volkes Israel und Gottes heiliger und gerechter Zorn wurde gestillt. Der theologische Begriff dafür ist *Sühne* (bzw. *Propitiation*, vgl. Kapitel 6).

Danach legte der Hohepriester, seines Zeichens Stellvertreter und Mittler zwischen sündigem Volk und heiligem Gott, dem zweiten Bock die Hände auf und rief laut die Sünden des Volkes aus. Dieser Bock wurde Sündenbock genannt und daraufhin aus dem Lager gejagt, in die Wüste, weg von den Sündern. Dabei nahm er ihre Sünde symbolisch mit sich. Der theologische Begriff dafür ist *Sühne* bzw. *Reinigung (expiation)*, denn dadurch wurde unsere Sünde gesühnt – oder weggenommen – und wir wurden rein gemacht (vgl. Kapitel 7).

Dieses ganze Geschehen nahm vorweg, was Jesus Christus tun würde, unser Hohepriester, der zwischen unheiligen Menschen und einem heiligen Gott vermittelt. Er ist der sündlose Stellvertreter, der an unserer Stelle einen blutigen Tod für unsere Sünden starb, und unser Sündenbock, der unsere Sünden davonträgt, damit Gott nie wieder an sie denkt. Wir müssen beide Böcke wirklich verstehen, um voll ermessen zu können, was Sühne bedeutet. Von den zwei Böcken wurde nur einer geschlachtet, um Gottes Zorn abzuwenden *(Propitiation)*, der andere wurde weggeschickt, um die *Reinigung* von Sünde zu demonstrieren.

Gott hat uns diese großartigen Bilder vom Priester, Schlachtopfer und Sündenbock gegeben, um tiefer zu verstehen, was Jesus am Kreuz für uns getan hat. Theologisch wird sein Werk am Kreuz *Sühne (atonement)* genannt: Gott wurde Mensch, um die Beziehung zwischen ihm und den Menschen in Ordnung zu bringen. Darum geht es, wenn in der Bibel „Sühne", „sühnen" und „gesühnt" um die hundertmal auftauchen [je nach Übersetzung natürlich, der Autor bezieht sich hier auf *atonement* und die *English Standard Version – Anm. d. Übers.]*.

In der [englischsprachigen] Theologie wird die Vorstellung, dass Jesus zur Bezahlung unserer Sünden stirbt, als *penal substitution* bezeichnet – strafrechtliche Stellvertretung [auf Dt. oft als „forensisch", also juristisch, bezeichnet – *Anm. d. Übers.].* Die Kirche hat diesen Aspekt der Sühne zu allen Zeiten bestätigt, besondere Betonung hat er in der Reformation unter Martin Luther und Johannes Calvin erfahren.

Dieser Aspekt steht heute unter stärkstem Beschuss. Viele glauben nicht, dass es so schlimm um den Menschen steht, dass er wirklich so sündhaft ist und Gott so heilig, oder dass Gott tatsächlich eine Strafe für Sünde eingesetzt hat, die ihrem Gewicht entspricht (der Tod). Seltsamerweise sind diese Kritiker oft allgemein bekannt dafür, Gerechtigkeit auf der Erde für Arme, Unterdrückte und Missbrauchte einzufordern, während sie Gott die gleiche Art von Gerechtigkeit verwehren. Das ist lautstarke Heuchelei, die Gott das verwehrt, was ihm doch eigentlich viel mehr zugestanden werden müsste, denn er ist es, der die Menschen geschaffen hat, damit sie ihn mit ihrem Gehorsam ehren.

Doch die Schrift wiederholt klar und deutlich, dass Jesus an unserer Stelle gestorben ist, um unsere Strafe für unsere Sünden zu zahlen. Dazu ein paar Beispiele:

Doch wegen unserer Schuld wurde er gequält und wegen unseres Ungehorsams geschlagen. Die Strafe für unsere Schuld traf ihn und wir sind gerettet. Er wurde verwundet und wir sind heil geworden. (Jes 53,5)

Denn er ging in den Tod und ließ sich unter die Verbrecher zählen. So trug er die Strafe für viele und trat für die Schuldigen ein. (Jes 53,12)

Er gab ihn dahin, um unsere Vergehen zu sühnen, und hat ihn zum Leben erweckt, damit wir vor ihm als gerecht bestehen können. (Röm 4,25; Gute Nachricht)

Gott hingegen beweist uns seine Liebe dadurch, dass Christus für uns starb, als wir noch Sünder waren. (Röm 5,8)

Zu dieser Botschaft, die ich so an euch weitergegeben habe, wie ich selbst sie empfing, gehören folgende entscheidenden Punkte: Christus ist – in Übereinstimmung mit den Aussagen der Schrift – für unsere Sünden gestorben. (1 Kor 15,3)

Christus nun hat uns vom Fluch des Gesetzes losgekauft, indem er an unserer Stelle den Fluch getragen hat. Denn – so sagt die Schrift – „verflucht ist jeder, der am Pfahl endet." (Gal 3,13)

Christus selbst hat ja ebenfalls gelitten, als er, der Gerechte, für die Schuldigen starb. Er hat mit seinem Tod ein für alle Mal die Sünden der Menschen gesühnt und hat damit auch euch den Zugang zu Gott eröffnet. Ja, er wurde getötet, aber das betraf nur sein irdisches Leben, denn er wurde wieder lebendig gemacht zu einem Leben im Geist. (1Petr 3,18)

[Er] ist durch seinen Tod zum Sühneopfer für unsere Sünden geworden, und nicht nur für unsere Sünden, sondern für die der ganzen Welt. (1Joh 2,2)

So sieht's also aus: Das Problem des Menschen ist die Sünde, Gottes Motivation ist heilige Liebe und die Lösung ist Tod und Auferstehung Jesu. Damit ist der Tod Jesu das wichtigste Ereignis der Menschheitsgeschichte und Dreh- und Angelpunkt einer möglichen Gottesbeziehung. Christsein beruht damit nicht auf Ideen und Philosophien, sondern auf der einen Person Jesus Christus und dem einen Ereignis von Tod und Auferstehung. Deshalb wenden wir uns nun diesen letzten Lebenstagen Jesu zu.

Der Stellvertretertod Jesu

Damals war Jesus ein junger Mann, vielleicht 33 Jahre alt. Er erfreute sich bester Gesundheit, denn durch seine Arbeit als Zimmermann und Wanderprediger war er gut trainiert. Er fing an, offen von seinem bevorstehenden Tod zu sprechen, so auch beim Passah, das er mit seinen Freunden aß und das als Abendmahl in die Geschichte eingehen würde. Hier durchbrach er die 1500 Jahre alte jüdische Tradition, indem er erklärte, dass das Passahmahl, welches das Volk Gottes jedes Jahr einzunehmen hatte, nun in ihm seine endgültige Erfüllung finden würde. Bei der Passahfeier erinnerten sich die Israeliten an die Nacht, als ihre Vorfahren in Ägypten ihre Türpfosten mit Blut bestrichen. Gott hatte das angeordnet, damit der Tod in dieser Nacht an ihren Häusern vorbeizog und die Erstgeborenen im Haus verschont blieben (2Mose 6–12). Jesus, der Erstgeborene Gottes, würde nun ebenso für uns sterben, um uns gleichsam mit seinem Blut zu bestreichen und Gottes gerechten Zorn damit an uns Sündern vorüberziehen zu lassen. Das ist der Kerngedanke des Neuen Bundes (Lk 22,19-21).

Während des Abendmahls fuhr der Teufel in einen der Jünger: Judas, der Geld aus der Gemeinschaftskasse gestohlen und eingewilligt hatte, Jesus den Machthabern auszuhändigen. Nachdem Judas die Runde verlassen hatte, um die Soldaten zu Jesus zu führen, ging Jesus in den Garten Gethsemane, wo er eine schlaflose Nacht in Todesängsten und Gebet zubrachte. Seine Jünger brachten es nicht fertig, ihm im Gebet beizustehen, und schliefen immer wieder ein. Zu diesem Zeitpunkt war Jesus sich seiner bevorstehenden Kreuzigung völlig bewusst und so verzweifelt, dass er Blut schwitzte, wie die Bibel berichtet. Laut Medizinern tritt dieses Phänomen ziemlich selten auf, da es ein so hohes Maß an Stress und Angst voraussetzt, dass es nur wenige Menschen je erleben. Vielleicht, wenn nicht sogar wahrscheinlich, ist hier aber gemeint, dass der Schweiß von ihm herabrann wie Blut aus einer offenen Wunde. Wie auch immer, es bedarf schon der allerschrecklichsten Erfahrungen, um so etwas je zu erleben, und das tut Jesus im Angesicht des Kreuzes.

Nach dieser zermürbenden Nacht kam Judas mit den Soldaten im Schlepptau und verriet Jesus mit einem Kuss. Jesus wurde verhaftet und ein paar Meilen zum Gerichtshof geschleppt. Falsche Anklagen wurden erhoben, die Zeugen widersprachen sich gegenseitig und brachten lauter Falschaussagen an. Obwohl es keinerlei Anhaltspunkte für die falschen Beschuldigungen gab, wurde er zum Tode verurteilt. Irgendwann wurden ihm die Augen verbunden und ein feiger Haufen prügelte rücksichtslos auf ihn ein.

Danach zog man ihn aus bis auf die nackte Haut und „geißelte ihn", wie die Evangelien knapp aussagen. Geißelungen waren an sich schon so schmerzhaft, dass viele Menschen schon daran starben, ohne überhaupt bis zum Kreuz zu kommen. Genauso werden Jesu Hände wohl über seinem Kopf zusammengebunden worden sein, um Rücken und Beine schonungslos der Peitsche auszusetzen. Die übliche Peitsche der Henker war damals die Neunschwänzige Katze, ein Bündel von Lederstreifen mit Metallkugeln an den Enden. Damit sollte der Körper des Opfers weich geklopft werden wie ein Steak in der Küche. An einigen Streifen waren stattdessen Widerhaken aus Metall oder Knochen angebracht, die an Schultern, Rücken, Pobacken und Beinen tief in das Fleisch des Opfers eindrangen. Hatten sie sich erst einmal im weich geklopften Fleisch festgesetzt, riss der Henker damit Fleisch, Muskeln, Sehnen und selbst Knochen aus dem Körper heraus. Die Schmerzen, die Schreie und das Blut kann man sich kaum vorstellen. Jahrhunderte zuvor hat der Prophet Jesaja die Wirkung dieser Geißelung vorhergesagt: *„Viele haben sich entsetzt von ihm abgewandt, so entstellt war er. Er hatte keine Ähnlichkeit mehr mit einem Menschen"* (Jes 52,14).

Danach wurde Jesus eine Krone aus langen Dornen auf den Kopf gedrückt. Schaulustige, die vorher noch „Hosanna!" gerufen hatten, verspotteten ihn nun ironisch als „König der Juden" (Mt 27,29). Das Blut, das aus den Wunden an seiner Stirn herablief, verklebte ihm die Haare und den Bart. Hätte er danach noch klar aus den Augen gucken können, hätte er sehen können, wie die Soldaten um seine Kleider würfelten.

Dann musste Jesus den rauen, einen Zentner schweren Querbalken auf seinem zerfurchten Rücken bis zum Ort seiner Hinrichtung schleppen. Holz war damals sehr teuer, deshalb verwendeten die Römer ihre Kreuze mehrfach, sodass es sehr wahrscheinlich ist, dass der Balken schon mit dem Blut anderer Verurteilter getränkt war. Viele vor ihm waren diese Straße hinabgelaufen und hatten diesen Balken getragen.

Trotz seines jungen Alters und seiner guten Kondition war Jesus so ausgezehrt durch die schlaflose Nacht, die meilenweiten Märsche, die Schläge und die brutale Geißelung, dass er den Balken nicht zu Ende tragen konnte. Ein Mann mit Namen Simon von Kyrene wurde gezwungen, das Kreuz zu tragen. An der Hinrichtungsstätte angekommen riss man Jesus die Barthaare aus – in der Antike ein Akt äußerster Verachtung – spuckte ihn an und lästerte über ihn vor den Augen seiner Familie und seiner Freunde.

Dann wurden Jesus, dem Zimmermann, der selbst unzählige Nägel geschlagen hatte, 10–20 Zentimeter lange Metalldorne durch Hände und Füße getrieben, wo besonders sensible Nervenzentren sitzen. So wurde Jesus an das Kreuz aus Holz geschlagen, im Aufschrei seines Körpers wird er gezuckt und geschrien haben.

Danach wurde er hochgezogen und sein Kreuz in ein vorbereitetes Loch gerammt, wobei sein aufgespießter Körper brutal durchgeschüttelt wurde. Der Spott ging weiter, indem Soldaten ein Schild am Kreuz über seinem Kopf anbrachten mit der Aufschrift: *„Jesus von Nazareth, König der Juden"* (Joh 19,19). Archäologen haben ein Gemälde gefunden, das wahrscheinlich aus dem zweiten Jahrhundert n. Chr. stammt und die Häme bei der Kreuzigung zeigt: Ein Junge geht vor einem Kreuz anbetend auf die Knie, am Kreuz sieht man den Körper Jesu, statt des Kopfes ein Eselsschädel. Die Bildunterschrift lautet: „Alexamenos betet seinen Gott an."

An diesem Punkt der Kreuzigung fingen die Opfer an, um Atem zu ringen, während ihr Körper langsam in einen Schockzustand glitt. Mit letzter Kraft versuchten die bloßgestellten Opfer oftmals, sich an ihren Peinigern vorm Kreuz zu rächen, indem sie Flüche über die Leute ausschütteten, spuckten und urinierten. Manche Gekreuzigten verloren durch die Schmerzen die Kontrolle über ihre Körperausscheidungen, sodass sich am Fuß des Kreuzes eine Pfütze aus Blut, Schweiß, Urin und Kot sammelte.

Die Kreuzigung Jesu war von einer grotesken Abscheulichkeit. Jesaja hatte das Hunderte von Jahren vorher so prophezeit:

> *Er war der Allerverachtetste und Unwerteste, voller Schmerzen und Krankheit. Er war so verachtet, dass man das Angesicht vor ihm verbarg; darum haben wir ihn für nichts geachtet. Fürwahr, er trug unsere Krankheit und lud auf sich unsere Schmerzen. Wir aber hielten ihn für den, der geplagt und von Gott geschlagen und gemartert wäre. (Jes 53,3-4)*

Der Prophet sah auch voraus, dass Jesus bei der Anklage schweigen würde:

> *Als er gemartert ward, litt er doch willig und tat seinen Mund nicht auf wie ein Lamm, das zur Schlachtbank geführt wird; und wie ein Schaf, das verstummt vor seinem Scherer, tat er seinen Mund nicht auf. (Jes 53,7)*

Statt seine Spötter zu beschimpfen oder seine Unschuld zu beteuern, ließ Jesus sich seine männliche Würde nicht rauben. Am Kreuz sprach er sieben Worte [zitiert nach der Lutherübersetzung], die einen großartigen Einblick in seine letzten Gedanken und den Sinn seines Sterbens geben.

1. „Vater, vergib ihnen; denn sie wissen nicht, was sie tun!" (Lk 23,34)

Dies ist ein Vergebungswort für die, die ihn gerade umbringen. Jesus wusste, dass er in wenigen Minuten sterben würde, um für ihre Schuld zu bezahlen, nicht zuletzt auch für diese Sünden, die sie gerade in dem Moment begangen. An diesen Worten sehen wir, wie selbstlos und seinem Auftrag treu Jesus bis zum Schluss geblieben ist: Er will selbst die Schlimmsten durch das Kreuz erlösen.

2. „Wahrlich, ich sage dir: Heute wirst du mit mir im Paradies sein." (Lk 23,43)

Dies ist ein Erlösungswort. Jesus würde gleich sterben, um für diesen Mann zu sühnen und ihm den Himmel zu schenken. So wurde der Schächer am Kreuz zum Vorläufer für alle, die an Jesus als ihren Erlöser glauben.

3. Zu Maria: „Siehe, das ist dein Sohn!" und zu Johannes: „Siehe, das ist deine Mutter!" (Joh 19,26-27)

Als Jesus vom Kreuz herabschaute, sah er seine liebevolle, gottesfürchtige Mutter, die nun diesen Tod ihres ältesten Sohnes mit ansehen musste. In der Sorge um seine Mutter wies Jesus seinen engsten Freund Johannes an, sich um seine Mutter zu kümmern, wie ein Sohn oder Pastor es an seiner Stelle tun würde. Auch hier sehen wir die völlige Selbstlosigkeit Jesu: Seine ersten drei Worte gehen an seine Mörder, einen Verbrecher und seine Mutter, ohne auch nur einmal seine eigene Not zu erwähnen.

4. „Mich dürstet." (Joh 19,28)

Das vierte Wort zeigt, wie menschlich Jesus am Kreuz leidet. Er erlebt dieselben physischen Schmerzen und Nöte, die jeder Mensch an seiner Stelle erleiden würde. Er nimmt sich keine göttliche Abkürzung, grenzt seine ganz realen Qualen nicht ein. Es ist erschreckend zu sehen, wie der Schöpfer des Wassers verzweifelt um einen Schluck Flüssigkeit bitten muss und diesen schlichten Gefallen auch noch verwehrt bekommt.

5. „Eli, Eli, lama asabtani? Das heißt: Mein Gott, mein Gott, warum hast du mich verlassen?" (Mt 27,46; Zitat von Ps 22,1)

Jesus bleibt bis zu seinem letzten Atemzug ein Bibellehrer. Als er diese Zeilen spricht, stirbt Jesus geistlich gesehen. Die Verbindung, die seit Ewigkeiten zwischen ihm, dem Vater und dem Heiligen Geist bestand, ist abgebrochen; die beiden anderen Personen der Dreieinigkeit kehren ihm quasi den Rücken zu. In diesem Moment wurden unsere Sünden auf den schuldlosen Jesus gelegt (Jes 53,6) und es wurde mitten am Tag für drei Stunden dunkel, als ob die Mächte der Dunkelheit Jesus tatsächlich besiegt hätten.

2. Korinther 5,21 spricht von dieser dunkelsten Stunde aller Zeiten: *„Den, der ohne jede Sünde war, hat Gott für uns zur Sünde gemacht."* Der große Reformator Martin Luther erklärt, dass Jesus in diesem Moment das groteskeste, hässlichste und scheußlichste Geschöpf der ganzen Schöpfung wurde. Luther nennt es den „fröhlichen Wechsel": Der sündlose Jesus nimmt so umfassend unseren Platz ein, dass er das Schlimmste von dem wird, was wir sind: Vergewaltiger, Diebe, Perverse, Süchtige, Lügner, Fresssäcke, Spötter, Mörder, Ehebrecher, Unzüchtige, Homosexuelle und Götzenanbeter. Wir müssen begreifen, dass Jesus am Kreuz nicht einfach eine Transaktion im göttlichen Kassenbuch bewirkt hat, sondern wirklich unsere Sünde samt ihrem Schrecken und ihrer Schande auf sich genommen hat (Hebr 12,2-3).

Galater 3,13 zitiert 5. Mose 21,23 und spricht damit aus, was in diesem fünften Wort mitschwingt: *„Christus nun hat uns vom Fluch des Gesetzes losgekauft, indem er an unserer Stelle den Fluch getragen hat. Denn – so sagt die Schrift – ,verflucht ist jeder, der am Pfahl endet'."* Als unsere Sünde auf Jesus übertragen wurde und er damit zum Abschaum wurde, geriet er als das Böse, Verabscheuenswerte in Person unter das Gericht Gottes und wurde tatsächlich von Gott-Vater und Gott, dem Heiligen Geist, verflucht. Auch hier sehen wir wieder das Stellvertretende: Jesus nimmt unsere Verdammung auf sich, damit wir neues Leben haben können, mit einem neuen inneren Wesen und einer neuen Kraft, die frei ist von Sünde und Verurteilung.

6. „Es ist vollbracht!" (Joh 19,30)

In diesem Moment ist das Opfer gebracht, die Sühne getan. Gottes Zorn, Gerechtigkeit und Heiligkeit sind befriedigt. Leider ist manchmal gelehrt worden, dass Jesus unsere Erlösung nicht komplett am Kreuz erreicht habe, sondern noch drei Tage in der Hölle leiden musste, um die Sühne zu vervollständigen. Diese Ansicht stützt sich auf eine spätere Überarbeitung des Apostolischen Glaubensbekenntnisses. Aber wie wir gesehen haben, sah Jesus sich noch am gleichen Tag im Paradies und erklärte sein Werk für vollendet, was die Höllentage als Sühneleistung widerlegt. Die Evangelien sagen nur, dass Jesus ins Grab gelegt wurde, nicht dass er in die Hölle herabgefahren sei (Mt 27,59-60; Mk 15,46; Lk 23,52-55; Joh 19,41-42).

7. „Vater, ich befehle meinen Geist in deine Hände!" (Lk 23,46)

Jesus spart sich seinen letzten Atemzug für seinen Triumphschrei auf. Hier zeigt er der Welt, dass er vom Vater angenommen ist, nachdem er für die Sünden der Menschen gesühnt hat. Vielleicht hat er sogar gelächelt, als seine Mission erfüllt war. Nun konnte er Richtung Himmel sehen, in den er bald mit allen Ehren zurückkehren würde.

Daraufhin sagt die Bibel schlicht, dass Jesus seinen letzten Atemzug tat und starb. Der Islam lehrt an dieser Stelle offiziell, dass Jesus gar nicht gestorben, sondern lediglich in Ohnmacht gefallen sei – was an sich ein unglaubliches Wunder gewesen wäre nach all den Torturen.

Jesus hing mindestens sechs Stunden am Kreuz – von der dritten bis zur neuten Stunde, als die Dunkelheit endete (Mk 15,25.33). Wir wissen nicht, wie lang es danach noch dauerte, bis Jesus starb, da die Texte darüber keine genaue Auskunft geben. Aber wir wissen, dass den Gekreuzigten meist dann die Beine gebrochen wurden, wenn ein öffentlicher Feiertag oder ein anderes Ereignis bevorstand. Dadurch wurde ihr Tod beschleunigt, da sie sich nicht mehr am Kreuz hochstemmen konnten, um ihre Lungen mit Luft zu füllen. Doch Jesus starb früh genug, dass ihm die Beine nicht mehr gebrochen wurden, so wie die Bibel vorhergesagt hatte (Ps 34,20; Joh 19,36). Um sicherzugehen, dass er wirklich schon tot war, rammte ein Berufshenker ihm einen Speer in die Seite und schnitt damit seinen Herzbeutel auf. Wasser und Blut spritzten aus der Wunde. Jesus starb also buchstäblich *und* bildlich gesprochen gebrochenen Herzens.

Viele Jahre lang war der heiligste Ort der Welt der Tempel in Jerusalem gewesen, an dem die Gegenwart Gottes hinter einem dicken Vorhang wohnte. Nur der Hohepriester durfte einmal im Jahr hinter den Vorhang gehen und in die Gegenwart Gottes treten, nämlich am besagten Großen Versöhnungstag. Doch als Jesus starb, zerriss dieser Vorhang von oben nach unten und zeigte damit an, dass Gott im Kreuz seine Gegenwart für die ganze Welt geöffnet hat.

Jesus wurde tagsüber gekreuzigt, doch die Sonne ging schon unter, als sein Leichnam zur Beerdigung vorbereitet wurde. Er starb in Armut, sodass nicht einmal ein Grab für ihn bereitstand. Ein wohlhabender Mann namens Josef von Arimathäa gab großzügig sein eigenes Grab her, um den toten Körper dort zu betten. Dadurch wurde die Prophetie Jesajas erfüllt, dass der Gottesknecht in seinem Tod mit den Reichen beerdigt würde: *„Aber bei einem Reichen ist er gewesen in seinem Tod"* (Jes 53,9; Elberfelder[6]).

Nach drei Tagen erstand Jesus mit den ersten Strahlen der Morgensonne wieder auf und besiegte so endgültig Sünde, Tod und Teufel, wie er es mehrfach angekündigt hatte (Mt 12,38-40; Mk 8,31; Joh 2,18-22). Dann befreite er sich aus den gut 50 Kilo schweren, balsamgetränkten Tüchern, in die er eingewickelt gewesen war, rollte den Stein vom Eingang und ging mitten durch die Wachen hindurch, die vor seinem Grab Dienst schoben. Auf seinen Füßen, die immer noch die Wundmale der Kreuzigung trugen, lief er in die Stadt.

In den folgenden vierzig Tagen erschien Jesus vielen Menschen, einmal sogar 500 Menschen auf einmal, und löste damit seinen Anspruch ein, Gott zu sein. Damit machte er auch das Versprechen an unsere Ureltern Adam und Eva wahr: Eines Tages würde ein Stiefel den Kopf der Schlange zertreten und alle befreien, die von Sünde und Tod gefangen gehalten wurden (1Kor 15,1-11). Unter den Zeugen der Auferstehung, die von seiner Gottheit überzeugt wurden, sind Menschen wie Thomas, der Zweifler, der erst glauben konnte, als er die Wundmale mit eigenen Händen berührt hatte, oder Jesu eigene Mutter und Brüder (Jakobus und Judas), die ihn nun als ihren Gott zu verehren begannen. Beide Brüder wurden Pastoren der christlichen Gemeinde und schrieben die gleichnamigen Briefe im Neuen Testament.

Nach seiner Himmelfahrt traf sich die erste Gemeinde (zunächst nicht mehr als 120 Leute) heimlich zum Gebet, fragte nach Gottes Willen und wartete auf die Bevollmächtigung durch den Heiligen Geist, den Jesus verheißen hatte. Die ersten Seiten der Apostelgeschichte berichten, wie am jüdischen Feiertag des Pfingstfestes, das an Gottes Gesetzübergabe an Mose erinnerte, der Heilige Geist mit übernatürlicher Macht kam und sich an einem einzigen Tag 3000 Menschen bekehrten.

Seitdem brennt dieses Pfingstfeuer hell in der ganzen Welt. Heute beten mehrere Milliarden Menschen Jesus als ihren alleinigen Gott an, der für sie persönlich gestorben ist (Gal 2,20). Sie kommen sonntags als die Gemeinde Jesu zusammen, die er sich erkauft hat (Eph 5,22) – nicht mehr am jüdischen Sabbat (Samstag), sondern am Tag der Auferstehung. In diesen Gemeinden verkündigen die treuen Prediger wie Paulus nichts als das Kreuz und die Auferstehung Christi (1Kor 2,2). Diese treuen Diener des Evangeliums schämen sich nicht dafür (Röm 1,16), sondern sind noch stolz auf das Kreuz (Gal 6,14), obwohl viele sie für bekloppte Narren halten (1Kor 3,18). Ihre größte Angst ist, zu Heuchlern oder sogar Feinden des Kreuzes zu werden (Phil 3,18). Die christliche Gemeinde lebt als Zeugin für das, was Jesus am Kreuz getan hat.

Wir mögen also versucht sein, mitleidig auf Jesus am Kreuz herabzusehen und seinen brutalen Tod zu bedauern. Doch dieser Versuchung sollten wir aus Respekt vor seiner Gottheit widerstehen. Denn Jesus starb nicht einfach als ein weiteres, armes Opfer, sondern sagt vor dem Horizont des Kreuzes, dass ihm niemand sein Leben nehmen könne, sondern er es von sich aus hingeben und dann mit Macht wieder aufnehmen würde (Joh 10,18). So bestärkt uns auch Hebräer 12,2 darin, zu Jesus *aufzuschauen … dem Anfänger und Vollender des Glaubens, der, obwohl er hätte Freude haben können, das Kreuz erduldete und die Schande gering achtete und sich gesetzt hat zur Rechten des Thrones Gottes"* (Luther). Jesus hat das Leid des Kreuzes würdevoll und souverän durchgestanden, weil er wusste, welche Freude nach der Auferstehung auf ihn wartete: Der Vater würde im Himmel verherrlicht werden und die Menschen auf der Erde gesühnt. Heute sitzt Jesus auf seinem himmlischen Thron, regiert mit einem Lächeln auf den Lippen über die ganze Schöpfung und bereitet den Tag seiner Rückkehr vor, an dem er seinen ewigen Thron auf der Erde errichten wird. Diesem fröhlichen, triumphierenden Jesus dienen wir nicht mit unserem Mitleid, sondern mit unserem Lob.

Dieser stellvertretende Sühnetod Jesu am Kreuz ist also der große Juwel unseres Glaubens. In den kommenden Kapiteln wollen wir uns nun zwölf herrlichen Facetten dieses Diamanten zuwenden. Gemeinsam funkeln sie und strahlen zu Gottes Ehre. Um diesen Aspekten Leben einzuhauchen, werde ich die Kapitel jeweils in Form eines persönlichen Briefes an ein geschätztes Gemeindemitglied schreiben. Einige haben sich böse in Sünde verstrickt, andere sind Opfer solcher Taten geworden. Manche sind jung, andere alt, Männer und Frauen, manche Christen, andere nicht. Sie alle brauchen, was wir alle so dringend nötig haben: tiefe Erkenntnis und persönlichen Glauben an das, was Jesus für uns am Kreuz getan hat.

Rückfragen zur stellvertretenden Sühne

Was meint „stellvertretend" genau?

Stellvertretung [engl. *substitution*] meint eine Sache oder eine Person, die anstelle einer anderen eingesetzt wird oder handelt. Biblisch gesehen war Gott nicht der Erste, der sich an eine andere Stelle setzte, sondern die Menschen. Als Adam und Eva sich entschieden, Gott nicht weiter zu folgen und dafür den Lügen des Feindes zu glauben, wählten sie den Platz Gottes. Sie wollten ihre eigenen Götter sein. Um die Abtrünnigen nun wieder zu sich zu holen, musste Gott diesen tragischen Rollentausch aufheben. Das tat er, indem er Mensch wurde und an unserer Stelle als Sühneopfer starb.

In seinem fantastischen Buch *Das Kreuz* erklärt John Stott dies mit großer Einsicht:

> *Demnach lässt sich sagen, dass das Konzept der Stellvertretung sowohl im Kern der Sünde als auch im Kern des Heils zu finden ist. Denn das Wesen der Sünde besteht darin, dass der Mensch an die Stelle Gottes tritt, während das Wesen des Heils darin besteht, dass Gott an die Stelle des Menschen tritt. Der Mensch lehnt sich gegen Gott auf und stellt sich selbst dorthin, wo nur Gott zu sein verdient, Gott opfert sich für den Menschen und stellt sich selbst dorthin, wo nur der Mensch zu sein verdient. Der Mensch beansprucht Vorrechte, die nur Gott zukommen; Gott nimmt Strafen auf sich, die nur dem Menschen zukommen.*[7]

Stellvertretung zeigt wunderbar die Liebe und Gnade Gottes, der unser Schlimmstes erträgt, um uns sein Bestes zu geben – sich selbst, als unser Gott und Retter.

Stellt das Sühneopfer Gott nicht als wütend und rachsüchtig dar?

Stellvertretende Sühne bedeutet unweigerlich, dass Gott Menschen nach ihren Sünden behandelt. Diese Vorstellung ist ziemlich unpopulär geworden und wird zunehmend verdrängt von der Devise, Menschen so anzunehmen, wie sie sind. Wir sollen vergeben, was andere tun, und damit das Unheil vergessen, das sie anderen angetan haben.

Interessant ist nur, wie schnell Menschen dazu neigen, ihre Meinung über den Haufen zu werfen, wenn sie die Geschädigten sind. Wenn ich gegen jemanden sündige, sollen die anderen mich annehmen, mir vergeben und aus der Patsche helfen. Das ist, was Sünder wollen. Solange wir also das Kreuz nur aus der Perspektive des Sünders betrachten, werden wir das so sehen. Aber sobald sich jemand an uns oder einem geliebten Menschen versündigt, schreien wir nach Gerechtigkeit, denn das ist, was Opfer wollen. Ein Vater, der gerade erfahren hatte, dass seine kleine Tochter von seinem Bruder sexuell missbraucht worden war, sagte mir, dass er „Blut sehen" wolle. Genau das ist die Perspektive Gottes, der niemals gegen Menschen gesündigt hat, aber laufend unsere Sünde abkriegt. Gott ist der Meistgeschädigte der ganzen Geschichte. Er will nicht bedauert werden, aber wir sollten diese Ungerechtigkeit trotzdem anerkennen.

Manche mögen dieses Verlangen nach Blut und Gerechtigkeit für primitiv halten. Aber was ist die angemessene Antwort auf einen Menschen, der sich absichtlich so verhält, keinerlei Reue oder Gewissensbisse zeigt und nicht aufhört, Böses zu tun? Die nackte Wahrheit ist, dass unsere Sünde Gott und seine geliebten Geschöpfe verletzt. Wie jeder, der wirklich liebt, nimmt Gott es persönlich, wenn Schaden angerichtet wird – nicht weil er lieblos wäre, sondern gerade weil er liebt.

Traurigerweise hat die Frage nach dem Umgang mit Verbrechern zu einem politischen Tauziehen zwischen Rechten und Linken geführt. Rechte fordern normalerweise Vergeltung, wobei die Strafe in Gefängnisaufenthalt oder sogar Todesstrafe besteht, aber vernachlässigen dabei oft die Rehabilitation und verkürzen damit die Verantwortung der Gesellschaft. Linke setzen dagegen meist auf Rehabilitation, in der Kriminelle durch Therapie und Medikamente verändert werden sollen, aber vernachlässigen normalerweise das Moment der Strafe und verkürzen damit die persönliche Verantwortung für Sünde. Mehr dazu kann man nachlesen im großartigen Essay von C. S. Lewis über die humanistische Idee von Bestrafung.[8] Am Kreuz sehen wir, dass Gott auf beide Arten mit Sündern umgeht: Strafe *und* Rehabilitation. Gott hat uns zur Ehre geschaffen, nicht zur Sünde. Durch das Kreuz würdigt Jesus uns als Person – wir sind wichtiger als die Tiere, die gar nicht fähig sind zum Guten. In seinem stellvertretenden Opfertod wird Jesus auch den legitimen Ansprüchen Gottes als Opfer gerecht.

Gott hat uns ein neues Wesen erworben, das durch die Kraft des Heiligen Geistes nicht nur veränderungsfähig ist, sondern in Ewigkeit ohne Sünde sein wird und somit unser Bedürfnis nach Rehabilitation abdeckt. Sünde betrifft also Mensch wie Gott. Nur das Kreuz wird beiden gleichermaßen gerecht.

Spricht die Bibel wirklich davon, dass der Messias die Strafe für meine Sünde auf sich nimmt?

Diese Frage wurde schon im Kapitel beantwortet, aber sie ist so wichtig und umstritten, dass ich noch einmal darauf eingehe.

Die Bibel sagt, dass Jesus für alle gestorben ist, auch für meinen persönlichen Tod. Wir haben schon die Stellvertretung in 1. Korinther 15,3-4 betrachtet, wo *„Christus gestorben ... für unsre Sünden"* *wegen* unserer Sünde bedeutet. Genauso haben wir gesehen, dass Jesus nach Galater 3,13 unseren Fluch auf sich genommen hat.

Es gibt noch viel mehr solcher Stellen. In 2. Korinther 5,14-15 heißt es z. B.: *„Wir sind nämlich überzeugt: Wenn einer für alle gestorben ist, dann sind alle gestorben. Und er ist deshalb für alle gestorben, damit die, die leben, nicht länger für sich selbst leben, sondern für den, der für sie gestorben und zu neuem Leben erweckt worden ist."* Diese Formulierung, dass *„einer für alle gestorben ist"*, bringt zum Ausdruck, dass es zu unseren Gunsten geschah. Aber sie besagt noch mehr: Jesu Tod ist unser Tod, auch wenn wir noch gar nicht geboren waren. Das geht nur, wenn er die Strafe für unsere Sünden auf sich genommen hat und an unserer Stelle den Tod erlitten hat, den wir verdienen.

Johannes macht eine ebenso klare Aussage über Stellvertretung. Die jüdischen Führer hatten Sorge, dass Jesus mit seinem Messiasanspruch Unruhe ins Volk bringen würde. In Johannes 11,48-51 heißt es:

> *„Wenn wir ihn so weitermachen lassen, glauben am Ende alle an ihn. Dann werden die Römer kommen und weder von unserem Tempel noch von unserer Nation etwas übrig lassen."* Einer von ihnen, ein gewisser Kajafas, der in jenem Jahr Hoherpriester war, sagte: „Begreift ihr denn überhaupt nichts? Habt ihr euch nie überlegt, dass es in eurem Interesse ist, wenn ein Mensch für das Volk stirbt und nicht das ganze Volk umkommt?" Kajafas sagte das nicht aus sich selbst heraus. Er redete aus prophetischer Eingebung, weil er in jenem Jahr Hoherpriester war, und sagte voraus, dass Jesus für das jüdische Volk sterben werde.

Kaiphas (oder Kajafas) wollte Jesus tot sehen, damit nicht ganz Israel sterben müsste. Johannes weist uns darauf hin, dass dieses *„einer für das ganze Volk"*, ohne es zu ahnen, eine Prophetie auf Jesu Stellvertretertod war.

Hebräer 9,26–10,12 sagt es ganz ähnlich: Jesus ist ein für alle Mal erschienen, um in seinem Opfer die Sünde wegzunehmen. Er wurde ein für alle Mal geopfert, um die Sünden von vielen zu tragen. Wir sind in seinem Opfer ein für alle Mal geheiligt worden. Nachdem Jesus für alle Zeiten dieses eine Opfer gesetzt hat, sitzt er nun zur Rechten seines Vaters.

Sein Tod war keine Tragödie unter der Hand der römischen Unterdrücker, sondern seine eigene Initiative, mit der er unsere Sünde auf sich geladen hat. Durch dieses Opfer werden schuldige Sünder geheiligt und von Schuld, Schmutz und Scham gereinigt.

Gott sagt durch seine inspirierten Schriften, dass der Tod Jesu gewissermaßen auch mein und dein Tod war. Wir waren hilflos, geistlich tot und getrennt von Gott, doch das muss nicht so bleiben. Wir müssen nicht länger im Labyrinth der Selbstbezogenheit herumirren und für uns selbst leben. Weil sein Tod auch unser Tod war, können wir leben wie Jesus, mit ihm und für ihn, geistlich lebendig und verbunden mit dem lebendigen Gott.

KAPITEL 1

„Dämonen quälen mich!" – Jesus, Katies Sieger (Christus Victor)

Gott hat euch zusammen mit Christus lebendig gemacht. Ihr wart nämlich tot – tot aufgrund eurer Verfehlungen und wegen eures unbeschnittenen, sündigen Wesens. Doch Gott hat uns alle unsere Verfehlungen vergeben. Den Schuldschein, der auf unseren Namen ausgestellt war und dessen Inhalt uns anklagte, weil wir die Forderungen des Gesetzes nicht erfüllt hatten, hat er für nicht mehr gültig erklärt. Er hat ihn ans Kreuz genagelt und damit für immer beseitigt.
KOLOSSER 2,13-14

....

Katie ist eine Freundin von mir und ich bin ihr Pastor. Sie ist in einem christlichen Elternhaus aufgewachsen, mit Vater, Mutter, Geschwistern und halbwegs regelmäßigen Gottesdienstbesuchen. Nach außen wirkten sie ganz fröhlich, doch dahinter verbargen sich schmerzvolle Sünde und Dunkelheit. Ihr Vater war ein erfolgreicher Geschäftsmann und Gemeindeältester, doch zu Hause war er ein Feigling, der seiner väterlichen Verantwortung kaum nachkam. Anstatt sich darum zu kümmern, dass es seinen Kindern gut geht, war er meistens nur betrunken.

Schon früh erlebte Katie dämonische Angriffe. Geister flüsterten ihr ein, dass ihr Vater sie deswegen vernachlässigte, weil die dumm und hässlich sei und keinen Schutz verdiene. Außerdem litt sie unter schrecklichen Alpträumen und körperlichen Schmerzen, Folgen der sexuellen Belästigung durch einen männlichen Verwandten. Damals war sie gerade einmal sechs Jahre alt gewesen.

Als Teenager entwickelte Katie die gefährliche Mischung aus Leichtgläubigkeit, Bedürftigkeit und Rebellion. Sie lechzte nach männlicher Aufmerksamkeit und Körperlichkeit, was auch von dem Mangel an Aufmerksamkeit ihres Vaters herrührte. Und weil er mit ihr nie über das Thema Jungs gesprochen hatte, ließ sie sich auf den ersten jungen Mann ein, der ein wenig Interesse an ihr zeigte. Im Alter von dreizehn Jahren wurde sie sexuell aktiv. Es tut weh, sich das einzugestehen, aber sie benutzte ihren

Körper, um Aufmerksamkeit und Zuwendung von jungen Männern zu bekommen. Keinem dieser Jungs ging es um sie als Person, keiner kümmerte sich je darum, wie es ihr ging, oder war für sie da, wenn sie Hilfe brauchte.

In der Highschool wurde sie zum Inbegriff des Partygirls: immer betrunken, mit hysterischem Gelächter und so vielen Jungs im Bett, dass sie sich bis heute nicht an alle erinnern kann, mit denen sie geschlafen hat.

Immer tiefer drangen die Sünden, die sie beging und die gegen sie begangen wurden, in ihre Seele ein. Der letzte Funken Leidenschaft, der ihr verblieben war, galt ihrem Vater. Tief in ihrem Herzen wartete sie verzweifelt darauf, dass ihr Vater sich um sie kümmern und sie befreien würde.

Manchmal hatte sie sogar Sex auf ihrem Zimmer, während ihr Vater zu Hause war. Trotz der Geräusche, die in den Flur drangen, kam er nie in ihr Zimmer, um nach seinem kleinen Mädchen zu sehen. Er sollte ihr geheimes Leben kennen, doch sie hatte nicht den Mut und das Vertrauen, es ihm offen zu gestehen. Er sollte einfach nur fragen, wie es ihr ging, mit einem der Jungs sprechen oder eines Nachts in ihr Zimmer kommen – um zu entdecken, dass ihr erotisches Gestöhne der Schrei eines verwirrten kleinen Mädchenherzens war, das im Körper einer hinreißenden jungen Frau steckte.

Doch ihr Vater ging ihr niemals nach und beschützte sie nicht. Einmal klopfte er an der Tür, während sie Sex mit einem Freund hatte, aber er ging nicht hinein. Und anstatt mit ihr zu sprechen und sich um sie zu kümmern, begann er, sich vor dem Rest der Familie über sie und ihr Arsenal von Taugenichtsen lustig zu machen. Das verstärkte ihre Scham und Minderwertigkeitsgefühle nur noch weiter, zumal manche ihrer Partner, über die ihr Vater seine Witze riss, sie eigentlich vergewaltigt hatten.

Jahre später zog Jesus sie zu sich. Bei ihm fand sie die Liebe, Vergebung und Hilfe, die sie immer gebraucht hatte. Sie gab ihr Leben als Partygirl auf und wurde zu einer Frau, die Jesus wirklich liebt und mithilfe des Heiligen Geistes ein Leben in Umkehr und Heiligkeit lebt. Sie heiratete einen guten, christlichen Mann, der sie wirklich liebt, und Gott schenkte ihnen wunderbare Kinder, die sie gemeinsam nach Gottes Plan erziehen. Zusammen sind sie in der Gemeinde aktiv und dienen vielen Menschen. Seit vielen Jahren leben sie eine gute, liebevolle Ehe in völliger Treue zueinander.

Trotzdem erzählt sie immer wieder, dass sie sich angegriffen fühlt, und hat mit kräftezehrenden Depressionen zu kämpfen. Dämonische Lügen ziehen sie herunter und Schuldgefühle über die Sünden der Vergangenheit peinigen sie. Außerdem liegt eine ganze Latte von Operationen wegen unterschiedlichster Beschwerden hinter ihr, bei denen schon einiges aus ihrem Körper entfernt werden musste.

Ich bete seit vielen Jahren für Katie. Sie hat so schrecklich zu leiden, während sie gleichzeitig auf dem Weg durch diese läuternden Anfechtungen in ihrer Liebe zu Jesus wächst. Sie hat sich so sehr selbst für die Probleme in ihrem Leben verurteilt, dass sie nicht sehen kann, was *ihr* angetan wurde und dass dahinter ein Feind steht, der sie zerstören will.

Inzwischen hat sie endlich erkannt, dass ihre Leiden vielleicht auch einen geistlichen Kampf beinhalten, den sie immer übersehen hat. Für diese Offenbarung freue ich mich von Herzen! Der folgende Brief ist ein liebevoller Versuch, meiner Freundin zu helfen, den Sieg Jesu über Satan, Dämonen, Sünde und Tod noch viel tiefer zu erfahren.

● ● ● ●

Liebe Katie,

ich möchte meinen Brief damit beginnen, dir noch einmal zu sagen, wie sehr meine Frau und ich dich und deine Familie lieben. Wir danken Gott für unsere Freundschaft und dass sich unsere Wege gekreuzt haben, damit wir uns an dir und deiner Familie freuen können.

In den letzten Wochen haben einige von unseren gemeinsamen Freunden uns angerufen, weil sie sich Sorgen um dich machen. Sie haben erzählt, dass deine Sicht auf dein Leben sehr dunkel, pessimistisch und hoffnungslos geworden ist, obwohl du einen starken Glauben an Jesus als deinen Erlöser hast. Dein Mann hat mir das Gleiche erzählt, als wir uns getroffen haben. Zu deiner Ermutigung möchte ich dir sagen, dass ich tief bewegt davon war, wie sehr du ihm am Herzen liegst, und ich danke Gott dafür, dass er genau der beschützende und fürsorgliche Mann ist, den du gebraucht hast, seitdem du ein kleines Mädchen warst. Deine tiefe Liebe zu ihm berührt sein Herz.

Als wir miteinander gesprochen haben, hast du manchmal erwähnt, dass du dir in deinen Leidensjahren verzweifelt gewünscht hast, dass dein Vater hereinkommt, dich rettet und als seinen Schatz verteidigt. Als Papa von zwei Töchtern, die ich über alles liebe, kann ich dir sagen, dass Gott Papas genau dafür geschaffen hat und dass jeder Vater, der dem nicht nachkommt, eine schlimme Sünde begeht. Erst recht, wenn er ein christlicher Vater sein will. Ich empfinde tiefes Mitgefühl mit dir und der Gedanke, dass du nackt mit einem Jungen in deinem Zimmer bist und mit ihm schläfst, während dein Vater klopfend an der Tür stehen bleibt, anstatt hereinzukommen und dich zu befreien, tut mir beim Beten für dich richtig weh.

Vor allem aber glaube ich, dass sich in diesen prägenden Situationen in deinem Leben ein Schema entwickelt hat, das zerstört werden muss. Du hast dich immer als eine sündhafte, böse und schmutzige Frau gesehen, die wertlos ist und es verdient, geschlagen und missbraucht zu werden. Deswegen bist du zu einem tatenlosen Opfer geworden, das auf jemanden wartet – deinen Vater, deinen Ehemann, deine Freunde –, der dich rettet.

Dein Vater hat nicht für dich gekämpft, aber du kannst sicher sein, dass es dein Ehemann tun wird, genau wie deine Freunde (darunter auch ich als dein Pastor). Aber nun wird es Zeit, Katie, dass du lernst, wie Jesus für dich gekämpft hat! Er ruft nach dir, damit du an seiner Seite kämpfst, für dein Leben und das deiner Kinder. Weil du zu Jesus gehörst, hast du die Autorität seines Namens, mit der du diese bösen Mächte, die dein Leben zerstören, in ihre Schranken weisen kannst.

Ich will keine deiner Sünden oder derer, die gegen dich begangen wurden, herunterspielen, aber du musst den geistlichen Kampf erkennen, in dem du steckst. Die Bibel sagt uns, dass die Engel dazu erschaffen wurden, Gottes Willen auszuführen. Aber ein Engel wurde stolz (die Wurzel von so viel Sünde!) und entschied sich, lieber sein eigener Gott zu sein, anstatt dem wahren Gott zu dienen und ihn zu ehren (Jes 14,11-23; Hes 28,12). Wir kennen ihn heute unter vielen Namen: Satan, der Drache, die Schlange, der Feind, der Teufel, Versucher, Mörder, Vater der Lüge, Feind und Ankläger, der Zerstörer und der Böse. Leider hat ein ganzer Teil der Engel sich auf die Seite Satans geschlagen und Gott den Krieg erklärt.

Der Aufstand gipfelte in einem großen Kampf gegen Gott und seine heiligen Engel. Satan und die Dämonen verloren. Sie wurden des Himmels verwiesen und verloren damit jegliche Möglichkeit, jemals wieder Vergebung zu erfahren und mit Gott ins Reine zu kommen (2Petr 2,4). Auf sie wartet also nichts als Gericht und Strafe.

Lass mich noch betonen, dass Satan und die Dämonen Gott keinesfalls ebenbürtig sind. Anders als er sind sie geschaffene Wesen mit klaren Grenzen. Sie sind nicht allgegenwärtig, nicht allwissend, nicht allmächtig, nicht wie Gott – und trotzdem sehr real und mächtig. Seit Anbeginn der Geschichte haben sie das menschliche Verhalten beobachtet und wissen eine Menge darüber, wie wir „ticken". So haben sie ihre Vernichtungsstrategien stetig perfektioniert.

Das klingt erst einmal sehr unangenehm, aber ich möchte, dass du begreifst, wie ermutigend das sein kann. Denn erstens zeigt die Tatsache, dass du diesen geistlichen Kampf miterlebst, dass du Jesus wirklich treu dienst. Zweitens geht dieser Kampf zurück auf die Zeit, in der du ein kleines Mädchen warst, oder vielleicht sogar auf vorherige Generationen in deiner Familie. Aber nun will Gott ihn beenden, bevor er auch noch auf deine Kinder und Enkelkinder übergeht.

Drittens wütet dieser Kampf schon viele Jahre in deinem Leben, doch in letzter Zeit hat Gott dir die Augen dafür geöffnet, weil du nun erstmals auf dem Weg mit Jesus an einem Punkt bist, an dem du mit in diese Schlacht um dein Leben einsteigen kannst.

Viertens möchte Gott in deinem Leben auf die gleiche Art wirken, wie er im Leben von Josef gewirkt hat (1Mose 50,20). Dort lesen wir, dass sogar das Böse, dass dazu erdacht wurde, uns zu zerstören, vom souveränen Gott dazu benutzt wird, Gutes zu tun und viele Leben zu retten. Kein Feind kann jemals Gottes gute Pläne durcheinanderbringen.

Liebe Katie, was du in deinem Leben über den Sieg Jesu über Satan lernst und wie du ganz praktisch im Licht seiner Errungenschaft leben kannst, wird ein Segen für deinen Dienst sein, denn dort wirst du Menschen, die noch viel mehr verletzt wurden als du, helfen können, völlige Freiheit und Freude zu erfahren.

Weiter in der Geschichte der Bibel sehen wir, dass das Schlachtfeld aus dem Himmel auf die Erde verlegt wurde. Hier hat Satan unsere ersten Eltern angegriffen – deinen Vater Adam und deine Mutter Eva. Satan hat Eva belogen und sie zur Sünde verführt, genauso wie er es mit dir getan hat. Adam, den Gott dazu bestimmt hatte, Eva zu lieben und für sie zu sorgen, hat darin versagt, sie zu beschützen, als sie Hilfe brauchte, genau wie dein Vater. Schlimmer noch, er tat es mit vollstem Bewusstsein.

Beide entschieden sich für die Lüge statt der Wahrheit, Stolz statt Demut, Dummheit statt Weisheit, Tod statt Leben und Satan statt Gott. Deswegen wird jeder von uns als Nachkomme unserer ersten Eltern mit einer sündigen Natur geboren, d. h. mit dem angeborenen Schicksal, in ihren tragischen Fußstapfen zu wandeln. Du hast dieselben leidvollen Konsequenzen erlebt, die schon Eva erfahren musste: Wegen der Sünden (von dir und an dir) hast du dich von Gott entfernt und vor ihm versteckt. Die Dämonen haben diese schreckliche Situation ausgenutzt, um dich zu quälen.

Der Kampf um deine Seele ist sehr real. Über viele Jahre bist du wie eine Gefangene im Krieg festgehalten, gefoltert und einer Gehirnwäsche unterzogen worden. Bis Jesus kam, um dich zu befreien. Ich weiß, dass es dir schwerfallen wird, diese Sprache zu verstehen, aber die Bibel spricht deutlich davon, dass es einen Krieg gibt zwischen Jesus und den Engeln auf der einen Seite und Satan und den Dämonen auf der anderen. Sünder (dich eingeschlossen!) werden in diesem Krieg als Gefangene gehalten (Kol 1,13; 2Tim 2,25-26). Jesus bestätigt das, als er zu Beginn seiner Wirkungszeit sagt, dass er gekommen ist, um die Gefangenen zu befreien (Lk 4,18). Es gibt keinen Weg, wie Satan dich von sich aus gehen lassen würde oder du dich selbst befreien könntest. Deswegen kam Jesus als dein Held und Befreier.

Das erste Versprechen, das Jesus dir als der Sieger über den Teufel gibt, ging an unsere ersten Eltern. In 1. Mose 3,15 können wir sehen, wie Gott Eva, die genau wie du eine gebrochene, schuldige Sünderin voller Scham war, die allererste Gute Nachricht bringt, das erste Evangelium von Jesus. Gott verspricht Eva (und mit ihr allen ihren Töchtern, von denen du eine bist), dass Jesus von einer Frau geboren werde und zu einem Mann heranwachsen würde, der mit dem Teufel kämpfen und *„den Kopf der Schlange zertreten"* würde, ihn also besiegen und alle befreien würde, die von Satan, Sünde, Tod und Hölle gefangen gehalten würden.

Viele Jahre später wird Jesus von seiner Mutter Maria geboren, genau wie es versprochen worden war. Sofort beginnen Satans Angriffe: König Herodes, Nachkomme aus einer dämonisch beeinflussten Dynastie von bösen Diktatoren, befiehlt, alle Erstgeborenen zu töten, um Jesus schon als kleines Kind umzubringen. In Wahrheit steckt Satan hinter diesem Plan, denn er weiß, dass Jesus gekommen ist, um ihn zu besiegen und die Gefangenen in die Freiheit zu führen. Aber Gott warnt seine Eltern vor dem Mordkomplott, sodass sie nach Ägypten fliehen können und Jesus am Leben bleibt.

Als junger Mann muss Jesus eine weitere Attacke des Teufels durchstehen, der ihm ein wesentlich leichteres Leben zeigt als jenes, das der Vater für ihn geplant hat. Der Vater hat Jesus auf die Erde geschickt, um ein sündloses Leben zu führen und am Kreuz für die Sünder zu sterben. Satan stellt dem ein Reich in Macht und Ehre entgegen, ohne Kreuz und ohne Widersacher – solange er nur vor ihm niederkniet und ihm die Ehre gibt.

Satan beginnt seine Versuchung damit, dass er Jesus eine einfache Freundschaft anbietet: gemeinsam ein Stück Brot essen, nachdem Jesus vierzig Tage lang gefastet hat und völlig ausgehungert ist. Doch Jesus lehnt dieses „Geschenk" in seiner Weisheit ab. So sollten auch wir argwöhnisch sein gegenüber Geistern, die uns Geschenke versprechen, selbst wenn die Geschenke wirklich gut wirken. Deshalb ist es so lebenswichtig, unterscheiden zu können.

Ich erzähle dir das, weil es deutlich macht, wie der Feind arbeitet. Der große Puritaner Thomas Brooks hat eines meiner Lieblingsbücher über Geistliche Kampfführung geschrieben: *Precious Remedies Against Satan's Devices* [dt. etwa: „wertvolle Mittel gegen Satans Instrumente"].

Brooks erklärt einleuchtend, wieso Jesus das einfache Angebot eines Stückchens Brot ablehnt: Satan ködert uns mit allem, was wir begehrenswert finden. Gerne gibt er uns Sex, Geld, Macht, Vergnügen, Berühmtheit, Glück und Freundschaft, wenn wir nur anbeißen, ohne den Haken zu sehen. Und wenn wir dann einmal am Haken zappeln, zieht er die Angelleine ein und hält uns gefangen. Seine Geschenke sind oft wunderbare Dinge, aber unter den falschen, sündhaften Umständen. Er fordert uns heraus, das

Geschenk auf seine Qualität zu prüfen, doch darin liegt die Falle! Das Geschenk mag gut sein, aber der Schenker ist böse. Wie ein Pädophiler, der Kinder mit Süßigkeiten und Spielzeug anlockt, um sie am Ende zu missbrauchen und kaputt zu machen.

Wenn wir die Geschenke des Teufels annehmen, dann beißen wir am Köder der Dämonen an. Dann steckt uns der Angelhaken im Mund und der Teufel braucht uns nur noch „einzuholen", um uns als seine Gefangenen zu halten. Wie Jesus sagt: Wir werden Sklaven der Sünde (Joh 8,34).

Für dich hatte der Teufel an den Angelhaken die Köder Männer, Alkohol und Sex gehängt, neben guten Dingen wie Schutz und Trost. Als du angebissen hast, wurdest du hineingezogen in ein dunkles und unheimliches Leben des Bösen, das unvermeidlich zum Tod führt. Wenn Jesus nicht gekommen wäre, hättest du zusehen müssen, wie dein Leben immer weiter abrutscht, bis du dich mit Satan in der ewigen Hölle wiedergefunden hättest. Noch heute benutzt der Teufel seine Geschenke, um dich zu versuchen. Sein Plan ändert sich nicht, nur seine Taktik.

Doch Gott sei Dank (!) hat Jesus in dein Leben eingegriffen. Im Gegensatz zu dir hat er allen Versuchungen des Teufels in allen Lebenslagen widerstanden und sein Leben ohne Sünde gelebt. Dann ist er ans Kreuz gegangen, um den Tod zu sterben, den du hättest sterben sollen. Am Kreuz ist Jesus für dich gestorben. Das bedeutet ganz handfest, dass alles völlig bereinigt wurde: jede Sünde, die du jemals begangen hast oder die du jemals wieder begehen wirst, sowie jede Sünde, die jemals gegen dich begangen wurde oder gegen dich begangen werden wird. Ohne Ausnahme. Wie 1. Johannes 1,9 sagt: *„Doch wenn wir unsere Sünden bekennen, erweist Gott sich als treu und gerecht: Er vergibt uns unsere Sünden und reinigt uns von allem Unrecht."*

Um ihn ans Kreuz zu bringen, hat der Teufel sogar von einem seiner Jünger Besitz ergriffen (Judas Iskariot) und sich mit ihm verschworen, um Jesus zu verraten und auszuliefern. Am Kreuz dachten der Teufel und seine Dämonen, dass sie Jesus endlich besiegt hätten. Wenn wir Jesus am Kreuz darstellen, blutend und sterbend, scheint es zugegebenermaßen so, als würde er den Kopf hängen lassen, weil er vom Teufel besiegt wurde. Der große Reformator Martin Luther verwies dabei immer gerne auf Jesaja 45,15, wo es heißt: *„Fürwahr, du bist ein verborgener Gott, du Gott Israels, der Heiland."*

Luthers Argumentation war, dass Jesus am Kreuz seinen Sieg in einer Niederlage verborgen hat, seine Ehre in Schande und unser Leben in seinem Tod. Satan und die Dämonen konnten das nicht sehen, weil ihnen die Sicht des Glaubens fehlte und sie die Selbsterniedrigung Jesu nicht durchschauen konnten.

Doch am Kreuz hat Jesus geblutet und ist für dich gestorben. Im Glauben, wenn du auf das Kreuz siehst, kannst du sehen, wie weit Jesus für dich gegangen ist, um deine Feinde zu besiegen und dein Leben zu befreien. Die Worte, die er am Kreuz spricht: *„Es ist vollbracht!"*, rufen deine Befreiung aus. Jesus zu kreuzigen war der größte Fehler, den der Teufel machen konnte. Wenn er geahnt hätte, was passieren würde, hätte er Jesus niemals getötet! In 1. Korinther 2,6-9 lesen wir dazu:

> *Und doch ist unsere Botschaft eine Botschaft voller Weisheit. Verstanden wird diese Weisheit allerdings nur von denen, die der Glaube an Christus zu geistlich reifen Menschen gemacht hat. Denn sie hat nichts zu tun mit der Weisheit dieser Welt und mit der Klugheit ihrer Herrscher, deren Macht schon bald vergeht. Nein, was wir verkünden, ist Gottes Weisheit. Wir verkünden ein Geheimnis: den Plan, den Gott schon vor der Erschaffung der Welt gefasst hat und nach dem er uns Anteil an seiner Herrlichkeit geben will. Dieser Plan ist bisher verborgen gewesen. Keiner von den Machthabern dieser Welt hat etwas von dem Plan gewusst; keiner von ihnen hat Gottes Weisheit erkannt. Sonst hätten sie den Herrn der Herrlichkeit nicht kreuzigen lassen. Es heißt ja in der Schrift: „Kein Auge hat je gesehen, kein Ohr hat je gehört, und kein Mensch konnte sich jemals auch nur vorstellen, was Gott für die bereithält, die ihn lieben."*

Aber meine Lieblingsstelle über den Sieg Jesu über Sünde, Tod und Teufel ist Kolosser 2,13-15:

> *Ja, Gott hat euch zusammen mit Christus lebendig gemacht. Ihr wart nämlich tot – tot aufgrund eurer Verfehlungen und wegen eures unbeschnittenen, sündigen Wesens. Doch Gott hat uns alle unsere Verfehlungen vergeben. Den Schuldschein, der auf unseren Namen ausgestellt war und dessen Inhalt uns anklagte, weil wir die Forderungen des Gesetzes nicht erfüllt hatten, hat er für nicht mehr gültig erklärt. Er hat ihn ans Kreuz genagelt und damit für immer beseitigt. Und die gottfeindlichen Mächte und Gewalten hat er entwaffnet und ihre Ohnmacht vor aller Welt zur Schau gestellt; durch Christus hat er einen triumphalen Sieg über sie errungen.*

Es wäre bestimmt sehr hilfreich für dich, diese Verse auswendig zu lernen und den Heiligen Geist immer wieder zu bitten, sie dir zu erschließen und in dir den Glauben dafür zu entfachen.

Das Bild aus dem Kolosserbrief stammt übrigens aus den großen antiken Siegesfeiern nach gewonnenen Schlachten. Ich will versuchen, dir mit ein bisschen dichterischer Freiheit zu erklären, was diese Stelle aus dem Kolosserbrief zusammen mit einigen Stellen aus der Offenbarung bedeutet.

Jesus ist anders als dein Vater, er hat für dich gekämpft! Ich weiß, dass dies immer dein tiefster Wunsch war; du hast immer wieder gesagt, dass du einen Mann wolltest, der für dich kämpft, und dass du dich am stärksten zu deinem Ehemann hingezogen fühlst, wenn er stark und mutig ist und sich für dich und dein Wohlergehen einsetzt.

Nach außen hin stand der große Drache als der gekrönte Sieger da, der Jesus im Ring der Menschheitsgeschichte ausgeschaltet hatte. Er schleuderte ihm Gotteslästerungen an den Kopf, spuckte ihm ins Gesicht, verspottete ihn mit einer Dornenkrone und riss ihm seine Barthaare aus, während Jesus geschlagen und nackt im Staub der Erde lag, die er doch selbst erschaffen hatte.

Nacheinander stützt der Drache sein Knie auf die Glieder Jesu und schwingt seinen Hammer, um Jesus die Nägel durch den Leib zu jagen und ihn an ein römisches Kreuz zu nageln. Mit seiner großen Armee von Dämonen und Menschen, die ihm zujubeln, lacht er höhnisch über das Schild, das er über dem Kopf Jesu anbringen lässt: „König der Juden". Und dann zieht er diesen geschlagenen, blutenden Jesus in die Höhe, damit alle ihn sehen können. Menschen und Geister, die Jesus selbst erschaffen hat, rotten sich zusammen, um ihn mit Spucke, Flüchen und Spott zu überziehen. Jesus haucht seinen letzten Atemzug aus und der Drache erhebt sich voller Stolz, um als neuer Herrscher seinen endgültigen Sieg zu verkünden. Inzwischen wird Jesu Körper in ein Grab gelegt und seine Anhänger verlassen stumm den Ort, hinter sich nur die nasse Spur ihrer Tränen.

Aber … drei Tage später steht dein Krieger und König Jesus wieder auf und siegt über den Tod. Als der Drache merkt, dass Jesus am Leben ist, schnappt er sich dich als seine Gefangene, zieht sein Schwert des Gesetzes, das von dem Blut deiner Sünde bedeckt ist, und sticht es mit seiner messerscharfen Schneide in deinen Kopf, indem er jede deiner Sünden nennt und all die Namen der Jungs, die dich berührt haben. Aber Jesus tritt lächelnd vor und erklärt, dass er die Strafe für deine Sünde schon am Kreuz bezahlt hat. Jedes Recht Satans, dich als seine Gefangene zu halten, ist damit erloschen. Dein Feind ist besiegt, mitsamt seinen Dienern, ihren Machenschaften und deren Auswirkungen auf dein Leben.

Der Teufel reißt seine Augen auf und zieht sein Schwert aus deinem Kopf. Furcht überwältigt ihn, als er erkennt, welchen Sieg Jesus da in seiner scheinbaren Niederlage für dich eingefahren hat. Jesus zieht sein eigenes Schwert der Wahrheit und landet einen krachenden Treffer auf dem Kopf des Drachen. Sein Helm zerspringt in Stücke, sein Kopf blutet. Dann macht Jesus einen Schritt auf den Drachen zu, schmettert den Griff seines Schwertes gegen das Maul des Drachen und zerschlägt ihm die Zähne, die blutend auf den Boden fallen. Mit einem Hieb durch seine Drachenrüstung überwältigt Jesus ihn und lässt ihn liegen, wie er nach Luft ringt und nicht mehr fähig ist, weiter seine Flüche und Gotteslästerungen auszustoßen. Dann rammt Jesus seinen Ellenbogen in den Nacken des Drachen und stößt ihn in den Staub, in dem er selbst noch drei Tage vorher gelegen hat. Nun fließt das Blut des Drachen auf das getrocknete Blut unseres Erlösers. Jesus nimmt ihm Rüstung und Kleidung ab, während er röchelt und stöhnt vor Schmerz um seine Vernichtung.

Aus lauter Scham um deine langen Jahre an der Seite des Drachen hast du lange abseits gestanden und auf den Boden gestarrt. Bis Jesus zu dir kam, dich zärtlich am Kinn fasste, dein Gesicht zu ihm hob, dir in die Augen sah und sagte: „Deine Sünden sind dir vergeben, dein Feind ist besiegt, dein Leben ist frei von der Gefangenschaft der Sünde! Gott ist nun dein Vater, neues Leben ist dein Geschenk und der Himmel ist deine Heimat." Und während die Tränen an deinen Wangen herunterliefen, trug Jesus dir auf, immer wieder daran zu denken, dich so zu sehen, wie er dich sieht, nicht im Licht dessen, was du getan hast und was dir angetan wurde, sondern im Licht dessen, was Jesus für dich getan hat als dein Ritter und König.

In diesem Moment hast du das erste Mal erlebt, was Freiheit bedeutet. Zum ersten Mal wurde dir das Werk Jesu vom Heiligen Geist erklärt. Da bist du über den gefallenen Drachen gestiegen und hast Jesus mit einer Freude ergriffen, die du vorher nicht gekannt hast.

Endlich warst du erkannt.

Endlich warst du geliebt.

Endlich warst du sicher.

Endlich warst du frei.

Eines Tages wird Jesus die Schlange vor seinen Siegeszug spannen und sie zwingen, nackt und erniedrigt in sein Reich einzugehen. Hinter ihm werden alle seine kampferprobten Heiligen folgen, vom blutigen Abel bis hin zu Johannes dem Täufer und Paulus, die ihren Tod auf dem großen Schlachtfeld der Menschheitsgeschichte fanden. Unter ihnen werden auch Athanasius, Augustinus, Luther, Calvin und alle ihre Mitstreiter aus der Kirchengeschichte sein. Und du, Katie, wirst auch unter ihnen sein, fröhlich tanzend und singend, weil auch du aus der Hand deiner Feinde befreit wurdest.

Hinter dir werden die beschämten Kriegsgefangenen laufen: alle die Dämonen und Menschen, die nicht Buße getan haben über das, was sie dir angetan haben. Zu deinen Feinden werden weitere Sünder hinzustoßen: *Kain*, der Pharao zur Zeit Moses, Herodes, Judas ... und ihre abgehalfterten Befehlshaber: Sünde und Tod. Sie werden aneinander gekettet und an Handgelenken und Füßen gefesselt sein und ihr Mund wird geknebelt sein, damit sie nie wieder ihre Gotteslästerungen aussprechen oder eine einzige deiner Sünden benennen können.

Die Straße wird mit Blumen übersät sein und Jesus wird mit seinem Wagen an der Spitze einziehen in die Heilige Stadt, einem Königreich anbetender Heiliger in reinem Weiß, die rufen: „Hosanna! Gepriesen sei, der da kommt im Namen des Herrn! Gesegnet sei das Reich unseres Vaters David! Hosanna in der Höhe!"

Und wenn Jesus die Stufen zu seinem Thron erklimmt, wird er ausrufen, dass er allein König ist und dass in dem Moment, in dem er an das Kreuz genagelt wurde, unsere Sünden mit angenagelt wurden, sodass du frei sein kannst von deiner Gefangenschaft durch den Drachen, die Dämonen, Sünde und Tod. Überwältigt von dieser Gnade Jesu, die am Kreuz ausgegossen wurde (Offb 8,1), werdet ihr erst einmal eine halbe Stunde lang nur stumm und fassungslos dastehen.

Liebe Katie, du wirst den Rest deines Lebens darum ringen, diese Wirklichkeit zu begreifen, weil sie eine Sache des Glaubens ist, nicht des Verstandes. Der Teufel ist überall auf dieser Welt noch sichtbar am Werk, und das wird so weitergehen, bis Jesus wiederkommt und dies alles zu einem Ende führt. Bis dahin erkennen wir die Autorität, die das Reich Gottes jetzt schon hat, nur durch den Glauben (Eph 1,17-23).

Wir sehnen uns nach der endgültigen Niederlage des Drachens bei Jesu Wiederkunft. Aber die Macht des Teufels und der Dämonen über dein Leben ist schon beendet! Matthäus 28,18 macht deutlich, dass Jesus alle Autorität hat, d.h. der Satan hat überhaupt keine Macht mehr über dich als Christin. Aus Gnade sind wir Bürger des Reiches Jesu und müssen nie mehr den Befehlen des Teufels gehorchen, seine Bedürfnisse stillen oder als seine Gefangene leben. Jesus hat dich völlig befreit von allen deinen Pflichten gegenüber Satan, indem er dich in sein Reich des Lichts gebracht hat. Deshalb kannst du heute nach Kolosser 1,10-14 leben und …

… ein Leben führen, durch das der Herr geehrt wird und das ihm in jeder Hinsicht gefällt. Ihr werdet imstande sein, stets das zu tun, was gut und richtig ist, sodass euer Leben Früchte tragen wird, und eure Gotteserkenntnis wird immer weiter anwachsen. Er, dem alle Macht und Herrlichkeit gehören, wird euch mit der ganzen Kraft ausrüsten, die ihr braucht, um in jeder Situation standhaft und geduldig zu bleiben. Freut euch und dankt ihm, dem Vater, dass er euch das Recht gegeben hat, an dem Erbe teilzuhaben, das er in seinem Licht für sein heiliges Volk bereithält. Denn er hat uns aus der Gewalt der Finsternis befreit und hat uns in das Reich versetzt, in dem sein geliebter Sohn regiert. Durch ihn, Jesus Christus, sind wir erlöst; durch ihn sind uns unsere Sünden vergeben.

Die Bibel verwendet das Wort „Gnade" für den Sieg am Kreuz, weil es keinen anderen Grund für Gott gibt, dich zu lieben und für deine Befreiung zu sterben, als nur sein wunderbares Wesen.

Nun sind aber der Teufel und die Dämonen zwar schon besiegt, doch noch nicht völlig zerstört. Bis der große Tag des Gerichts vor dem großen, weißen Thron Jesu heraufkommen wird (Offb 20,11-15), sind sie auf dieser Erde noch am Werk. Deswegen musst du weise sein. Der Puritaner William Gurnall hat einst gesagt:

> *Wo Gott auf der einen Seite ist, kannst du sicher sein, Satan auf der anderen Seite zu finden.*

Um dir dabei zu helfen, will ich ein paar Punkte aus der Bibel aufzeigen, die mir persönlich eine große Hilfe waren. Am besten streichst du sie dir in deiner Bibel an, damit du immer wieder darauf zurückkommen und deinen Glauben stärken kannst.

1. Satan und die Dämonen sind deine Feinde und in keinster Hinsicht Freunde (1Petr 5,8).
2. Satan und die Dämonen kämpfen aktiv gegen dich (Eph 6,10-13).
3. Satan und die Dämonen wollen, dass du stirbst, denn der Teufel ist ein Mörder. In jeden deiner Lebensbereiche will er den Tod bringen, auch in deine Liebe, Lebensfreude, Ehe oder dein Engagement für andere Christen (Joh 8,44).
4. Satan und die Dämonen haben keinen Anspruch auf dich, denn du wurdest für immer und ewig aus dem dunklen Reich des Teufels befreit und in das Reich Jesu hineinversetzt, in dem das Licht strahlt (Kol 1,13).
5. In Jesus hast du völlige Sicherheit vor Satan und Dämonen und Autorität über sie (Lk 10,18-20).
6. Weil deine Stellung in Jesus ist und ihm alles untersteht, kannst auch du durch die dir von Jesus übergebene Autorität Satan und den Dämonen befehlen, dir zu gehorchen (Eph 1,18–2,8). Das bedeutet: Wenn du einem Dämon im Namen Jesu befiehlst, dich in Ruhe zu lassen, muss er gehen.

Obwohl der alte Drache verdammt und angeschlagen ist, hat er noch immer Kraft. Um dich hereinzulegen, wird der Teufel seine Taktiken anwenden, vor denen uns die Bibel warnt. Einige dieser Taktiken möchte ich dir erklären, denn ich fürchte, dass er sie bei dir gezielt einsetzen wird. Doch 2. Korinther 2,11 sagt uns, dass der Teufel uns nicht hinters Licht führen kann, wenn wir uns seiner Tricks bewusst sind.

- Satan wird dich belügen, denn er ist ein Lügner. Wenn du ihm glaubst, wird dein Leben zerstört werden, denn dann vertraust du der Person, die Jesus den *„Vater der Lüge"* nennt (Joh 8,44). Als Reaktion auf die Lügen des Feindes solltest du die Bibel aufschlagen und auf Jesus hören, der im Johannesevangelium so oft sagt: *„Ich sage euch die Wahrheit."* Außerdem solltest du jedes Mal, wenn du die Lügen des Feindes hörst, mit gläubigen Freunden und deinem Mann ganz ehrlich darüber reden, damit Jesus durch sie die Wahrheit zu dir sprechen kann. Denk daran, dass du nicht den Lügner überzeugen musst, dass er falsch liegt und du richtig. Mach es wie Jesus, der in Matthäus 4,8-10 die Lügen des Feindes ignoriert und sich weiterhin der biblischen Wahrheit verschreibt.

- Satan wird gerade dann zu dir kommen und dich zur Sünde verleiten wollen, wenn du schwach bist, denn er ist der Verführer. So hat er es auch bei Jesus gemacht (Mt 4,1-11). Damit will er dich näher zu ihm ziehen und gegen Jesus aufbringen, damit du dich von Jesus entfernst. Deine Reaktion auf die Versuchung sollte sein, ihr zu widerstehen, sodass der Teufel von dir flieht (Jak 4,7-8). Wenn du sündigst, solltest du nicht zu viel Zeit verstreichen lassen, bis du vor Jesus und den Menschen Buße tust, gegen die du gehandelt hast.

- Satan wird zu dir als der Ankläger kommen (Offb 12,10). Satans Anklagen kommen oft in Form von Stimmen in der zweiten Person („du!"). Manche Menschen, die denken, dass sie psychologische Probleme haben, weil sie Stimmen hören oder negative Selbstgespräche führen, sind in Wirklichkeit dämonisch belastet. Ich wäre zum Beispiel nicht überrascht, wenn du oft solche Dinge hörst wie: „Du bist eine Schlampe!", „Du hast kein Recht, den Sex mit deinem Ehemann zu genießen!", „Gott könnte dir niemals vergeben!", „Du verdienst, was dir angetan wurde!" oder „Du solltest dich umbringen, um dein Leid zu beenden!" In diesen Situationen solltest du dir immer vor Augen halten, dass Jesus so etwas nie zu dir sagen würde. Wenn jemand dich so direkt anspricht, flüstert dir ein Dämon ins Ohr und hofft, dass du ihm mehr Glauben schenkst als Jesus.

- Satan wird auch gerade dann zu dir kommen, wenn Gottes Gnade mächtig in deinem Leben fließt, um dir mit seinen Anklagen die Freude zu rauben. Er wird dich an alte Sünden erinnern, für die Jesus gestorben ist und für die du ernsthaft Buße getan hast. Er will dich so weit bringen, dass du nicht mehr glaubst, dass das Werk Jesu am Kreuz genug für dich war. Wenn du dem Drachen glaubst, dann wirst du entweder Gottes Vergebung anzweifeln oder etwas zu tun versuchen, das du dem Werk Jesu hinzufügen kannst, um damit deine Vergebung selbst zu erarbeiten. Beide Wege gehen am vollbrachten Werk am Kreuz vorbei und drängen dich in die Verzweiflung oder in die Religion, anstatt zu Jesus. In solchen Phasen kannst du deinen Halt in Römer 8,1 finden: *„Für die, die mit Jesus Christus verbunden sind, gibt es keine Verurteilung mehr."*

- Satan wird dein aufrichtiges Herz ausnutzen und dir diffuse Schuldgefühle aufladen, die dich in Selbstzerfleischung treiben werden, wenn du sie nicht schnell genug erkennst. Fieberhaft wirst du nach irgendeiner Sünde in deinem Leben suchen, denn der Teufel äfft Gott nach und verdreht sein Handeln. Gott überführt dich von einer Sünde, damit du mit seiner barmherzigen Hilfe Buße tun und dann in Frieden und Freude weitergehen kannst. Aber Satan legt es darauf an, dich fertigzumachen durch Schuldgefühle, die so allgemein gehalten sind, dass du niemals genau weißt, wofür du Buße tun sollst. So bleibst du in lähmender Unfreiheit und Verzweiflung zurück. In Johannes 8 erklärt Jesus, dass Satan im Grunde wie ein missbrauchender Vater ist; er will dich nicht korrigieren, sondern dir Leid und Kummer bereiten, damit du dich am Boden zerstört fühlst ohne den Hauch einer Ahnung, was du falsch gemacht hast und wie du es wiedergutmachen könntest.

- Weil so viele Sünden (sowohl Taten als auch Unterlassungen) gegen dich begangen wurden, wird Satan auch dadurch in deinem Leben Raum zu gewinnen versuchen, indem er dich zur Bitterkeit reizt (Eph 4,17-32). Die traurige Wahrheit ist, dass es nicht einmal theoretisch möglich ist, dass alle Menschen, die an dir schuldig geworden sind, zu dir kommen und dich um Vergebung bitten. Wenn du darauf wartest, dass diese Menschen zu dir kommen und Buße tun, bevor du ihnen dann vergibst, wirst du unweigerlich in die Bitterkeit getrieben, die Hebräer 12,15 als Wurzelgrund für weitere dämonische „Triebe" nennt.

- Wenn dir der Heilige Geist also Menschen aufs Herz legt, die sich gegen dich vergangen haben, dann vergib ihnen! Das heißt nicht, dass du ihre Taten und ihre Schuld kleinredest oder akzeptierst, sondern dass du sie Gott und seiner Gerechtigkeit anvertraust. Gib dein Recht auf, ihnen heimzuzahlen, was sie dir angetan haben. Vielleicht wird Gott dich auch auffordern, einige von ihnen mit ihrem Tun zu konfrontieren, damit sie es bereuen können. Wenn sie das nicht tun, musst du Jesus vertrauen, dass er im letzten Gericht gerecht über sie urteilen wird.

- Satan wird dich ablenken, damit du deine Augen von Jesus abwendest. In *Anweisungen an einen Unterteufel* schreibt C. S. Lewis:

Es gibt zwei Irrtümer über die Teufel, in die das Menschengeschlecht leicht verfällt. Sie widersprechen sich und haben doch dieselbe Auswirkung. Der eine ist, ihre Existenz überhaupt zu leugnen. Der andere besteht darin, an sie zu glauben und sich in übermäßiger und ungesunder Weise mit ihnen zu beschäftigen.[9]

Ich möchte diesen Brief mit einer Warnung beschließen. Der Teufel hat viel Freiraum bei dir gehabt, weil du nicht wirklich an seine Existenz geglaubt hast und damit blind warst für sein Agieren in deinem Leben. Wenn jetzt dein Bewusstsein für die Wege des Teufels wächst, solltest du nicht auf der anderen Seite vom Pferd fallen und sie für alles in deinem Leben verantwortlich machen (wie Eva es gemacht hat). Übernimm weiterhin Verantwortung für deine eigenen Sünden und überlass die Bestrafung deiner Peiniger dem Herrn.

Und werde nicht stolz darüber, denn das ist die Wurzel des Aufstands Satans gegen Gott, sondern bleibe in deinem Reden, Denken und Handeln demütig (aus Gnade bist du gerettet!), wie Jesus es in Lukas 10,20 sagt: *„Doch nicht darüber sollt ihr euch freuen, dass euch die Geister gehorchen. Freut euch vielmehr, dass eure Namen im Himmel aufgeschrieben sind."*

Liebe Katie, ich könnte noch viel mehr darüber schreiben. Aber ich vertraue dem Heiligen Geist, dass er dir durch die Beschäftigung mit den Bibeltexten weiter offenbaren wird, was der Sieg Jesu am Kreuz für dich bedeutet. Die Bibel ist das Schwert der Wahrheit gegen die Lügen des Feindes, das nur dann nützt, wenn es regelmäßig aus seiner Scheide gezogen wird. Zum Abschluss vier praktische Schritte für deinen Weg in Freude und Freiheit von Teufel und Dämonen.

1. Jesus ist dein Schutzschild! Die Psalmen reden sehr oft von Gott als unserem Schild. Jesus ist der einzig sichere Ort für uns. Bleib also immer nah an ihm dran. Und wenn du dich einmal von seinem Schutz entfernt hast, dann lauf zu ihm zurück, so schnell du kannst.

2. Lebe in Gemeinschaft mit ernsthaften Christen, die Jesus lieben und als ehrliche Freunde mit dir reden. Du wirst ein Segen für sie sein, wenn du ihnen davon erzählst, was Jesus dir gezeigt hat, und sie werden ein Segen für dich sein, indem sie liebevoll die Wahrheit in dein Leben hineinsprechen und für dich beten. Es

ist kein Zufall, dass Jesus am massivsten vom Teufel versucht wurde, als er allein war. Wenn du dich von Gottes Kindern zurückziehst, lieferst du dich den Attacken des Feindes schutzlos aus. Bleib also eingebunden in biblisch fundierte, liebevoll ehrliche, verantwortliche Beziehungen, denn es ist wirklich nicht gut, allein zu sein.

3. Hab keine übermäßige Angst vor Satan und den Dämonen. Satan wird „Schlange" genannt und auch die Dämonen sind wie Schlangen: Sie sind nur dann gefährlich, wenn du sie anfasst oder sie provozierst, dich zu beißen. Jesu Liebe und sein Sieg am Kreuz sind stark genug, um exzessive Angst vor Satan und Dämonen zu überwinden.

4. Bete offensiv um Schutz und Weisheit, *bevor* die dämonischen Attacken kommen. Viel zu oft beten Christen defensiv, erst dann, wenn die Probleme schon da sind. Hier kann uns das Buch der Psalmen eine gute Anleitung sein, denn es ist voller offensiver Gebete, z. B. Psalm 18, 27, 31, 35 und 83. Außerdem möchte ich dir vorschlagen, dem Beispiel Jesu in Matthäus 4,1-10 zu folgen: Als die Schlange ihn angeht, pariert Jesus die Angriffe mit Bibelversen, die haargenau zu den Lügen und Versuchungen des Feindes passen. Dann setzt Jesus seine Autorität ein, um die Schlange zu verjagen. Diese Autorität hat Jesus an uns weitergegeben, damit auch wir Teufel und Dämonen befehlen können, sich von uns zu entfernen.

Aus tiefer Liebe zu dir bitte ich dich inständig, dass du dein Leben im Licht der großen, endgültigen Niederlage des Satans führst, die ihm samt allen seinen Dämonen und ihren Werken und deren Folgen am weißen Thron Jesu widerfahren wird (Offb 20).

Bis zu jenem Tag bete ich für dich, meine liebe Schwester in Jesus, den Vers aus Römer 16,20:

Nur noch kurze Zeit, dann wird der Gott des Friedens den Satan zerschmettern und euch über ihn triumphieren lassen. Die Gnade unseres Herrn Jesus sei mit euch!

Rückfragen zu Jesus als Sieger

Können Christen dämonisch besessen („possessed") sein?

Das ist eine von den Fragen, die viele Leute zu schnell beantworten. Das Problem ist, dass das Wort [in Engl.] verschiedene Bedeutungen haben kann. Das Merriam-Webster Wörterbuch gibt drei Bedeutungen an: Erstens kann es „besitzen" *(to own)* bedeuten, was heißen würde, dass ein Christ wirklich zu Satan gehören würde. Zweitens kann es „beherrschen" *(to dominate)* heißen, was heißen würde, dass ein Christ von Satan kontrolliert wird. Drittens kann es „beeinflusst" *(to influence)* heißen, was heißen würde, dass das Leben eines Christen immerhin von dämonischen Einflüssen geprägt ist. [Im Dt. wird dieser Unterschied sprachlich durch „besessen sein" und das abgeschwächte „besetzt sein" ausgedrückt, wobei „besetzt" nicht klar zwischen 2. und 3. Kategorie unterscheidet. – *Anm. d. Übers.*]

Ganz offensichtlich hängt von der genauen Bedeutung des Wortes ab, wie man nun die Frage beantwortet: Kann ein Christ von Dämonen *possessed* sein, also besessen oder „besetzt"?

Im ersten Sinn muss man sagen, dass der Teufel niemals einen Christen *besitzen* wird. Wir wurden von der Herrschaft der Dunkelheit gerettet und in das Königreich des Sohnes gebracht, wie uns Paulus in Kolosser 1,13 sagt. Im dritten Sinne muss man sagen, dass ein Christ durchaus vom Teufel *beeinflusst* werden kann. Wir stehen im Kampf gegen den Teufel, dessen Ziel es ist, zu stehlen, zu töten und zu zerstören (Joh 10,10). Sogar Jesus wurde auf diese Weise vom Teufel bedrängt (Mt 4,1-11; Lk 4,1-13).

Um den zweiten Sinn gibt es nun viele Diskussionen unter Christen. Können Dämonen einen Christen *beherrschen*?

Während manche lehren, dass durch persönliche Sünden, Sünden der Vorväter oder sogar durch Flüche Dämonen die Macht über einen Christen bekommen, um ihn zu beherrschen, macht die Bibel deutlich, dass Christen niemals unter der beherrschenden Macht der Dunkelheit stehen können. Der Teufel hat niemals Autorität über einen Christen.

Andere lehren, dass wir keine Angst zu haben brauchen vor den Attacken des Feindes, wenn wir fasten und das Wort Gottes studieren. Aber wenn selbst Jesus vom Teufel angegriffen werden konnte, wie können wir dann behaupten, dass wir immun dagegen seien?

Wir glauben, dass Christen vom Teufel betrogen, angeklagt und verführt werden können und vielleicht sogar seinen Attacken nachgeben (obwohl sie es nicht sollten). Wenn Gläubige falsch auf diese Versuchungen reagieren, dann geben sie den Dämonen Raum. Anscheinend kann ein Dämon sündhafte Wünsche in einem Gläubigen wecken, speisen, bestärken und ausschlachten. Beispiele dafür wären Petrus (Mt 16,22-23) und

Hananias (Apg 5,3). Aber als Kinder Gottes, in denen der Heilige Geist eingezogen ist, sind wir nicht nur verantwortlich dafür, Satan zu widerstehen, sondern auch dazu befähigt, sodass wir seinen Einfluss nicht erdulden müssen (Eph 6,10; Jak 4,7; 1Petr 5,7-9; 1Joh 4,1-4; 5,1-5.18f.).

Was kann ich tun, wenn ein Dämon mich angreift?

Es ist lebenswichtig zu verstehen, dass Jesus die Herrscher im Sieg am Kreuz schon entwaffnet und offen zur Schau gestellt *hat* (Kol 2,15). Wir müssen nichts tun, um Autorität über die Dämonen zu erlangen, dieser Sieg ist schon längst für uns am Kreuz eingefahren worden. Unsere Aufgabe ist es nun, an diesen Sieg zu glauben und in ihm zu leben.

Jesus ist darin unser Vorbild. Als er von einem Dämon angegriffen wurde, hat er sich nicht auf Debatten darüber eingelassen, ob der Teufel ihm wirklich das Königreich dieser Welt hätte geben können, und er hat auch nicht nach Namen und Informationen gefragt, sondern einfach die Bibel zitiert und dem Dämonen befohlen, zu verschwinden (Mt 4,1-11).

Hier nun ein Schema, wie man beten kann, wenn man mit dämonisch beeinflussten Wünschen zu kämpfen hat. (Dabei zählen natürlich nicht die genauen Worte, denn unsere Kraft kommt nicht durch das Aufsagen eines Mantras, sondern von Jesus und der Wahrheit!)

1. „Herr Jesus Christus, ich erkenne, dass ... (nenne den konkreten Bereich von Sünde) vielleicht von dämonischen Mächten beeinflusst sind. Wenn das so ist, so möchte ich nichts mit ihnen zu tun haben!"

2. „Herr Jesus Christus, ich bekenne, dass du über diese Dämonen und bösen Geister gesiegt hast, durch die Kraft deines Blutes, durch das ich Vergebung für meine Sünden haben kann, und durch deinen Tod und deine Auferstehung, die mein neues Leben in dir erwirkt hat."

3. „Herr Jesus Christus, ich bitte dich, dass du jeden Dämon und bösen Geist von mir wegnimmst. Dämon, im Namen und der Kraft Jesu befehle ich dir, jetzt zu verschwinden!"

4. „Herr Jesus Christus, danke, dass du mein Gebet hörst und darauf eingehst. Bitte fülle mich neu mit deinem Heiligen Geist, damit ich fähig werde, dir gehorsam zu sein und in Freiheit von Sünde und dämonischer Belästigung zu leben."

Können mich Sünden belasten, die gegen mich begangen werden?

Das kann passieren, wie wir in Katies Geschichte gesehen haben. Aber Jesus hat auch diese Auswirkung von Sünde bereinigt. In Matthäus 8 heilt Jesus durch seine Macht z. B. einen Leprakranken und treibt später zwei Dämonen aus. Jesus kann uns heilen, egal ob wir körperlich oder geistlich versehrt sind. Nach 1. Johannes 1,9 sollen wir unsere Sünden benennen und bekennen. Das kann sich auf beides beziehen: Sünden, die wir begangen haben, oder Sünden, die gegen uns begangen wurden. In beiden Fällen wird es zu völliger Vergebung und Wiederherstellung führen, wenn wir diese Sünden zu Jesus und seinem Volk bringen. Diese Wiederherstellung nach einer Schädigung geschieht meist nicht von einem Tag auf den anderen, sondern ist meist ein Prozess, aber wir kennen den Ausgang, denn *„wir [haben] einen Fürsprecher bei dem Vater, Jesus Christus, der gerecht ist. Und er ist die Versöhnung* für unsere Sünden, nicht allein aber für die unseren, sondern auch für die der ganzen Welt" (1Joh 2,1-2). Aber dieses Thema wird im siebten Kapitel dieses Buches noch intensiver erörtert.

Wo kann ich noch mehr über Satan und Dämonen lernen?

Für eine theologische Zusammenfassung empfehlen wir:

- *Powers of Darkness: Principalities and Powers in Paul's Letters* von Clinton E. Arnold, Downers Grove/Illinois 1992 (InterVarsity)

Für ein praktisches Verstehen dieser Thematik empfehlen wir:

- *Three Crucial Questions about Spiritual Warfare* von Clinton E. Arnold, Grand Rapids/Michigan 1997 (Baker)
- *Precious Remedies against Satan's Devices* von Thomas Brooks, Carlisle/Pennsylvania 1968 (Banner of Truth)
- *The Screwtape Letters* von C. S. Lewis, New York 2001 (Harper-Collins) [dt.: *Dienstanweisungen an einen Unterteufel*, Freiburg: Herder 2011]
- *Lord Foulgrins Letters* [dt.: *Post von Graf Moderthal*, Holzgerlingen: Hänssler 2004] und *The Ishebane Conspiracy* von Randy Alcorn (beide Multnomah, 2001)

Es kursieren auch viele Bücher und Videos, die dazu anleiten, den Namen eines Dämons zu erfragen, um ihn austreiben zu können. Doch weder Jesus noch Paulus brauchten den Namen eines Dämons, um ihn auszutreiben (vgl. Mk 1,23-27 u. a., wo Jesus seine Arbeit macht, ohne den Namen eines Dämons zu nennen; zu Paulus z. B. Apg 16,16-18). Mit dieser Lehre geht auch meistens die Meinung einher, dass Sünde einem Dämon die Macht gibt, in einem Christen zu wohnen, sodass wir ihm erst dann befehlen können zu verschwinden, wenn wir die Sünde bekannt haben. Solche Lehren widersprechen der Bibel und wir sollten entsprechende Bücher mit Vorsicht und einem kritischen Geist genießen, der immer wieder nachhakt: „Wo steht das in der Bibel?"

KAPITEL 2

„Sex ist mein Gott!" – Jesus, Thomas' Befreiung

Seine Gnade führt auch dazu, dass wir voll Sehnsucht auf die Erfüllung der Hoffnung warten, die unser höchstes Glück bedeutet: das Erscheinen unseres großen Gottes und Retters Jesus Christus in seiner ganzen Herrlichkeit. Er ist es ja, der sich selbst für uns hingegeben hat, um uns von einem Leben der Auflehnung gegen Gottes Ordnungen loszukaufen und von aller Schuld zu reinigen und uns auf diese Weise zu seinem Volk zu machen, zu einem Volk, das ihm allein gehört und das sich voll Eifer bemüht, Gutes zu tun.

TITUS 2,13-14

Er ist Anfang vierzig. Wenn Sie ihm zum ersten Mal begegnen, werden Sie ihn klasse finden; er sieht Ihnen mit seinem gewinnenden Lächeln direkt in die Augen und beherrscht die Kunst des festen Händedrucks und gefälligen Small Talks. Seine schöne Frau steht dicht bei ihm und fasst zärtlich seinen Arm, sie halten Händchen. Seine Kinder sind der Traum jedes Paares, süß und gut erzogen.

Doch das ist alles nur eine schöne Illusion; wie ein Fluss mit ruhiger Wasseroberfläche, aber tödlicher Tiefenströmung. Thomas würde Ihnen erzählen, dass er Christ ist, und könnte Ihnen alle wichtigen Glaubensfragen wie aus der Pistole geschossen beantworten. Er würde Ihnen auch sagen, dass er glaubt, dass Jesus Gott ist und dass Sie in die Hölle kommen, wenn Sie nicht Ihre Sünden bereuen und auf Jesus vertrauen. Er ist charmant, selbstsicher, klug und erfolgreich. Manche haben ihn angefragt, in dem einen oder anderen Dienst mitzuarbeiten oder ihn sogar zu leiten.

Was er Ihnen nicht erzählen würde ist, dass er keiner Frau je treu gewesen ist, einschließlich seiner neuen Ehefrau. Dass er Probleme damit hat, sich an die exakte Zahl der Frauen zu erinnern, mit denen er Ehebruch getrieben hat, oder wie oft er insgesamt seiner Frau untreu geworden ist. Er kann sich nicht einmal an den letzten Tag erinnern, an dem er nicht mindestens eine Stunde damit verbracht hat, im Internet Pornos zu gucken. Und um dem Ganzen die Krone aufzusetzen: Seine Frau weiß bis heute nichts von seinem Doppelleben! Seine kranke Ausrede ist, dass es ihr das Herz brechen würde und er ihr den Kummer ersparen will. Er mimt den fürsorglichen, liebevollen Ehemann, doch die Wahrheit ist, dass er Angst davor hat, dass sie ihn verlässt und die Kinder mitnimmt, mitsamt der Hälfte seines ansehnlichen Vermögens.

Thomas hat sich lange selbst belogen. Er denkt, dass es ihn zu einem guten Ehemann macht, wenn er regelmäßig einen Test auf Geschlechtskrankheiten durchführt. Dann kann er sicher sein, seine Frau nicht anzustecken. Manchmal überwältigt ihn seine Sünde dermaßen, dass er sich in den Alkohol flüchtet. Damit macht er die Dinge nur noch schlimmer, denn der Alkohol macht ihn noch depressiver, weniger selbstkritisch und rücksichtsloser. Meistens treibt ihn seine Sünde aber dazu, zur Strafe besonders lange zu arbeiten. Als ob er genug Gutes tun könne, um seine Sünde auszugleichen.

Als wir zusammensaßen, hat er mir sehr detailliert über sein Leben und seine Sünde berichtet. Als er fertig war, sagte er mir, dass er das alles vertraulich gesagt habe. Er bat mich, für ihn zu beten, damit er sich besser fühlen könne. Er dachte tatsächlich, dass Gott glücklich über ihn wäre, wenn er nur seine Sünden bekennen würde, ohne ein Anzeichen von Reue! Er meinte, dass er immer weiter sündigen könne. So lange, bis er sich wieder schlecht deswegen fühlen würde und wieder mit einem Pastor darüber reden würde – vertraulich natürlich! –, ohne jemals Verantwortung für sein Handeln übernehmen zu müssen.

Doch in der Bibel finden wir nirgends eine solche Schweigepflicht als Alibi für Verantwortungslosigkeit; erst recht nicht, wenn damit einem anderen Schaden zugefügt wird. Also habe ich ihm gesagt, dass ich seiner Frau die ganze Geschichte erzählen würde. Am Anfang war er schockiert und diskutierte herum, doch schließlich sah er ein, dass sie es erfahren müsste. Also sagte ich ihm, dass er seiner Frau alles erzählen solle und sie mich dann anrufen solle, um zu bestätigen, dass er es wirklich getan habe. Es überraschte mich nicht, dass sie von ihm ehrliche Reue forderte und ihn verließ, bis er dazu bereit wäre.

Diesen Brief habe ich an Thomas geschrieben, damit er erkennt, dass Jesus sich nicht eher zufriedengibt, als bis er ihn davon erlöst hat, so ein Mensch zu sein, und ihn in einen neuen Menschen verwandelt. Jesus will ihn aus der Gefangenschaft der Sünde befreien und ihn in ein Leben der Freiheit durch Christus führen.

• • • •

Lieber Thomas,

dieser Brief wird schmerzhaft offen sein. Wir beide kennen uns gut genug, um dir nicht den Bauch zu pinseln oder dich in Watte zu packen. Deswegen werde ich einfach anfangen mit einer Liste von nackten Tatsachen.

Du hast die Kontrolle über dein Leben verloren! Während Jesus auf der Erde lebte, war sein bester Freund ein junger Mann namens Johannes. Johannes wurde später Pastor und hat fünf Bücher des Neuen Testaments geschrieben. Zwei Verse daraus sind sehr aufrüttelnd, am besten lernst du sie auswendig:

> *Liebt nicht die Welt! Hängt euer Herz nicht an das, was zur Welt gehört! Wenn jemand die Welt liebt, hat die Liebe zum Vater keinen Raum in seinem Leben. Denn nichts von dem, was diese Welt kennzeichnet, kommt vom Vater. Ob es die Gier des selbstsüchtigen Menschen ist, seine begehrlichen Blicke oder sein Prahlen mit Macht und Besitz – all das hat seinen Ursprung in dieser Welt. (1Joh 2,15-16)*

Lieber Thomas, wenn Johannes hier von der „Welt" spricht, meint er damit die vielen Spielarten der Sünde, mit denen Menschen an Gott vorbeileben. In deinem Leben wären das deine Hingabe an Pornografie, deine ehebrecherischen Affären, dein Alkoholproblem, dein Stolz, deine Lügen gegenüber deiner Frau und dein Vorgaukeln eines guten Christen, während du in deinem Inneren eher Judas ähnelst als Jesus. Die Stelle sagt außerdem aus, dass du nicht gleichzeitig die Sünde und Gott lieben kannst, denn du kannst niemals gleichzeitig Jesus *und* der Sünde nachlaufen.

Nachfolger Jesu sündigen, aber sie lieben die Sünde nicht, wie du es tust. Wenn sie doch einmal in Sünde fallen, hassen sie ihr Tun. Paulus hat das gut in Römer 7,14-25 beschrieben: *„Ich verstehe selbst nicht, warum ich so handle, wie ich handle. Denn ich tue nicht das, was ich tun will; im Gegenteil, ich tue das, was ich verabscheue ... Ich tue nicht das Gute, das ich tun will, sondern das Böse, das ich nicht tun will."*

Wenn du wirklich Christ wärst, dann wärst du dir deiner Sünde bewusst, denn der Heilige Geist würde dich überführen, aber gleichzeitig würdest du sie „*hassen"* und „*das Gute wollen"*. Paulus führt dann aus, dass er wie alle echten Christen nur dann die Sünde besiegen kann, wenn er ständig auf Jesus und die Kraft des Geistes vertraut.

Dein Leben ist voller Sünde, für die du dich selbst entschieden hast, und das hat dich sehr weit von Gott entfernt. Deswegen frage ich mich ernsthaft, ob du wirklich Christ bist oder jemals einer warst, auch wenn es letztlich Gottes Sache ist, das zu entscheiden. Du zeigst keine Anzeichen der Erlösung, denn du liebst die Sünde und deine tiefsten Sehnsüchte richten sich auf schlechte und böse Dinge. Außerdem drängt es dich gar nicht, mit Jesus zu leben oder dich auf die Kraft des Heiligen Geistes zu verlassen. Du hast selbst zugegeben, dass du nicht wirklich Gott liebst, sondern nur Angst vor der Hölle hast.

Johannes beschreibt dein Leben als eine Reihe von Süchten (1Joh 2,15-16):

1. Du bist durch das Verlangen deines Körpers gebunden, das dich mit sexuellen Perversionen aller Art beherrscht.
2. Du bist durch die Lust deiner Augen gebunden und kannst nicht aufhören, dir nackte Frauen anzusehen, sei es auf dem Computerbildschirm, in Stripclubs oder in deinem Bett.
3. Du bist durch deinen Stolz gebunden. Dein ganzes Leben dient dazu, deine Verfehlungen zu verstecken, damit niemand sie entdeckt und erfährt, wer du wirklich bist. Das erklärt, warum du regelmäßig die Pornos und Daten von deinem Computer löschst, die anzeigen, welche Websites du besucht hast, warum du deine Seitensprünge auswärts machst, wo deine Frau es herausfinden kann, und warum du für deine Liebschaften eine geheime Telefonnummer und eine geheime E-Mail-Adresse eingerichtet hast.

Um es mit sehr biblischen Worten zu sagen: Du bist ein Sklave! 2. Petrus 2,19 erklärt es so: *„Denn wovon man sich hat gefangen nehmen lassen, dessen Sklave ist man geworden."* Du bist ein Sklave, denn du kannst nicht aufhören. Wahrscheinlich wirst du den Kopf schütteln und meinen, du seist ein freier Mann, der tun kann, was immer er will. Aber bei unserem Treffen hast du selbst gesagt: „Ich kann nicht aufhören, Pornos zu gucken. Ich kann nicht aufhören, meine Frau zu betrügen. Ich hab es versucht. Es ist ein paar Tage gut gegangen, aber dann habe ich immer wieder angefangen. Ich kann einfach nicht aufhören!"

Wenn du wirklich frei wärst, dann wärst du auch frei, damit aufzuhören. Aber du kannst es nicht, und das zeigt, dass du tatsächlich ein Sklave bist, der nicht ansatzweise frei ist. Wie ein Gefangener in einer Zelle, der sich nicht befreien kann, so gefangen bist du in deiner Zelle der Sünde und kannst nicht heraus.

In gewisser Weise hast du das bei unserem Treffen selbst zugegeben. Du wolltest mich davon überzeugen, dass du Opfer deiner außer Kontrolle geratenen Sünde bist. Weil du schon als kleiner Junge nackten Frauen ausgesetzt warst, leibhaftig und in Zeitschriften, bist du zum Sklaven der Lust geworden. Weil dein Job so stressig ist, bist du zum Sklaven der Sünde geworden, weil der Druck auf der Arbeit dich zur Sünde treibt. Weil deine

Eltern pervers waren, hast du dich damit entschuldigt, eine Art genetisches Opfer zu sein, das sexuell nicht normal ist. Du siehst dich selbst nicht als eigenwilligen Rebellen, sondern als Opfer deiner DNA, als ob es ein perverses Gen gäbe, das sich in dein Erbgut eingeschlichen hat und dich dazu zwingt, überall Sex zu haben, sei es auf öffentlichen Toiletten oder in Hotelzimmern und immer mit völlig fremden Frauen.

Aber die Wahrheit ist, dass dein Sklavenhalter die Sünde ist. Und weil du ein Sklave bist, will ich dir eine Geschichte über Sklaverei aus der Bibel erzählen und dir erklären, warum sie ein Bild für dein Leben sein kann.

Zu Beginn des 2. Mosebuches (Exodus) sind Millionen Menschen von einem König versklavt, der Pharao heißt. Er herrscht damals über die mächtigste Nation der Welt: Ägypten. Er wird als Gott verehrt und geht grausam mit den versklavten Menschen um. Diese schreien zum wahren Gott um Freiheit und ihre Bitte wird erhört: Gott schickt einen Mann namens Mose, der an seiner statt zum Pharao reden und von ihm fordern soll, das Volk freizulassen, damit sie den einzig wahren Gott anbeten können. Gott setzt seine ganze Güte und Autorität ein, um den Pharao zur Gerechtigkeit zu bewegen, doch der verschließt sein Herz angesichts dieser Herausforderung Gottes, genau wie Gott es vorausgesagt hat, und lehnt es ab, die Menschen aus ihrer brutalen Sklaverei zu entlassen. Deswegen schickt Gott eine ganze Reihe von Plagen ins Land, die ihn strafen und warnen sollen.

Doch der Pharao weigert sich immer wieder, seine Haltung zu ändern. Weil er das Volk nicht gehen lassen will, lässt Gott am Ende der Gerichte seinen Zorn auf die Menschen selbst ausgießen und in einer Nacht alle Erstgeborenen in jeder Familie sterben. Es gibt nur einen Weg, gerettet zu werden: Die Familien, die im Vertrauen auf Gott ein gesundes Lamm (ohne Makel oder Schaden) schlachten und sein Blut an die Türpfosten im Hauseingang streichen, werden verschont. Das Lamm lässt den Zorn Gottes an ihnen vorbeiziehen.

Thomas, du wunderst dich bestimmt allmählich, warum ich dir diese Geschichte erzähle. Dabei ist es ganz einfach: Du bist auch ein Sklave, genau wie die Menschen zur Zeit Moses. Auch du bist unfähig, dich selbst aus der Sklaverei zu befreien, und stehst vor Gottes Zorn und Gericht. Wie die Israeliten bist du darauf angewiesen, dass Gott seine Macht einsetzt und dich zu einem neuen Leben befreit. Nichts und niemand ist stärker als Gott, ob der Despot nun der Pharao ist oder deine Sexsucht.

Als Sklave musst du einfach von deiner Sklaverei befreit werden. *Befreiung* heißt frei werden, gerettet von der Bindung an eine Person oder eine Sache. Das Wort *Befreiung* und seine „Verwandten" („Befreier", „befreit" etc.) findet sich ungefähr 150-mal in der Bibel, davon nur ungefähr 20-mal im Neuen Testament.[10] Das Modell für jede Befreiung oder Erlösung ist die Exodusgeschichte. Du kannst selbst einige der Stellen nachschlagen, die auf die Befreiung Israels in 2. Mose zurückgreifen, um den Begriff zu erläutern (z. B. 2Mose 15,1-18; 5Mose 7,8; 15,15; 2Sam 7,23; 1Chr 17,21; Jes 51,10 und Mi 6,4).

Lieber Thomas, du musst von der Sünde befreit werden, die über dich herrscht wie der mächtige Pharao! Dazu brauchst du einen *Erlöser*, der dich *erlöst*. Das Thema von Gott als Erlöser zieht sich durch das gesamte Alte Testament (Ps 78,35; Jes 44,24; 47,4; 48,17; 63,16; Jer 50,34; Hos 7,13; 13,14). Bei der Geburt Jesu wird prophezeit, dass er Gott, der Erlöser, ist (Lk 1,68; 2,38). Auch Paulus spricht von Jesus als unserem Erlöser (Röm 3,24; 1Kor 1,30; Gal 3,13-14; 4,4-5; Eph 1,7; Tit 2,13-14).

Befreiung oder Erlösung kommt immer in die Hilflosigkeit hinein. Jedes Mal sind Menschen gebunden an Mächte, die sie nicht besiegen können; nur durch das Eingreifen einer mächtigen dritten Person kann die Bindung aufgehoben und die versklavte Person in die Freiheit geführt werden. Der einzige Erlöser, den es für dich gibt, ist Jesus. Die Bibel sagt sehr deutlich, dass Jesus Christus allein, der einzig wahre Gott, dich von deinen falschen kleinen Götzen wie Sexsucht und Stolz befreien kann, die über dein Leben regieren.

Im Exodus wurden die Menschen also vom Zorn Gottes verschont, weil sie buchstäblich mit dem Blut eines Lammes überzogen waren. Das deutet auf Jesus hin, der ebenso jung, gesund und „makellos" war. (Damit ist seine Sündlosigkeit gemeint, vgl. Hebr 9,12-14.) Jesus hat sein Blut vergossen für deine Sünden. Mit Blick auf den Exodus wird Jesus das *„Lamm Gottes"* genannt, *„das die Sünde der ganzen Welt wegnimmt"* (Joh 1,29 u. a.), und die Bibel ruft aus: *„Würdig das Lamm, das geopfert wurde"* (Offb 5,12).

Lieber Thomas, als Jesus am Kreuz sein Blut vergossen hat, ist er an deiner Stelle für deine Sünden durch Leid und Tod gegangen, damit du von deiner Bindung an die Sünde erlöst werden kannst. 1. Petrus 1,18-19 drückt das so aus:

> *Ihr wisst doch, dass ihr freigekauft worden seid von dem sinn- und ziellosen Leben, das schon eure Vorfahren geführt hatten, und ihr wisst, was der Preis für diesen Loskauf war: nicht etwas Vergängliches wie Silber oder Gold, sondern das kostbare Blut eines Opferlammes, an dem nicht der geringste Fehler oder Makel war – das Blut von Christus.*

Deine einzige Hoffnung ist, deiner Sünde den Rücken zu kehren und dich Jesus anzuvertrauen, damit er zu deinem Erlöser werden kann. Schon um seine Geburt herum prophezeiten ein Mann namens Zacharias und eine Frau namens Hanna, dass er Gott selbst sein würde, der in die Geschichte kommt, um von Sünde zu erlösen (Lk 1,68; 2,38). Paulus sagt in seinem Brief an Titus: *„Jesus Christus ... [hat] sich selbst für uns gegeben, damit er uns erlöste von aller Ungerechtigkeit"* (2,13-14; nach Luther). Und an die Römer schreibt er, dass Erlösung (nur) durch Christus Jesus kommt (3,24). Viele weitere Stellen im Neuen Testament sprechen davon, dass Jesus uns als Retter von Sünden gegeben ist (1Kor 1,30; Gal 3,13-14; 4,4-5; Eph 1,7).

Du hast dich blenden und zu dem Gedanken verführen lassen, du seist frei zu tun, was dir beliebt. Doch in Wahrheit hast du als Diener von Teufel, Dämonen, deinem sündhaften Fleisch und der Welt gelebt. („Welt" wieder als die verkommenen Aspekte unserer Kultur, die dich zur Sünde und weg von Jesus locken.) Die andere Seite der Verführung ist, dass du dich deinen Lüsten hilflos ausgeliefert siehst und es aufgegeben hast, etwas dagegen zu tun, weil du meinst, dass du nichts dagegen tun kannst.

Die Gute Nachricht ist, dass Gott mächtiger ist als alles andere, auch als deine sündigen Lüste. Wenn du dich von ihnen abwendest und auf Jesus vertraust, wird der Heilige Geist in dir einziehen. Diese neue Macht wird dir die Kraft geben, Nein zu deinen sündhaften Wünschen zu sagen und Ja zu den heiligen Wünschen Gottes. Ohne Bekehrung wird dein Verhalten so weitergehen, bis du eines Tages stirbst und Gottes Zorn in der Hölle auf ewig über dir hängt.

Satan will, dass du sündigst und damit deine Ehe ruinierst, deine Familie zerstörst, deine Gesundheit zugrunde richtest und dich am Ende in die ewige Hölle mit ihm bringst. Nur durch Jesus kannst du erlöst werden. Kolosser 1,13-14 sagt es so: *„Denn er hat uns aus der Gewalt der Finsternis befreit und hat uns in das Reich versetzt, in dem sein geliebter Sohn regiert. Durch ihn, Jesus Christus, sind wir erlöst; durch ihn sind uns unsere Sünden vergeben."*

Lieber Thomas, du hast dein Leben mit Satan in der Dunkelheit verbracht, Böses getan und dich Jesus, deiner Frau und deinem eigenen Gewissen entzogen. Jesus möchte dir vergeben, damit du völlig frei wirst und ein neues Leben unter seiner Herrschaft leben kannst.

Im Moment beherrscht dich dein Fleisch und nicht Gott, dein Schöpfer. Wenn die Bibel von deinem Fleisch spricht, meint sie nicht deinen physischen Körper an sich, sondern diesen Samen der Rebellion gegen Gott in dir, der sich daran freut, Gott die Stirn zu bieten und an die Sünde gebunden zu leben. Du hast diesen Samen von deinem Urvater Adam geerbt und wenn Jesus dich nicht erlöst, wirst du mit der Sünde weitermachen, bis Gott dich wie Pharao vernichtet. Nur durch die Vergebung, die Jesus dir anbietet, kannst du die Sünde zurückweisen und zu Gott fliehen, wie Römer 6,6-7 sagt: *„Der Mensch, der wir waren, als wir noch ohne Christus lebten, ist mit ihm gekreuzigt worden, damit unser sündiges Wesen unwirksam gemacht wird und wir nicht länger der Sünde dienen. Denn wer gestorben ist, ist vom Herrschaftsanspruch der Sünde befreit."*

Als ich mit dir geredet habe, war ich wütend, schockiert und traurig, dass du dich eigentlich gar nicht ändern willst. Eigentlich wolltest du nur nicht erwischt werden. Dein Leben ist ein absoluter Horror, aber du glaubst immer noch an die Lüge des Teufels, dass du ein tolles Leben voller Macht, Wohlstand und tollem Sex lebst. In Wahrheit ist dein Leben armselig, dämonisch, leer und tot. Wenn du dich von der Sünde zu Jesus hinwendest, wirst du erkennen, dass es ein *„sinn- und zielloses Leben"* war (1Petr 1,18).

Dein Leben hat nichts Erlöstes an sich, es ist einfach nur langweilig, schlecht und weltlich. Du hast damit angefangen, Pornos zu gucken und Gras zu rauchen, als du in der Mittelstufe warst. Als du gerade ein Teenager warst, hast du angefangen, mit Mädchen herumzumachen. Mitte zwanzig hast du verschiedene Frauen gleichzeitig getroffen, mit allen geschlafen und keiner von ihnen die Treue gehalten.

Mit Ende zwanzig hast du mit jungen Frauen in wilder Ehe gelebt, die du glauben machtest, dass du sie heiraten würdest. Anfang dreißig meintest du, es sei nun tatsächlich an der Zeit zu heiraten, also hast du dir die jüngste und heißeste Frau geschnappt, die du kriegen konntest, und sie betrogen, bis sie dich verlassen hat.

Nach ein paar Jahren warst du gelangweilt von deinem Singleleben und hast noch einmal geheiratet, um legitime Kinder in die Welt zu setzen. Und während deine Frau zu Hause deine Kinder großzog, hast du wieder losgelegt wie ein Teenager im Hormonstau.

Mittlerweile hast du die Hälfte deines Lebens hinter dir und noch nichts anderes getan, als diese dumme Sackgasse rauf- und runterzufahren. Wenn Jesus dich nicht von deinem *„sinn- und ziellosen Leben"* erlöst, landest du in der nächsten Scheidung, schlägst dich mit deiner Frau vor Gericht um das Geld und die Kinder und dann wird das Spielchen wieder von vorne losgehen.

Deine Sünde ist dein Stolz; du bist so selbstbewusst, hartherzig und verbohrt wie der Pharao. Du hast gegrinst, als du mir von den vielen Frauen in deinem Bett erzählt hast, als ob du stolz wärst auf die ganzen Kerben an deinen Bettpfosten und ich davon beeindruckt sein müsste. Du musst in deinem Inneren erlöst werden. Dein Leben spiegelt die traurige Wahrheit wider, dass dein Herz nicht mit Gott verbunden ist, sondern mit Satan, Dämonen, Tod und Sünde. Gott ist so zornig auf dich, wie er es auf den Pharao war.

Ich bete dafür, dass du endlich aufwächst und deine Sünde bei Jesus ablädst, bevor es zu spät ist und du dich in den ewigen Ketten der Hölle wiederfindest. Er ist das Lamm, das sein Blut für dich vergossen hat. Durch seinen Sieg am Kreuz, als er über Sünde, Tod und Teufel triumphierte, kann und will Jesus dich retten. Der Weg dahin besteht aus fünf Schritten:

1. Einsicht. Gott hat dich mit einem Gewissen geschaffen. Es soll dir helfen, die Entscheidungen in deinem Leben zu treffen, und lässt dich fühlen, wenn du etwas Falsches gemacht hast. Doch durch dein ständiges Leben in Sünde hast du Gottes Stimme so missachtet, dass dein Gewissen beschädigt ist und du keinen moralischen Kompass mehr hast. Du darfst dich nicht länger auf dein moralisches Gefühl verlassen, denn es ist durch und durch korrumpiert. Beschäftige dich intensiv mit der Bibel, um dein Denken zu erneuern. Ich würde dir empfehlen, ganz vorne bei 1. Mose anzufangen, um zu verfolgen, wie viele Generationen nacheinander so viel Sünde und Leid in die Welt gebracht haben, weil sie so gelebt haben wie du. Aber manche sind nicht dabei stehen geblieben, sondern haben sich im Glauben Gott zugewandt und wurden verändert und gesegnet. So kannst du sehen, was Jesus in dir vollbringen kann.

Wenn du mit 1. Mose fertig bist, kannst du gleich mit 2. Mose weitermachen. In diesem Buch findest du zwei Möglichkeiten für dein Leben: Entweder du wirst gerettet wie Israel, das Volk Gottes, oder vernichtet wie der Pharao. Wenn du ernsthaft in der Bibel liest, wird sich irgendwann das Gefühl in dir einstellen, verdammt und total verkorkst zu sein. Nicht weil die Bibel schlecht wäre, sondern weil du es bist und nicht nach ihr handelst. Der Heilige Geist muss dich durch die Bibel von deiner Sünde überführen, damit du ihre Last erkennst.

2. Beichte. Wenn dich der Heilige Geist von deiner Sünde überführt, dann musst du sie beim Namen nennen, wie Gott es tut, und akzeptieren, dass du ein Sünder bist, dessen Sexualität verdreht ist, ein Ehebrecher und hartherziger, stolzer Mann, gefangen von Satan und Sünde. Beichten heißt, Gott recht zu geben und ehrlich auszusprechen, was wir getan haben und wer wir wirklich sind. Ich bin nicht sicher, ob du das jemals getan hast. Mach reinen Tisch, bekenne Jesus alle deine Schuld! Und setz dich auch mit deiner Frau zusammen und beichte ihr dein Leben. Ohne wieder andere dafür verantwortlich zu machen, die Sünde zu verharmlosen oder nur scheibchenweise damit herauszukommen. Einsicht ist Gottes Gabe, Beichte ist deine Reaktion darauf und macht dich bereit für ein Leben in Buße, Wiederherstellung und Versöhnung. Außerdem solltest du deine Exbettspielinnen ausfindig machen, ihnen deine Sünde bekennen und sie und ihre Männer um Vergebung bitten.

3. Buße. Buße oder Umkehr bedeutet vor allem, die Gottesfrage in deinem Leben zu klären. Wer ist dein Gott? Wende dich ab von deinen Götzen Sex, Macht und Lust und wende dich Jesus zu, dem lebendigen Gott, der allein dich so sehr liebt, dass er für dich und deine Freiheit gestorben ist. Du musst lernen, in ständiger Umkehr zu leben, immer wieder auf Jesus zu sehen und der Sünde den Rücken zu kehren! Versuch nicht länger, selbst mit deiner Sünde fertigzuwerden, gib sie in den Tod, bevor sie dich tötet!

Kolosser 3,5 drückt es perfekt aus: *„Tötet daher, was in den verschiedenen Bereichen eures Lebens noch zu dieser Welt gehört: sexuelle Unmoral, Schamlosigkeit, ungezügelte Leidenschaft, böses Verlangen und die Habgier"* (Habgier ist nichts anderes als Götzendienst).

Umkehr bedeutet in deinem Fall auch, dir intensive Hilfe durch einen christlichen Berater zu suchen, um wirklich mit deinem Leben in Sünde Schluss zu machen und ein neues Leben als Diener und „Sklave" der Gerechtigkeit zu beginnen. Buße bedeutet für dich auch, Programme auf deinem Computer zu installieren, die deine Internetaktivitäten protokollieren, damit du einem geistlichen Freund gegenüber über deinen Sinneswandel Rechenschaft ablegen kannst. Wenn du auf Geschäftsreisen gehst, solltest du einen männlichen Begleiter dabeihaben, damit du nicht wieder in alte Verhaltensmuster abgleitest. Schließ dich einem christlich orientierten Rehabilitationsprogramm an, das auf Grundlage der Bibel arbeitet und auf den Kreuzestod Jesu und die Unterstützung einer Gemeinde aufbaut.

4. Wiedergutmachung. Deine Sünde hat viel kaputt gemacht. Deiner Frau und deinen Kindern hast du Vertrauen, Liebe, Zeit, Intimität, Einheit und Freude gestohlen. Außerdem wusstest du von einigen Frauen, dass sie verheiratet waren, dadurch hast du ihren Ehemännern gestohlen, was durch die Ehe ihnen allein gehört. Nicht dass du mich missverstehst, Wiedergutmachung ist keine Vorleistung für Gottes Vergebung. Nach der Bibel ist Vergebung ganz klar ein Geschenk aus Gnade, das du nur im persönlichen Glauben an Jesus empfängst (Eph 2,8-10). Aber dieses Geschenk bewirkt Demut und einen besseren Lebenswandel – nicht *damit* Jesus dich erlöst, sondern *weil* er es getan hat!

Diese „guten Werke" bedeuten auch, dass du den Schaden zu heilen versuchst, den du anderen zugefügt hast. Manche Bibelstellen (z. B. 2Mose 22,1-17 und 5Mose 5,5-10) sprechen von dieser Art Wiedergutmachung. Beispiele dafür sind die reichen Leute bei Nehemia und im Neuen Testament Zachäus, die zurückgaben, was sie gestohlen hatten. Bei dir könnte das praktisch so aussehen, dass du einen Job annimmst, der weniger Geschäftsreisen mit sich bringt und dir mehr Zeit für deine Kinder lässt. Bete auch dafür, wie du deine Frau besser unterstützen kannst, dass sie zu einem Pastor gehen und die Hilfe bekommen kann, die sie braucht.

5. Versöhnung. Wer diese Schritte geht, wird erleben, wie Jesus die trennende Sünde wegnimmt und der Weg frei wird für vertrauensvolle, liebevolle und geheilte Beziehungen. Das wird bei dir wohl einige Jahre dauern, wenn überhaupt. Deine Frau will die Trennung, weil ihr Vertrauen komplett zerbrochen ist. Wahrscheinlich wird sie die Scheidung einreichen. Ich weiß nicht, ob deine Frau dir vergeben und dir jemals wieder vertrauen wird. Benutze Jesus also nicht, um deine Ehe zu retten, sondern lass dich mit Gott versöhnen und sieh dann, was passiert. Trotz allem, was du getan hast, kann Jesus euch wieder zusammenbringen, wenn jeder von euch sich an ihn hängt. Aber selbst wenn nicht, wenn du Christ wirst und dich auf den harten, lebenslangen Weg einlässt, den ich aufgezeigt habe, dann wird es zur Versöhnung mit ihr kommen, wenn vielleicht auch nicht in diesem Leben.

Lieber Thomas, dieser Brief macht mir zu schaffen. Beim Schreiben denke ich an deine schöne, hingebungsvolle Frau und die tollen Kinder, die Gott dir geschenkt hat. Mir geht auch deine Gesundheit und dein Wohlstand durch den Kopf und ich kann einfach nicht nachvollziehen, warum du nicht zufrieden und glücklich bist. Da ist einfach etwas Krankes, Böses und Verdorbenes in dir, das sterben muss.

Doch was mich am meisten erschreckt ist, dass ich dir so ähnlich bin. Wir sind beide in einem armen Haushalt aufgewachsen. Aber wir waren beide sehr ehrgeizig und wurden klüger und stärker als die Menschen um uns herum. Wir beide haben unsere ersten Pornos schon in jungen Jahren gesehen und hatten schon im Teeniealter Sex mit unserer ersten Freundin. Wir waren beide jähzornig und haben andere eingeschüchtert. Wir sind beide aufs College gegangen, um Schlägereien zu gewinnen, Partys zu feiern und viele heiße Mädchen ins Bett zu kriegen.

Doch anders als bei dir hat Jesus mich am Kragen gepackt und mich da herausgerissen. Ich dachte, dass ich eines Tages heiraten, Kinder bekommen, viel Geld verdienen und nebenbei mit Frauen schlafen und Pornos gucken würde (auch wenn ich versucht hätte, es so zu regeln, dass meine Familie davon nichts mitkriegt), mit gelegentlichen Ausrastern gegenüber Frau und Kindern und ähnlich gelegentlichen Gottesdienstbesuchen. Und ich glaubte tatsächlich, dass ich geistlich ganz in Ordnung sei.

Doch seit Jesus mich von diesem Lebensweg erlöst hat, ist alles anders. Um ganz ehrlich zu sein, staune ich immer wieder darüber, dass ich es geschafft habe, meiner Frau treu zu sein, seit ich sie 1988 kennengelernt habe. Und noch überraschter bin ich, dass ich mich nicht mehr geprügelt habe, seit Jesus mich gerettet hat.

Die Wahrheit ist, dass wir beide uns total ähnlich sind. Ich war zwar nicht so in sexuelle Sünden verstrickt wie du, aber die Bibel sagt, dass ich trotz des „Guten", das ich als Nichtchrist tat, im Inneren verdorben und von sündhaftem Verlangen getrieben war. Als Jesus mich von diesem Lebensweg erlöste und mich auf eine neue Spur setzte, tat er etwas Außergewöhnliches: Er erlöste mich von mir selbst. Mein Leben ist gut, viel besser als das Leben, das ich für mich geplant hatte. Er hat mir ein neues Herz geschenkt, dessen tiefste Wünsche von ihm kommen. Nichts davon habe ich selbst hingekriegt. Ich bin kein toller Typ – Jesus ist ein toller Gott!

Lieber Thomas, seit ich vor ein paar Wochen deine Geschichte gehört habe und dann viel für dich gebetet und mich an diesen Brief gesetzt habe, treibt es mich wirklich um, dass ich ohne Jesus genauso geworden wäre wie du. Ich gebe es nicht gerne zu, aber wir sind uns unglaublich ähnlich, bis auf diesen einen Unterschied, der eben den großen Unterschied macht: Jesus hat mich gerettet. Deshalb bete ich, dass du umkehrst, damit er auch dich errettet. Wenn das eines Tages passiert, lass es mich wissen! Bis dahin werde ich für dich beten, denn letztlich geht es nur um dich und Jesus. Du bist schlechter, als du jemals befürchtet hast – und geliebter, als du jemals zu hoffen wagtest.

Rückfragen zum Thema „Befreiung"

Ist es wahr, dass das biblische Konzept von Erlösung oder Befreiung eigentlich aus heidnischen Kulturen stammt?

Leider wurde schon früh von christlichen Theologen (z. B. dem Kirchenvater Origenes) gelehrt, dass das Konzept der biblischen Erlösung oder Befreiung dem heidnischen Sklavenhandel entlehnt sei. Dort wurde ein Preis bezahlt, um einen Sklaven auszulösen. Das hat zu wilden Spekulationen geführt, dass Jesus gestorben sei, um den Teufel auszuzahlen. Das ist absurd, denn Jesus schuldet dem Teufel nichts.

Liberale Theologen von heute argumentieren nun, dass die Bibel auf dem Heidentum aufbaue, weil sie heidnische Konzepte übernehme. Um heute die moderne heidnische Gedankenwelt genauso einzubeziehen, interpretieren sie den Tod Jesu am Kreuz neu, z. B. auf dem Hintergrund von Göttinnenkulten, radikalem Ökokult, Feminismus, Postmodernismus und anderen Religionen.

Erlösung ist ein Synonym für Befreiung. Es bedeutet Rettung von Gebundenheit oder Sklaverei unter jemanden oder etwas. Das Vorbild der Erlösung/Befreiung ist nicht der heidnische Sklavenmarkt, sondern die Befreiung des Gottesvolkes aus der Sklaverei in Ägypten, auch als Exodus bekannt [d. h. „Auszug", im Englischen der Name für das 2. Buch Mose – *Anm. d. Übers]*. Dort hat Gott sein Volk befreit und in keinster Weise den heidnischen Pharao ausbezahlt, sondern ihn einfach vernichtet. 2. Mose 6,6 ist einer von vielen Versen, die dieses Ereignis als Vorbild für Erlösung schlechthin bezeichnet: *„Ich bin der Herr! Ich werde euch aus dem Frondienst für die Ägypter wegholen und aus der Zwangsarbeit befreien, die sie euch auferlegt haben. Mit meinem ausgestreckten Arm werde ich euch retten und eure Unterdrücker hart bestrafen."* (Vgl. auch: 2Mose 15,1-18; 5Mose 7,8; 15,15; 2Sam 7,23; 1Chr 17,21; Jes 51,10; Mi 6,4)

Befreiung bedeutet im Alten Testament, dass Gott dem Pharao befiehlt, sein Volk gehen zu lassen, ihn dann zerstört, als er sich weigert, und sein Volk mit Macht nach Hause holt. Sie werden sehen, wie gut das auf das Sühneopfer passt. Gott hat dem Teufel niemals recht gegeben oder ihm irgendetwas bezahlt, sondern zerstört die Kraft und am Ende auch die Person des Teufels. Das nennt man in der Sühnetheologie die Triumphtheorie. Die Schreiber des Neuen Testaments haben ihre Theologie nicht aus den umliegenden Kulturen und Religionen abgeleitet, sondern aus Offenbarung (Gal 1,11-15). Wenn Sie sich mit der Bibel beschäftigen, werden Sie sehen, dass es große Unterschiede zwischen dem christlichen Gott und den Göttern anderer Religionen gibt, deren Erlösung nicht in Jesus zu finden ist.

Ist Erlösung nicht etwas ziemlich Normales in den Weltreligionen?

Nein, ist es nicht. Unter allen großen religiösen Schriften ist die Bibel die einzige, die von einem Gott spricht, der aus Liebe und Macht handelt und zu den Menschen herabsteigt, um sie zu befreien. Dieses besondere Befreiungsmotiv schildert die Menschheit als hilflos in Sünde gebunden und offenbart einen Gott, der sich aus Liebe dazu entschließt, einzugreifen. Auf eigene Kosten.

Wovon und wofür hat Jesus uns eigentlich befreit?

Jesus hat uns von vielem und für vieles befreit:

- Jesus hat uns vom Fluch des Gesetzes zu einem vom Heiligen Geist veränderten Leben befreit (Gal 3,13).
- Jesus hat uns von Teufel und Dämonen zu einem neuen Leben befreit, das durch die Vergebung unserer Sünden möglich wird (Kol 1,13-14).
- Jesus hat uns von unserem sündigen Fleisch befreit zu einem neuen, freiheitlichen Leben in der Kraft des Heiligen Geistes (Röm 6,6-12).
- Jesus hat uns davon befreit, Gott gegenüber tot und der Sünde gegenüber lebendig zu sein, um nun für die Sünde tot und für Gott lebendig zu sein (Gal 6,14-15).

Außerdem hat uns Gott für das befreit, was uns noch erwartet:

- ewiges Leben mit Gott (Ps 49,15)
- das Wiederkommen Jesu (Hiob 19,25)
- den Auferstehungsleib (Röm 8,23)

KAPITEL 3

„Meine Frau hat mich mit meinem Freund betrogen!" – Jesus, Lukes Bundesopfer

Ihr wisst doch, dass ihr freigekauft worden seid von dem sinn- und ziellosen Leben, das schon eure Vorfahren geführt hatten, und ihr wisst, was der Preis für diesen Loskauf war: nicht etwas Vergängliches wie Silber oder Gold, sondern das kostbare Blut eines Opferlammes, an dem nicht der geringste Fehler oder Makel war – das Blut von Christus.
1. PETRUS 1,18-19

Luke und seine Frau waren noch nicht lange Christen. Sie stiegen voll ein, die Bibel kennenzulernen und ihr Leben nun zu Gottes Ehre zu führen. Wenige Wochen vor der Geburt ihres ersten Kindes offenbarte Lukes Frau ihm ihr dunkelstes Geheimnis.

Sie erzählte ihm, dass sie vor ihrer Bekehrung mit einem seiner besten Freunde ein Verhältnis gehabt hatte. Viele ihrer Schäferstündchen hatten sogar in Lukes eigenem Haus stattgefunden, wenn er sich auf der Arbeit abrackerte, um das Geld für seine Familie zu verdienen.

Als er das hörte, wurde er sehr zornig, verletzt und bekam Panik. Sein Zorn richtete sich gegen seinen angeblichen Freund und die Lügnerin, die sich seine Frau nannte. Er fühlte sich gedemütigt, weil ihm bewusst wurde, wie wenig er darüber Bescheid wusste, was unter seinem Dach vor sich ging. Wie oft hatte der Kerl in diesem Bett mit seiner Frau geschlafen, manchmal nur wenige Stunden vor ihm! Die Panik kam durch das Gefühl, durch das kommende Kind in der Falle zu sitzen. Als junger Christ wollte er nicht ein weiteres kaputtes Elternhaus verantworten, also war er gefangen in der Ehe mit einer Frau, die sich zu seinem Feind gemacht hatte.

Ein anderer Pastor und ich trafen uns kurz darauf mit dem Paar. Lukes Frau war in tiefster Reue, Tränen liefen ihr über das Gesicht und durchnässten ihr T-Shirt. Sie atmete so schwer, dass ich befürchtete, sie würde hyperventilieren. Sie war völlig erschüttert, denn der Heilige Geist hatte sie in tiefste Sündenerkenntnis geführt. Verrückt vor Angst wartete sie darauf, wie ihr Mann reagieren würde. Würde er seinen Freund umbringen? Würde er sich von ihr scheiden lassen und sie als eine weitere Frau im Heer der alleinstehenden Mütter zurücklassen? Oder würde sie gefangen sein in einer lieblosen Ehe mit einem verbitterten und distanzierten Ehemann, der ihr den Rest ihres Lebens die Vergebung verweigern würde?

Wir standen an einer dieser Wegscheiden, wo sich die Weichen für das ganze weitere Leben stellen, nicht nur für einen selbst, sondern auch für Kinder und Enkel. Ich drückte ihr einen leichten Kuss auf den Kopf und sagte ihr, dass ich sie als ihr Pastor liebte und dass sie mit ihrer Beichte vollkommen richtig gehandelt habe. Ich legte ihr auch nahe, nun wirklich ganz reinen Tisch zu machen und nichts zurückzuhalten, damit die Wunden nun heilen könnten und nicht später bei den nächsten Enthüllungen erneut aufrissen.

Ich nahm Luke mit in mein Büro, wo er sich auf einen Stuhl setzte. Nie zuvor habe ich jemanden so wütend erlebt. Seine Hände wurden weiß, als er seine Finger in die Armlehnen krallte. Er atmete schwer, sein Blutdruck war offensichtlich unter der Decke, seine Augen starrten geradeaus, ohne zu blinzeln, und Zähne und Lippen waren fest aufeinandergepresst.

Ich fragte ihn schlicht: „Was willst du?"

Seine Antwort lautete: „Ich will Blut sehen!"

„Darauf hast du ein Recht", sagte ich, „sie sollten beide sterben."

Dann fing ich an, ihm die Lehre vom Opfer des Neuen Bundes zu erklären. Ich versuchte ihm deutlich zu machen, dass er sein Blut am Kreuz Jesu bekommen habe. Dieser Brief soll diese großartige Wahrheit für meinen lieben Freund und seine Frau noch einmal schriftlich ausführen.

● ● ● ●

Lieber Luke,

als du am dunkelsten Tag deines Lebens in meinem Büro gesessen hast, hast du gesagt: „Ich will Blut sehen!" Seitdem habe ich monatelang darüber nachgedacht. Deine Antwort war super! Als junger Christ hast du noch diese raue, männliche Identität, die so viele verweichlichte Gemeindejüngelchen unter dem grauenhaften Druck aus sich herausgepresst haben, immer nur freundlich sein zu müssen. Als ob Jesus ein zahmer Empfangsdackel im Supermarkt sei.

Dein Verlangen nach Blut kommt aus deinem Sinn für Gerechtigkeit, denn als Mensch bist du ein Ebenbild des gerechten Gottes. Gott empfindet ständig diesen gerechten Zorn, weil gegen ihn andauernd so gesündigt wird. In der Bibel wird unsere Sünde gegen Gott oft als Ehebruch beschrieben. In Wirklichkeit ist sie sogar noch schrecklicher als der Betrug deiner Frau und deines angeblichen Freundes.

Gott versteht total, wie du dich jetzt fühlst. Ohne die Schuld deiner Frau zu verharmlosen: Deine Sünde gegen ihn ist für ihn noch schwerer zu ertragen als für dich ihre Sünde an dir. Sieh nicht nur auf die Sünde deiner Frau, kümmere dich vor allem um deine eigene Sünde in anderen Lebensbereichen! Dann wirst du erkennen, dass nicht nur deine Frau dich betrogen hat, sondern du Gott dasselbe angetan hast. So wirst du ihre Sünde nicht verdrängen, sondern deinem Gerechtigkeitssinn einen „Gnadensinn" zur Seite stellen. Denn Gott will dich lehren, mit ihrem Vergehen so umzugehen, wie er es mit deinen tut.

Gott ist heilig, gut und gerecht. Deswegen wird er nicht einfach nur wütend über Sünde, sondern begegnet ihr heilig, gut und gerecht. Hier ein passendes Beispiel aus dem Alten Bund (3Mose 20,10): *„Wenn jemand mit der Frau eines anderen Israeliten Ehebruch begeht, müssen beide getötet werden, der Ehebrecher und die Ehebrecherin."* Dein Wunsch nach Blut hat mich dazu gebracht, viel über Blut nachzudenken. Das ist kein schönes Thema, aber es ist wichtig, weil die Bibel ein ziemlich blutiges Buch ist. Ein Theologe schreibt, dass das Alte Testament 362-mal das Wort „Blut" erwähnt, meistens im Zusammenhang mit blutigen Opferhandlungen oder einem blutigen und brutalen Tod. Im Neuen Testament komme das Wort 92-mal vor, auch hier meist im Zusammenhang mit einem blutigen und brutalen Tod.

Ich erinnere mich auch an einen alten britischen Theologen, der schrieb, dass im Neuen Testament 3-mal so oft von „Blut" die Rede sei wie vom „Kreuz" Jesu und 5-mal so oft wie vom „Tod" Jesu. Daraus schloss er, dass Blut die gängige biblische Metapher für Jesu Sterben ist.

Vielen Menschen wird beim Gedanken an Blut schlecht und sie reden nicht gerne darüber. Ich kann mich noch gut daran erinnern, wie ich als junger Christ in den Gottesdienst kam und völlig verwirrt war, dass die Leute von Blut sangen und dabei über das ganze Gesicht strahlten.

Doch die meisten Menschen mögen noch nicht einmal darüber nachdenken. Das ist verständlich, denn Blut außerhalb des Körpers hat meistens etwas mit Leid, Schmerzen und Tod zu tun. Deswegen erschreckt und verstört uns Blut natürlicherweise. Blut erinnert uns stark an unsere Sterblichkeit; ohne Blut kehren wir zum Staub der Erde zurück.

In der Bibel ist Blut überall untrennbar mit Sünde verbunden, und das aus zwei Gründen: Zum einen erinnert uns das vergossene Blut an den Preis, den wir für unsere Sünde bezahlen müssen – den Tod. Zum anderen ist Gott angewidert von der Sünde. Sünde führt zum Tod, wie schon in 1. Mose 2,17 und dann an vielen anderen Stellen erwähnt. Wenn Gott also Blut sieht, weist das auf die Übelkeit erregende Realität der Sünde in uns hin. 3. Mose 17,11 drückt das so aus: *„Denn im Blut ist das Leben. Ich habe bestimmt, dass alles Blut zum Altar gebracht wird, um Schuld zu sühnen. Weil im Blut das Leben ist, schafft es Sühne für verwirktes Leben."*

Blut ist heilig, denn es steht für das Leben des Opfertieres. Man opfert das Tier als Ersatz für das Leben des Sünders. Bei praktisch jeder Opferhandlung wurde der Altar mit dem Blut des Opfertieres bespritzt und beschmiert, um deutlich zu machen, dass Sühne den Ersatz des einen Lebens durch ein anderes bedeutet.

Das Alte Testament bringt häufig das Motiv des Blutes, um die Menschen auf Jesus und sein stellvertretendes Blutvergießen vorzubereiten. Es war sogar Gott selbst, der das erste Blut in der Menschheitsgeschichte als Reaktion auf Sünde vergoss: In 1. Mose 3, wo unsere Vorfahren Adam und Eva die Ursünde begehen, tötet Gott ein Tier, um ihnen aus dem Fell Kleidung zu machen. Das musste sein, weil die Menschen erkannt hatten, dass sie nackt waren. Von da an waren blutige Opfer die normale Art, Gott anzubeten.

Nach der Sintflut ist die erste Handlung Noahs das Vergießen von Tierblut als Opfer für Gott. Auf diese Weise wollte er zeigen, dass auch er ein Sünder war und anerkannte, dass auch er es verdient hätte, in der Flut zu sterben, und Gott ihn aus Gnade gerettet hatte (1Mose 8,20). Abraham errichtete bei der Besiedlung seines neuen Landes einen Altar, um Gott mit Opfern zu danken (1Mose 12,7-8; 13,4.8). Auch Hiob, der in der gleichen Zeit wie Abraham gelebt haben könnte, opfert Tiere, sowohl für seine eigenen Sünden als auch für die seiner Kinder (Hiob 1,5; 42,7-9). Andere biblische Hauptpersonen mit Blut an den Händen sind Isaak, Jakob und die Priester.

Eines der blutigsten Bücher der Bibel ist 2. Mose. Das Buch berichtet, wie das Volk Israel vom gottlosen König Pharao versklavt war. Gott rettete das Volk, indem er eine Menge Blut vergoss. Die Menschen hatten die Wahl zwischen zwei Wegen: Entweder sollten sie Buße für ihre Sünde tun, ihr Vertrauen auf Gott setzen und das nach außen hin zeigen, indem sie ein Tier schlachteten und die Türpfosten ihrer Hütte mit dem Blut des Tieres bestrichen. Dann würde Gott an ihrem Haus vorüberziehen (daher kommt das Wort „Passahfest", engl. *Passover,* vom hebr. Wort von „vorüberziehen") und den Erstgeborenen der Familie am Leben lassen, weil er das Tieropfer an Stelle des Jungen akzeptierte. Oder sie verweigerten Buße und Glaube, doch dann würden sie den Tod in ihr Haus holen. In dieser Nacht wurde viel Blut vergossen und der Tod kam in jedes Haus: entweder im Blut des stellvertretenden Opfertieres, das die Schuld des Sünders trug, oder im Tod des Erstgeborenen der Familie.

Eine Hauptfunktion des alttestamentlichen Tempels war das Schlachten von Tieren. Das war leicht an dem Strom aus Blut zu erkennen, der oft aus dem Tempel floss. Blut war ein Hauptaspekt der Riten im Alten Testament. Es gab ungefähr elf verschiedene Opferhandlungen, die sich in vier Kategorien einordnen lassen (Brandopfer, Speiseopfer, Sündopfer und Schuldopfer). Jeden Morgen und Abend wurden Opfer geschlachtet und jedes Mal floss Blut.

Der heiligste Tag des Jahres war der Große Versöhnungstag (Jom Kippur). An diesem Tag stand der Hohepriester stellvertretend für das ganze Volk und trat in das Allerheiligste, um durch Blutvergießen die Sünden des Volkes zu sühnen. Ein komplexer dreigliedriger Ablauf war zu befolgen, mit jeder Menge Blut:

Als Erstes nahm der Priester einen jungen Stier und schlachtete ihn als Sündopfer für sich und seine Familie. Von dem Blut nahm er etwas mit ins Allerheiligste und versprengte es sorgfältig vor dem Herrn. Ein einziger Fehler im Ablauf bedeutete den sofortigen Tod.

Wenn der Priester erst einmal gereinigt war, nahm er zwei Ziegenböcke, um gemeinsam das doppelte Erlösungswerk für das Volk zu veranschaulichen und den Schrecken der Sünde sichtbar zu machen. Er loste aus, welchen von beiden er nahm, um zu zeigen, dass jeder Mensch eigentlich den Tod verdient. Diesen schlachtete er und nahm das Blut wieder ins Allerheiligste, um auch davon etwas an den heiligen Altar zu spritzen und damit zu zeigen, wie sehr Gott an der Sünde des Volkes Anstoß nimmt. Dann legte er seine Hände auf den anderen Bock und sprach die Sünden des Volkes laut aus, um zu zeigen, wie schmutzig sie waren. Dann jagte er den Sündenbock weg und zeigte damit, dass Gott unsere Sünde von uns nimmt und uns reinigt von unserem Schmutz.

Am Schluss opferte er noch einen Widder als normales Sündopfer und zeigte damit noch einmal, dass der Lohn der Sünde der Tod ist. So wurden die unschuldigen Tiere geschlachtet, um die verschiedenen Dimensionen menschlicher Sünde zu sühnen.

Lieber Luke, dieser ganze Prozess im Alten Testament war letztlich ein symbolischer Hinweis auf den Tod Jesu, ein vorübergehendes „Lehrmittel" für Gott, um sein Volk auf das Kommen seines Sohnes vorzubereiten, der durch sein Blut am Kreuz für unsere Sünden bezahlt hat. Gläubige Israeliten setzten ihre Hoffnung auf Gott und seinen verheißenen Messias und nicht in die Mechanismen dieses Opfersystems; ihr Glaube richtete sich letztlich auf das Kommen Jesu, der sein Blut für ihre Schuld vergießen würde.

Trotz all dieses Blutvergießens war das alttestamentliche Opfersystem also nie als Selbstzweck gedacht. Als Israel das nicht mehr verstand und seinen Glauben auf die Opfer selbst baute, gab es große Probleme.

1. Problem: Tierblut kann an sich keine Vergebung für menschliche Sünde bewirken (Ps 51,16; Mi 6,6-8; Hebr 10,4).

2. Problem: Heuchelei kam auf; die Leute konnten sich äußerlichen Riten unterziehen, ohne Sünde wirklich zu bereuen und Gott innerlich zu vertrauen (1Sam 15,22; Spr 15,8; Hos 6,6).

3. Problem: Die Opfer waren nur vorbereitend und damit unvollkommen, bis Jesus kommen und den besseren Neuen Bund eröffnen würde (Hebr 7,22; 8,5-7.13).

Das Thema Blut findet seine Erfüllung wie jedes Thema der Bibel, als Jesus in die Geschichte eintritt. Schon früh in seinem Leben sagt sein Cousin Johannes der Täufer von ihm: *„Seht, hier ist das Opferlamm Gottes, das die Sünde der ganzen Welt wegnimmt!"* (Joh 1,29). Was sich natürlich am Kreuz erfüllte.

Diese Prophetie lässt Jesus beim Abendmahl mit seinen Jüngern anklingen:

> *Im weiteren Verlauf des Essens nahm Jesus Brot, dankte Gott dafür, brach es in Stücke und gab es den Jüngern mit den Worten: „Nehmt und esst, das ist mein Leib." Dann nahm er einen Becher mit Wein, sprach ein Dankgebet, gab ihn den Jüngern und sagte: „Trinkt alle daraus! Das ist mein Blut, das Blut des Bundes, das für viele zur Vergebung der Sünden vergossen wird." (Mt 26,26-28)*

Jesus kündigt an, dass Vergebung durch seinen Tod nun endlich für immer gilt.

Wenn wir uns die Kreuzigung einmal bildlich vorstellen, muss Jesus ein blutiges Elend gewesen sein. Erst umzingelte ihn eine Horde Schläger und schlug auf ihn ein, sodass er wohl aus Mund und Nase geblutet haben wird. Dann wurde er *„gegeißelt"*, d.h. man nahm eine Peitsche aus vielen Lederstreifen, mit scharfen Knochen oder Metallstückchen am Ende, und drosch damit unzählige Male auf ihn ein. Diese Widerhaken gruben sich tief in seinen Rücken, seine Schenkel und seine Pobacken. Wenn die Haken wieder herausgerissen wurden, rissen sie Fleisch, Muskeln und womöglich sogar Knochen mit sich. Allein diese Geißelung wird Jesus fast umgebracht haben. Danach war von seinem Körper nicht mehr viel übrig als ein blutiger Fleischhaufen. Damit erfüllte sich übrigens die Prophetie aus Jesaja 52,14: *„Viele haben sich über sein Aussehen entsetzt, denn er war völlig entstellt und kaum noch als Mensch zu erkennen."*

Dann wurde Jesus auch noch der Bart aus dem Gesicht gerissen (und damit Jesaja 50,6 erfüllt!), was in der Antike als größte Schande galt und noch mehr Blut aus seinem Körper fließen ließ. Sein Körper muss schon hier über und über mit Blut getränkt gewesen sein, doch nun ging es erst richtig los: Eine Krone aus Dornen, die wohl einige Zentimeter lang waren, wurde ihm auf den Schädel gepresst und ließ ihm das Blut über das ganze Gesicht laufen. Dann wurden ihm Nägel durch Hände und Füße getrieben, als man ihn an ein Holzkreuz hängte.

Da hing Jesus nun und blutete, bis er starb. Und als ob nicht schon genug Blut geflossen wäre, stieß man ihm am Ende einen Speer in die Seite, Blut und Wasser flossen aus seinem Herzbeutel.

Luke, die Folgen dieses Blutbades sind atemberaubend! In Hebräer 9,22 steht: *„Überhaupt ist nach dem Gesetz fast jedes Mal Blut nötig, wenn etwas gereinigt werden muss, und ohne das Blut eines Opfers gibt es keine Vergebung.“*

Und in 1. Petrus 1,18-19 lesen wir: *„Ihr wisst doch, dass ihr freigekauft worden seid von dem sinn- und ziellosen Leben, das schon eure Vorfahren geführt hatten, und ihr wisst, was der Preis für diesen Loskauf war: nicht etwas Vergängliches wie Silber oder Gold, sondern das kostbare Blut eines Opferlammes, an dem nicht der geringste Fehler oder Makel war – das Blut von Christus.“*

Heute im Neuen Bund brauchen wir keinen Priester mehr, denn Jesus ist unser ewiger Hohepriester (Hebr 2,17; 4,14-15). Wir müssen nicht länger blutige Opfer darbringen, denn Jesus ist unser ewiges Sündopfer (Joh 1,29). Wir müssen nicht länger in den Tempel gehen, um Gott zu begegnen, denn Jesus ist unser Tempel (Offb 21,22). Wir müssen nicht länger das Passahfest feiern, denn Jesus ist unser Passahlamm (1Kor 5,7). Und schließlich: Wir müssen nicht länger in unseren gewohnten Sünden leben, denn durch Jesus sind wir geheiligt und er hat uns ein neues Leben gegeben (Hebr 9,26; 10,10).

Luke, du wolltest Blut. Durch Jesus hast du es bekommen. Jesus hat sein Blut für deine Frau und ihre schreckliche Sünde vergossen. Er hat an ihrer Stelle gelitten und die Schuld bezahlt, die eigentlich sie hätte zahlen sollen. Deswegen hat er deiner Frau vergeben, ihr den Dreck abgewaschen und sie von ihrer lasterhaften, leeren Lebensweise erlöst. Als Christin sind ihre Sünden durch sein Blut gedeckt.

Heute liegt ihr Ehebruchbekenntnis schon ein paar Jahre zurück und ich bin froh über das Blut Jesu, das dir deine Traumfrau geschenkt hat, auch wenn dieser Traum erst durch den Albtraum wahr werden konnte, vor dem du dich immer gefürchtet hast. Heute bist du ein wirklich gesegneter Mann. Deine Frau gehört zu Jesus und ist durch ihre Beziehung zu Jesus zu einer neuen Schöpfung geworden. Sie ist eine liebevolle, hingebungsvolle Frau, die dir immer treu war, seit sie Christ ist, und dir eine wunderbare Familie gegeben hat. In der Gemeinde sitzt sie an deiner Seite, wenn ihr gemeinsam anbetet oder als Teil deiner Rolle als Mitglied der Gemeindeleitung aus der Bibel lehrt. Ihr habt das Evangelium kennen- und lieben gelernt wie nur wenige andere.

Jedes Mal, wenn ihr das Abendmahl austeilt, muss ich daran denken. Es macht mich glücklich, diesen Kelch mit Wein in ihrer Hand zu sehen, der für das Blut Jesu steht, weil sie wirklich weiß, was durch dieses Blut vollbracht wurde: Dass sie *„durch sein Blut"* (Röm 3,25) gerecht gesprochen worden ist und dass das Blut, das Jesus am Kreuz vergossen hat, sie *„reinigt … von aller Sünde"* (1Joh 1,7) und Jesus *„uns liebt und uns durch sein Blut von unseren Sünden erlöst hat"* (Offb 1,5).

Lieber Luke, als dein Freund und Pastor bin ich tief getroffen von dem, was deine Frau und dein ehemaliger Freund dir angetan haben. Ich kann mir die gerechte Wut nur vorstellen, die in dir aufsteigt, wenn du manchmal daran denken musst, was dein angeblicher Freund alles mit deiner Frau in deinem Bett angestellt hat. Wenn dich die Bilder jagen, wie dein Freund dich mit einem Kuss betrogen hat, dann sprich mit Jesus darüber. Er identifiziert sich mit dir, er leidet mit, wie wir in Hebräer 4,15 lesen. Auch er hatte einen guten „Freund", Judas, der ihn mit einem Kuss betrog. Doch anstatt Buße zu tun und um Vergebung zu bitten, warf er einen Strick um einen Baum und erhängte sich, sein Körper platzte auf und seine Gedärme quollen heraus (Apg 1,18-19). Später wurde dieser Ort Blutacker genannt.

Du hast einen starken Sinn für Gerechtigkeit; dein Verlangen, deinen Freund auf seinem eigenen Blutacker für das bluten zu lassen, was er dir angetan hat, muss mächtig gewesen sein. Lass dich in deinem Zorn nicht zur Sünde verleiten, sondern denk dran, dass du sein Blut so oder so bekommen wirst: Entweder wird er seine Sünde bereuen und zum Glauben an Jesus kommen, sodass das Blut Jesu ihn retten wird, oder er wird eines Tages vor Jesus stehen und für immer verurteilt werden. Hier lässt Römer 5,8-10 tief blicken:

> *Gott hingegen beweist uns seine Liebe dadurch, dass Christus für uns starb, als wir noch Sünder waren. Deshalb kann es jetzt, nachdem wir aufgrund seines Blutes für gerecht erklärt worden sind, keine Frage mehr sein, dass wir durch ihn vor dem kommenden Zorn Gottes gerettet werden. Wir sind ja mit Gott durch den Tod seines Sohnes versöhnt worden, als wir noch seine Feinde waren. Dann kann es doch gar nicht anders sein, als dass wir durch Christus jetzt auch Rettung finden werden – jetzt, wo wir versöhnt sind und wo Christus auferstanden ist und lebt.*

Paulus spricht hier von dem, was Jesus für dich bewirkt hat, als er an diesem Kreuz geblutet hat. Umgekehrt zeigt er also auch, was deinem Freund entgehen wird, wenn er Jesus nicht in sein Leben aufnimmt:

1. Gott hat kein gnädiges Herz für ihn, denn er ist ein Sünder, dem seine Sünde nicht leidtut.

2. Jesu Tod wurde und wird ihm nicht angerechnet, solange er nicht umkehrt und Jesus aufnimmt.
3. Er ist nicht gerechtfertigt und steht deswegen schuldig und verurteilt vor Gott.
4. Er ist ein Feind Gottes.
5. Er ist nicht mit Gott versöhnt.
6. Er ist nicht sicher vor den Sündenstrafen wie Tod und Hölle.
7. Der Zorn Gottes bleibt auf ihm.
8. Wenn er keine Buße tut und am Unglauben festhält, wird das Blut Jesu ihn nicht decken und er wird die Ewigkeit bei vollem Bewusstsein in ständiger Qual verbringen.

Darum spricht die Bibel immer wieder von einem blutigen Tag in der Zukunft, wenn sture Sünder wie Trauben in die Weinpresse geworfen werden und Jesus sie unter seinen Füßen zertritt, sodass *„ein Strom von Blut aus der Presse herausschoss, der den Pferden bis an die Zügel reichte und tausendsechshundert Stadien* [= ca. 300 km] *weit floss"* (Offb 14,19-20).

Bis dahin haltet fest zusammen im Bund der Ehe und im Bund, den ihr beide mit Gott eingegangen seid. Streck dich aus nach Trost, Hoffnung und Liebe, die in diesen Bundesbeziehungen auf dich warten. Das Wort „Bund" taucht in der Bibel mehr als 300 Mal auf und ist daher wesentlich, um die Beziehung Gottes zu uns richtig zu verstehen. Ein Bund ist eine besondere Beziehung, die Personen eins macht (Gott und Mensch oder Menschen untereinander), und zwar auf Grundlage von Liebe und bestimmten Bedingungen. Außerdem hat jeder Bund ein Oberhaupt, das primär dafür verantwortlich ist, dass diese Bedingungen eingehalten werden.

Sowohl das Alte als auch das Neue Testament sprechen vom Neuen Bund (z.B. Jer 31,31-34; Mt 26,28; Lk 22,20; Röm 11,27; 1Kor 11,25; 2Kor 3,6; Hebr 7,22; 8,8-13; 9,15; 12,24). Die Bibel zeigt uns, dass mit dem Kommen Jesu (Gott als Mensch in Zeit und Raum) eine neue Zeit angefangen hat. In diesem Neuen Bund erfüllen sich alle Prophezeiungen, Verheißungen, Vorschattungen und Erwartungen des Alten Bundes.

In diesem Neuen Bund ist Jesus unser Bundesoberhaupt (Eph 1,10.22; 4,15; 5,23; Kol 1,18; 2,10.19). Er war es, der an deiner Stelle ans Kreuz ging und sein Blut für deine Sünden vergoss, damit du eine Neue Bundesbeziehung mit ihm haben kannst. Das gilt auch für deine Frau; Jesus hat sein Blut für ihre vergangenen, gegenwärtigen und zukünftigen Sünden vergossen, also auch für ihren Ehebruch. Weil Jesus für ihre Sünde gestorben ist, hat dieses Vergehen eure Ehe nicht zerstört.

Als Mitglieder im Neuen Bund werdet ihr immer mehr werden wie Jesus, denn der Heilige Geist wirkt mit seiner Kraft an eurem neuen Herzen, dem Zentrum eurer neuen Identität mit neuen Wünschen und Trieben. Sein Werk an dir ist unglaublich gewesen. Durch deine Bundesbeziehung zu Jesus lernst du deine Frau immer mehr lieben und leitest als Bundesoberhaupt deine Familie. Die Bibel beschreibt die Ehe mit deiner Frau mit den gleichen Worten wie einen Bund (Spr 2,16-17; Mal 2,14). Ich kann beobachten, wie ihr beide immer tiefer erkennt, was eine Ehe im Neuen Bund bedeutet. Deswegen verstehst du auch, dass du als Ehemann das menschliche Bundesoberhaupt in eurer Ehe bist, wie die Bibel immer wieder sagt (1Mose 2,18; 5,2; 1Kor 11,2-16; 14,33-34; Eph 5,21-33; Kol 3,18; 1Tim 2,11-15; Tit 2,3-5; 1Petr 3,1).

Anders als manche Männer, die dieses Liebesprinzip als Rechtfertigung dafür missbrauchen, grob mit ihren Frauen umzugehen, sie zu beherrschen oder sogar zu meinen, dass ihre Frauen ihnen irgendwie unterlegen seien, bist du dahin gekommen, deine Rolle als Oberhaupt im Lichte Jesu zu sehen. So wie Jesus für den Bund mit dir gelitten hat, so hast auch du um eures Ehebundes willen gelitten – weil du sie liebst und zu jeder Zeit ihr Bestes willst. Du hast verstanden, dass du als Oberhaupt die größere Last trägst. Durch deinen selbstlosen Einsatz, deine Liebe, deine Fürsorge und deinen Schutz soll deine Frau Jesus erleben.

Ich denke, dass du es viel zu selten hörst, deswegen möchte ich mit allem männlichen Ehrgefühl einmal sagen: Ich als dein Bruder in Jesus, dein Freund und dein Pastor, bin unsagbar stolz auf dich! Ich weiß, wie du gelitten hast, aber du hast deine Frau so behandelt, wie Jesus es uns im Neuen Bund vorgelebt hat. Obwohl es ihre Sünde war und nicht deine, hast du die Verantwortung dafür übernommen, dass zu Gottes Ehre alles aufgearbeitet wurde, Vergebung und Gnade einkehrten, Veränderung stattfand und eure Beziehung durch das Blut Jesu Christi wieder in Ordnung kam. Deine Frau hat dich so behandelt wie Gottes Volk ihn im Alten Testament, deswegen nennt Gott Israel auch immer wieder eine Hure. Doch Jesus geht liebevoll jedem Einzelnen nach und erlöst seine Gemeinde. Du hast dich deiner Frau gegenüber so verhalten wie Jesus seiner Braut und so das Evangelium genauer und überzeugender verkündigt als die meisten Theologen. Dafür preise ich Jesus und danke dir, meinem Bundesbruder.

Rückfragen zum Bundesopfer

Dieses ganze Gerede über Blut ist echt eklig. Muss das sein?

Es ist wirklich eklig, aber nicht annähernd so eklig wie die Sünde, um die es geht. Denk daran, wie Gott zu Adam sagte: *„Du darfst von allen Bäumen des Gartens essen, nur nicht vom Baum der Erkenntnis. Sonst musst du sterben"* (1Mose 2,16-17). Als Adam und Eva sich entschieden, lieber ungehorsam zu sein und zu essen, tötete Gott sie nicht auf der Stelle, aber die Menschen waren nun auf der Todesstraße. So führte Gott in seiner Gnade und Weisheit das Opferprinzip ein, dass jemand oder etwas anderes für uns in den Tod geht. Das Blut fließt als ein sichtbares Zeichen, dass der Tod eingetreten ist; Blut ist die Folge des Todes. Also war das Besprengen des Altars mit Blut (ein Hinweis auf das Bluten Jesu am Kreuz) ein sichtbares Zeichen dafür, dass der Tod sehr real ist und die Strafe für die Sünde bezahlt war.

Warum bringen Christen heute keine Opfer mehr?

Die Opfer im Alten Testament hatten nicht die Kraft, Sünden zu sühnen, sondern waren Zeichen für den kommenden Messias. Die Gläubigen im Alten Testament wurden gerettet, weil sie an die Gnade Gottes und seinen Messias glaubten, genau wie heute. Sie warteten auf Jesu erstes Kommen wie wir heute auf sein zweites. Ihre Opfer verliehen diesem Glauben Ausdruck (vgl. die christologische Bedeutung des Versöhnungstages in 3. Mose 16 und Gottes Ablehnung von Opfern, die ohne Glauben dargebracht werden, in Jesaja 1.)

Die theologische Antwort auf diese Frage wird sehr gut im Hebräerbrief entwickelt, besonders in den Kapiteln 9 und 10. Heute ist Jesus schon gekommen und das endgültige Opfer ist gebracht. Darauf wiesen die ganzen Opfer im Alten Testament hin und deswegen gibt es keinen Grund mehr, sie weiterzuführen.

Christus dagegen hat sich, nachdem er ein einziges Opfer für die Sünden dargebracht hat, für immer auf den Ehrenplatz an Gottes rechter Seite gesetzt und wartet seither darauf, dass seine Feinde zum Schemel für seine Füße gemacht werden. Denn mit diesem einen Opfer hat er alle, die sich von ihm heiligen lassen, völlig und für immer von ihrer Schuld befreit. (Hebr 10,12-14)

Aber ist Blut nicht etwas aus heidnischen Riten?

Viele heidnische Religionen verwenden tatsächlich Blut. Sie verstehen die Verbindung zwischen Sünde und Tod oft besser als viele Christen. Wenn Sie in einer heidnischen Kultur leben (heute Animismus genannt), werden Sie beobachten können, wie sie ein Tier umbringen und das Blut für irgendein Ritual verwenden. Aber sie gehen dabei noch ein ganzes Stück weiter und denken tatsächlich, dass die Kraft selbst im Blut zu finden ist.

Im Römischen Reich gab es z. B. den Mithraskult. Seine Anhänger töteten manchmal ein großes Tier, am besten einen Stier, und tranken das Blut in einer Orgie, weil sie meinten, sich so die Kraft des Tieres einverleiben zu können. Googeln Sie im Internet einmal nach „Fledermausblut/

Kraft" und Sie werden sehen, dass auch die sogenannten Neuheiden daran glauben, durch Blut Kraft übertragen zu bekommen. Doch das ist magisches Denken und hat nichts zu tun mit der biblischen Sicht von Blut. Die Kraft kommt vom Geist, nicht vom Blut.

Manche Christen haben es mit dem Blut aber auch übertrieben. Die Herrnhuter Brüdergemeine von Nikolaus Ludwig Graf von Zinzendorf entwickelte eine regelrechte Obsession für Blut. Sie waren fasziniert von der Wunde in Jesu Seite und nannten sie das „Seitenloch". Daraus erwuchsen alle möglichen Praktiken und Lieder, z. B. William Cowpers bekanntes Lied von 1772:

> Es ist ein Born, draus heiliges Blut
> für arme Sünder quillt,
> ein Born, der lauter Wunder tut
> und jeden Kummer stillt.

[Anm. d. Übers.: Und noch ein Beispiel von Nikolaus Zinzendorf, Anhang zum Herrnhuter Kirchengesangbuch, Nr. 1965: „Du naher Mann, des Kirchleins Freude! Dein Seitenloch sei ihre Weide ..."]

Es ist die Wahrheit, dass alle Sünde vergeben ist durch Jesu Tod, symbolisiert im Blut. Aber so ein Kult um das Blut hat keine Grundlage in der Bibel.

Aber die Christen trinken doch Blut beim Abendmahl?!

Überhaupt nicht! Auch wenn Katholiken (irrtümlicherweise) glauben, dass in der Eucharistie die Substanz des Weines zu Jesu Blut wird, glauben sie trotzdem, dass es Wein bleibt, sowohl für die menschlichen Sinne als auch für die Tests, die ein Chemiker durchführen könnte. Biblisch gegründete Christen glauben, dass der Wein oder Traubensaft im Abendmahl als Substanz bleibt, was er ist, aber zum Symbol für das Blut Jesu am Kreuz wird, das er vergossen hat, um die Strafe für unsere Sünde zu bezahlen. Wir trinken es als ein Zeichen der *„Gemeinschaft des Blutes Christi"* (1Kor 10,16; Luther), d. h. dass wir am Tod Jesu Anteil haben und damit in den Genuss dessen kommen, was er damit errungen hat: völlige Vergebung der Sünde, weil die Schuld völlig bezahlt ist. Durch den Glauben haben wir Anteil an dem Opfer, mit dem Jesus den Neuen Bund aufgerichtet hat. Am Abendmahl teilzunehmen ist also ein öffentliches Bekenntnis unseres Glaubens an dieses Opfer.

KAPITEL 4

„Ich bin doch ein guter Christ!" – Jesus, Davids geschenkte Gerechtigkeit

Den, der ohne jede Sünde war, hat Gott für uns zur Sünde gemacht, damit wir durch die Verbindung mit ihm die Gerechtigkeit bekommen, mit der wir vor Gott bestehen können.
2. KORINTHER 5,21

Wenn man die Messlatte der meisten Menschen anlegt, ist David ein guter Christ. Er erscheint pünktlich zur Arbeit und tut das, was sein Chef ihm aufträgt. Er kommt jeden Abend nach Hause, um mit seiner Familie gemeinsam zu Abend zu essen, zahlt seine Rechnungen rechtzeitig, mäht seinen Rasen jede Woche und hält sein Haus so in Schuss, wie es ein guter Nachbar tut. Außerdem isst er gesund, lehnt Tabak und Alkohol ab und macht regelmäßig Sport. Er geht ausnahmslos jeden Sonntag zum Gottesdienst und arbeitet sogar regelmäßig in seiner Gemeinde mit. Er gibt zehn Prozent seines Einkommens für Gott, wählt die Republikaner, bezahlt seine Steuern und hält Abtreibung und Homo-Ehe für Sünde. Nach eigenen Angaben ist er in einem christlichen Elternhaus aufgewachsen, hat in der Grundschulzeit eine persönliche Entscheidung für Christus getroffen und ist sein Leben lang ein frommer, ethisch sauberer und disziplinierter Mensch gewesen.

Auch die Liste der Dinge, die er *nicht* getan hat, ist beeindruckend: Er hatte keinen Sex vor der Ehe, hat als Teenie keine Pornos geguckt oder Mädchen angebaggert, hat niemals Drogen genommen und war niemals betrunken. Er hat noch nie etwas gestohlen, seine Frau niemals betrogen und nie im Affekt seine Hand gegen Frau oder Kinder erhoben.

Trotzdem leidet seine Familie sehr unter ihm. Er ist ein kontrollsüchtiger, unsicherer Mann, der mit kalter Distanz herrscht und Regelsysteme aufbaut statt Beziehungen. Er ist kühl und leidenschaftslos, sowohl als Christ wie auch als Ehemann und Vater. Vor allem aber ist er unglaublich selbstgerecht, denn er sieht sich selbst nicht wirklich als Sünder, sondern hält sich für einen reifen Christen, der alle Sünde meidet. Dass er kaum etwas von dem tut, was aus einer Liebesbeziehung zu Gott erwächst, übersieht er geflissentlich: Er liest nur sehr selten in der Bibel, betet kaum, hilft anderen nicht und bekennt keine persönliche Schuld. Nie hat er sich den Kaputten und Elenden zugewandt, wie Gott es tut. In seinem geistlichen Leben braucht er Gott nicht, sondern nur seine Regeln.

Je nach theologischer Tradition könnte man nun endlos diskutieren, ob David Christ ist, aber eins ist sicher: Er hat das Evangelium nicht wirklich verstanden! Er hat keinen blassen Schimmer, wie ein Mensch vor einem heiligen und gerechten Gott gerechtfertigt wird. Dieses Kapitel habe ich geschrieben, um David das Evangelium zu erklären, damit er erkennt, dass Gott nicht nur die Sünder ruft, damit sie von ihrer Ungerechtigkeit umkehren, sondern auch religiöse Menschen wie ihn, damit sie ihre Selbstgerechtigkeit aufgeben.

● ● ● ●

Lieber David,

dieser Brief wird wahrscheinlich ein kleiner Schock für dich sein, denn ich will dir das Evangelium von Jesus Christus erklären, von dem du meinst, es schon seit deiner Kindheit zu kennen und zu leben. Als dein Freund muss ich dir leider sagen, dass man an deinem Leben nicht erkennen kann, dass du das Evangelium in deinem Herzen wirklich verstanden hast. Daher mache ich mir ernsthaft Sorgen um dich und deine Familie.

David, jeder kann sehen, dass du sehr fromm bist, aber ich bin mir wirklich unsicher, ob du Christ bist. Das wurde mir erst neulich in einem Gespräch mit deiner Frau klar. Sie liebt Jesus sehr und gibt alles für dich und eure Kinder. Auch rechnet sie es dir hoch an, dass du hart arbeitest für euer Auskommen. Doch offen gestanden ist sie trotzdem sehr unglücklich.

Als sie unter Tränen mit mir sprach, kam heraus, dass dir in ihren Augen Kontrolle, Bequemlichkeit und Ruhe wichtiger sind als Jesus, sie und eure Kinder. Sie beschrieb mir, wie du dein Leben und deine Familie mit einem starren Regelwerk leitest: die Uhrzeit zum Aufstehen und zum Essen, dass es nur das zu essen gibt, was *du* gerne magst, dass du jeden Penny Geld einteilst, obwohl es euch finanziell gut geht, eine Schlafenszeit, die auf die Minute genau eingehalten werden muss, und sogar einen Terminplan für Sex (als ob das für dich bloß Teil deines Sportprogramms wäre). Deine Frau und deine Kinder bräuchten manchmal einfach mehr Spielraum in diesem knallharten Stundenplan, der dem Leben die Leidenschaft, Spontaneität und Freude nimmt.

Irgendwie scheinst du aus den Augen verloren zu haben, dass es auch zu den Aufgaben eines guten Vaters und Ehemanns gehört, miteinander Spaß zu haben, gemeinsame Erinnerungen zu schaffen und die Gelegenheiten im Alltag zu nutzen, gemeinsam etwas Schönes zu erleben – was sich meist nicht streng vorausplanen lässt. Deine liebe Frau steht so sehr unter deiner Kontrolle, dass sie nicht einmal mit ein paar Freundinnen einen Kaffee trinken gehen kann, weil du ihr Haushaltsgeld so knapp berechnest und nur für funktionale Zwecke wie Lebensmittel und Benzin vorsiehst. Persönlich hat sie überhaupt kein Geld zur Verfügung. Deine Kinder fangen an, gegen dich zu rebellieren, wenn du nicht da bist. Ihren Freunden und Verwandten erzählen sie, dass sie es genießen, wenn sie bei anderen Leuten sind und nicht zu Hause, weil sie dort endlich Spaß haben können, auch mal etwas Süßes bekommen und nicht gleich angebrüllt werden, wenn sie sich aus Bettdecken eine Burg bauen oder mal laut lachen. Auch wenn es vielleicht zu hart klingt: Ich glaube, dass du dich als Vater versündigst und deine Familie geistlich misshandelst. Um meiner Liebe zu Jesus und zu dir und deiner Familie willen: Geh ins Gebet und lass dir zeigen, was das Evangelium wirklich bedeutet! Das ist deine einzige Hoffnung und Jesus deine einzige Hilfe.

Vermutlich wirst du dich jetzt angegriffen fühlen, weil du meinst, das Evangelium schon lange zu kennen, anderen weiterzugeben und danach zu leben. Ich finde die Worte des großen Reformators Martin Luther aus seinem Galaterkommentar hier sehr hilfreich (zu Galater 2,14):

> *Dieses Lehrstück vom Unterschied des Gesetzes und des Evangeliums muss man notwendigerweise wissen, weil es die Summe der ganzen christlichen Lehre enthält … Die Erkenntnis dieses Lehrgegenstandes, die Unterscheidung von Gesetz und Evangelium, ist von unbedingter Notwendigkeit; darin besteht die Summe der ganzen christlichen Lehre. Dies müssen wir wissen, andere lehren und es immer wieder in ihre Köpfe hämmern.[11]*

Luther sagt hier, dass wir sehr anfällig dafür sind, das Evangelium, das wir gehört haben, schnell wieder zu vergessen; deswegen müssen wir es uns immer wieder einhämmern. Die vielleicht prägnanteste Zusammenfassung finden wir in 1. Korinther 15,1-4:

> *Geschwister, ich möchte euch an das Evangelium erinnern, das ich euch verkündet habe. Ihr habt diese Botschaft angenommen, sie ist die Grundlage eures Lebens geworden, und durch sie werdet ihr gerettet – vorausgesetzt, ihr lasst euch in keinem Punkt von dem abbringen, was ich euch verkündet habe. Andernfalls wärt ihr vergeblich zum Glauben gekommen! Zu dieser Botschaft, die ich so an euch weitergegeben habe, wie ich selbst sie empfing, gehören folgende entscheidenden Punkte: Christus ist – in Übereinstimmung*

mit den Aussagen der Schrift – für unsere Sünden gestorben. Er
wurde begraben, und drei Tage danach hat Gott ihn von den Toten
auferweckt – auch das in Übereinstimmung mit der Schrift.

Diese Stelle zeigt, dass das Evangelium etwas Dauerhaftes ist, an das
wir dauerhaft erinnert werden müssen. Das Evangelium ist:

- **persönlich** – d.h., dass wir es persönlich im Glauben empfangen.
- **wesentlich** – d.h., dass wir auch auf Dauer nur auf das Evangelium bauen, weil nichts anderes uns retten kann.
- **zentral** – d.h., dass es das Wichtigste auf der ganzen Welt ist.
- **ewig** – d.h. für alle Generationen, ohne modern religiös angepasst werden zu müssen.
- **christologisch (auf Christus ausgerichtet)** – d.h., dass es einzig und allein um die Person und das Werk von Jesus Christus geht.
- **juristisch** *(penal)* – d.h., dass der Lohn für unsere Sünde, der Tod, völlig bezahlt ist.
- **stellvertretend** – d.h., dass der Tod Jesu am Kreuz buchstäblich an unserer statt geschah.
- **biblisch** – d.h., dass es in Übereinstimmung und als Erfüllung des Alten Testaments geschehen ist.
- **eschatologisch (zukünftig)** – d.h., dass die Auferstehung Jesu unsere Hoffnung für die Zukunft offenbart: ewiges Leben mit ihm in einem auferstandenen Körper.
- **zu verkündigen** – d.h., dass wir es oft in Predigten hören und auch uns selber predigen.

Übrigens (und das mag dich vielleicht überraschen) ist das Gegenteil
vom Evangelium der Götzendienst. Götzendienst ist die Anbetung von jemand oder etwas anderem als Gott. Wenn ich „Anbetung" sage, meine ich
Opfer (z.B. Zeit, Energie, Geld, Gefühle, Gedanken). Wir hängen uns an
etwas oder jemanden, weil es unsere höchste Priorität geworden ist. Jeder
betet letztlich irgendetwas an, denn Gott hat uns dazu erschaffen, sodass
wir gar nicht anders können. Aber weil wir Sünder sind, werden wir immer wieder dazu verleitet, lieber die Schöpfung anzubeten als den Schöpfer
selbst. Römer 1,25 beschreibt es als Wurzel allen Götzendienstes, wenn *die*
Wahrheit, die Gott sie hatte erkennen lassen, mit der Lüge [vertauscht wird];
sie verehrten das Geschaffene und dienten ihm statt dem Schöpfer". Das ist die
totale Verdrehung unseres Schöpfungsauftrags, Gott anzubeten und über
die Schöpfung zu herrschen (1Mose 1,26-28).

Deswegen sagt Luther, dass Götzendienst nicht irgendeine Sünde
ist, sondern die zentrale, die alle anderen erst hervorbringt. Er argumentiert weiter, dass die ersten zwei der Zehn Gebote genau hierauf abzielen

(2Mose 20,1-17), wenn sie sagen, dass es nur einen Gott gibt, der allein angebetet werden soll. Deshalb wird uns auch verboten, irgendetwas anstelle dieses oder zusätzlich zu diesem einen wahren Gott anzubeten. So ist es nach Luther nur eine Folge des Bruchs der ersten beiden Gebote, wenn wir die anderen auch noch brechen und lügen, gierig werden, stehlen oder die Ehe brechen. Mit dem Bruch der ersten Gebote werden wir zu Götzenanbetern, die dann ihr Image, ihre Wünsche, ihren Komfort und ihr Vergnügen anbeten und nicht mehr Gott.

Unsere Götzen versprechen uns, das Leben lebenswert zu machen, uns Freude ins Leben zu bringen und für Gerechtigkeit zu sorgen. Deswegen sind sie auch so anziehend für uns. Diese Wünsche sind an sich gut, aber sie werden zu etwas Schlechtem, wenn sie an die Stelle von Jesus rücken und zu unserem Ziel im Leben werden. Jesus alleine macht das Leben lebenswert und schenkt wirkliche Freude und Gerechtigkeit.

Bei dir scheinen Kontrolle und Ruhe die Götzen zu sein, denen du dich verschrieben hast. Ein gut organisiertes Zuhause, ein regelmäßiger Ruhetag und Entspannung sind natürlich gute Dinge. Aber du hast sie in deinem Leben auf Gottes Stufe erhoben.

Deine Vorstellung vom Himmel hat eigentlich nichts mit ewigem Leben mit Jesus zu tun, sondern mit perfekt geschnittenem Rasen, Geld auf dem Konto, einem aufgeräumtem Haus, gehorsamen Kindern, einer anspruchslosen Ehefrau, Frieden und Ruhe, acht Stunden Schlaf, Abendessen pünktlich um 18 Uhr, Zeit für deine Hobbys und funktionalem Sex zur Stillung deiner biologischen Bedürfnisse. Um in deinem Himmel zu leben, hast du knallharte Zeitpläne aufgestellt und eine rigide Haushaltsführung und Massen von Regeln eingeführt und achtest stets auf ein korrektes äußeres Erscheinungsbild, Ruhe, Sauberkeit, Ordnung und einen reibungslosen Ablauf. So hast du dir deinen Himmel geschaffen, doch für deine Frau und deine Kinder ist es die Hölle auf Erden.

Aus deinem Götzendienst hast du eine Religion gemacht, die du „christlich" nennst, obwohl sie das glatte Gegenteil vom Evangelium der Gnade ist. Deswegen möchte ich hier einmal die zehn größten Unterschiede zwischen Religion und Evangelium erklären, denn ich glaube nicht, dass du sie wirklich verstanden hast. Leider habe ich die ersten neunzehn Jahre meines Lebens genauso als „guter", moralischer, religiöser Mensch gelebt, der sich an die Regeln hält: Ich habe niemals mit Drogen experimentiert oder mich betrunken, hatte in der Highschool super Noten und wurde sogar zum „most likely to succeed" [vielversprechendsten Schüler], „man of the year" und Schülersprecher gewählt. Vier Jahre lang war ich Stammspieler im Sport, habe die Schülerzeitung herausgegeben und wurde als Stipendiat gefördert. Aber ich wusste nichts über das Evangelium der Gnade und wie man es lebt. Ich schreibe dir dies also als einer, der dich versteht und genauso in die Religionsfalle getappt ist.

1. Die Botschaft der Religion ist, dass ich mir die Liebe Gottes durch das Einhalten von Regeln verdienen muss. Das ist so, als wenn ich zu meinen fünf Kindern sagen würde: „Wenn ihr im nächsten Jahr alle meine Regeln befolgt, dann bin ich euer Papa." Das Evangelium bedeutet, dass Gott mich schon immer geliebt und dies in Person und Werk Jesu ausgedrückt hat und dass ich durch diese Kraft der Liebe frei bin, ohne Sünde ein neues, gehorsames Leben zu führen. In 1. Johannes 4,7-10 heißt es:

> *Meine Freunde, wir wollen einander lieben, denn die Liebe hat ihren Ursprung in Gott, und wer liebt, ist aus Gott geboren und kennt Gott. Wer nicht liebt, hat Gott nicht erkannt; denn Gott ist Liebe. Und Gottes Liebe zu uns ist daran sichtbar geworden, dass Gott seinen einzigen Sohn in die Welt gesandt hat, um uns durch ihn das Leben zu geben. Das ist das Fundament der Liebe: nicht, dass wir Gott geliebt haben, sondern dass er uns geliebt und seinen Sohn als Sühneopfer für unsere Sünden zu uns gesandt hat.*

Jesus hat uns im Kreuz geliebt, bevor wir ihn geliebt haben, und diese Liebe verändert uns, damit wir ihn und unsere Nächsten lieben können. Nicht aus Pflichtbewusstsein, sondern gerne und aus tiefstem Herzen. Im Gegensatz zur Religion liebt Jesus uns also, *damit* wir ihm gehorchen können, nicht *weil* wir es schon tun und uns damit seine Liebe verdienen.

2. Das Denken der Religion ist, dass die Welt aus guten und schlechten Menschen besteht. Deswegen machen religiöse Leute wie du auch immer Checklisten, mit denen sie andere beurteilen und bestimmen, ob sie zu den Guten oder den Schlechten gehören. Praktischerweise verdammen sie meist diejenigen, die anders sind als sie selbst, und heißen diejenigen gut, die so sind wie sie. Das kann man auch in politischen Talkrunden im Fernsehen oder Radio beobachten, die du ja viel verfolgst: Wenn du einen liberalen Sender einstellst, werden dort Liberale als die Guten gelobt und Konservative als die Schlechten verunglimpft. Wechselst du zu einem konservativen Sender, hörst du auf einmal, wie die Konservativen in den Himmel gelobt werden und die Liberalen einiges um die Ohren geworfen bekommen, zu denselben Fragen mit denselben Argumenten.

Ich will hier keine politische Partei oder Ideologie unterstützen, sondern zeigen, dass Religion ziemlich beliebt ist und in verschiedenen Gewändern auftritt. Doch die Bibel sagt eindeutig, dass jeder Mensch ein Sünder ist außer Jesus (Jes 53,6; Röm 3,23; Hebr 4,15). Deswegen gibt es auf der Welt nicht gute und schlechte Menschen, sondern nur solche Sünder, die ihre Sünde bereuen, auf Jesus und das Kreuz vertrauen und so zum ewigen Leben gelangen, und solche, die keine Buße tun und damit geistlich tot und unter dem Zorn Gottes bleiben. Das bedeutet, dass auch du ein Sünder bist, der immer wieder neu Buße und Vertrauen auf Jesus braucht.

3. Religion dreht sich um das, was *du* tust. Deswegen wollen religiöse Menschen wie du ihre Gerechtigkeit messbar zum Ausdruck bringen. Liebe, Geduld, Freundlichkeit und Barmherzigkeit kann man nicht so einfach messen, deswegen ist dir das auch nicht so wichtig wie dein Haus sauber zu halten, regelmäßig in den Gottesdienst zu gehen, Schlafenszeiten festzuschreiben und eine moderate Lebensweise an den Tag zu legen. Aber das Evangelium schert sich nur darum, was *Jesus* getan hat. Für dich, in dir und durch dich, und das komplett aus Gnade.

4. Religion dreht sich immer darum, etwas von Gott zu *bekommen*. Manche Richtungen sehen in Jesus den einfachen Ausweg aus unliebsamen Umständen. Das falsche Evangelium der Religion sagt, dass du nur zu Jesus kommen musst, um von Gott Gesundheit, Wohlstand, Glück, Erfolg etc. zu bekommen. In deiner kleinen Religion existiert Gott nur, um dir die Regeln zu liefern, mit denen du dein kleines Königreich zu Hause kontrollieren kannst. Aber das wahre Evangelium bedeutet nicht, dass Gott unseren Wunschzettel erfüllt, sondern dass er sich selbst gibt, unser größter Schatz und unsere größte Freude und Quelle des Lebens, ob wir nun reich oder arm, gesund oder krank, glücklich oder traurig sind. Am klarsten lässt sich das wohl am Kreuz ablesen, wo Jesus nichts weniger als sich selbst gegeben hat.

5. Religion betrachtet Leiden als Strafe Gottes, nicht als heiligende Disziplin. Natürlich reagiert Gott auf Sünde bei Christen. In der Bibel sehen wir, dass das sogar bis zum Tod gehen kann, wenn keine Reue eintritt, z. B. bei Hananias und Saphira, die sterben, weil sie Gott etwas vorenthalten und ihn anlügen (Apg 5,1-11), oder bei den Christen in Korinth, die sterben, weil sie am Abendmahl teilgenommen haben, ohne ihre Sünde zu bekennen (1Kor 11,17-34). In Jakobus 5,13-18 heißt es, dass einige Christen krank geworden sind wegen verleugneter Sünden und in 1. Johannes 5,16 wird von Sünde gesprochen, die zum Tode führt. Aber solche Stellen müssen im Licht von Gottes Charakter betrachtet werden.

In Hebräer 12,5-13 erinnert uns Gott daran, dass er der liebende Vater ist, der seine Kinder mit Augenmaß erzieht und diszipliniert. Das ist manchmal sehr schmerzhaft für ihn, weil er sie liebt. Er macht das zu unserem Besten, damit wir seine Heiligkeit teilen können. Manche Not kommt also von Gott als Lohn für Rebellion und Sünde, aber dabei verdammt er uns niemals und zieht sich nicht zurück. Er ist nie gemein, giftig, barsch, rachsüchtig oder achtlos zu seinen Kindern.

In seiner Vaterliebe will Gott uns vor allem korrigieren, wenn er uns diszipliniert, was auch einmal durch Strafe geschehen kann. Strafe heißt, jemandem für sein Vergehen etwas aufzuerlegen. Als Christen wissen wir, dass unsere ewige Strafe durch Jesus völlig bezahlt ist, doch die zeitliche nicht. Durch Jesu Tod ist unser geistlicher Tod für immer aufgehoben. Gott wird also niemals die Beziehung zu uns abbrechen, weder ewig oder vorübergehend. Aber er erlegt Christen Strafen auf, wenn sie Sünden begehen und nicht von ihnen lassen wollen, damit sie aufwachen und zu Buße und Wiederherstellung finden.

Am Kreuz sind die Beziehungsfolgen der Sünde bezahlt worden, deshalb würde der gerechte Gott unsere Sünde niemals ein zweites Mal bestrafen, indem er uns verdammen oder verlassen würde. Diese Strafe mit ihrer ganzen Wucht hat er auf Jesus gelegt. Schwierigkeiten und Versuchungen müssen uns keine Angst mehr machen, dass Gott uns im Stich lassen könnte oder wir nur seine Kinder sein könnten, wenn wir gute Werke tun oder religiöse Formen einhalten. Er hat uns fest versprochen, dass er uns nicht verlassen und in jedem Augenblick bei uns sein wird (Hebr 13,5; Mt 28,20). David sagt es so: *„Selbst wenn ich durch die finstere Schlucht muss, überfällt mich keine Angst, denn du bist bei mir. Dein Wehrstock und dein Hirtenstab, die machen mir Mut"* (Ps 23,4, Neue Evangelistische Übersetzung).

Weil der Vater liebevoll und gut ist und weil der Sohn für uns gestorben ist, verdammt uns Gott nicht durch Leid, sondern nutzt es, um uns zu heiligen. Wenn wir durch Not gehen, lässt er uns Jesus immer ähnlicher werden, der sich genauso dem stellen musste, *„durch Leiden zu lernen, was es bedeutet, gehorsam zu sein"* (Hebr 5,8). Hebräer 12,1-11 gibt uns den guten Rat, uns im Leid gegenseitig an das Kreuz Jesu zu erinnern, in dem wir Ermutigung und Kraft zum Durchhalten finden. Hier wird Gott als liebender Vater gezeigt, der auch die harten Seiten des Lebens erzieherisch nutzt, um uns in der Heiligung wachsen zu lassen und so immer mehr Gerechtigkeit in unser Leben einziehen zu lassen.

Ich halte es für dringend notwendig, dass du dies in eurem Familienleben umsetzt. Weil du als religiöser Mensch Gott als den großen Regelgeber siehst, hast du deine Kinder gnadenlos bei jedem Regelverstoß bestraft und ihnen deine Gegenwart und Liebe entzogen. Sie waren die Verurteilten, die für ihr Versagen bezahlen mussten. Deine Kinder können das Evangelium nicht verstehen, weil du ihnen sagst, dass Jesus für ihre Sünden verurteilt wurde, und sie dann doch selbst für ihre „Vergehen" bezahlen lässt.

Du musst ihnen unbedingt erklären, dass Jesus wirklich an ihrer Stelle gelitten hat und dass du sie nur bestrafst, weil Gott dich als Vater dazu eingesetzt hat, sie in Liebe zu führen und zu erziehen. Diese korrigierende Disziplin darf niemals als Verurteilung oder Verachtung herüberkommen. Strafe sie nicht mit Liebesentzug, denn das würde ein falsches, religiöses

Evangelium zeigen. Ich weiß, dass du das von deinem religiösen Vater so gelernt hast, und das tut mir aufrichtig leid. Aber du darfst die Sünde deines Vaters nicht auf deine Kindern übertragen. Fang an, als Vater aus dem Evangelium der Gnade zu agieren!

6. Religion dreht sich um *dich.* Deine Religion ist völlig konträr zum Evangelium und ziemlich egoistisch. Das erklärt auch, warum es so schwer ist, mit dir zusammenzuleben. In deiner Welt sind Gott, deine Frau, deine Kinder, deine Freunde und der Rest der Menschheit dazu da, dir zu gehorchen, dich zu verehren und dir zu dienen. Du bist Gott. Deshalb wirst du auch so wütend, wenn jemand unangemeldet vorbeischaut, deine Kinder zu spät zum Essen kommen oder die Freundin deiner Frau abends anruft, um ihr seelischen Beistand zu leisten, während du darauf wartest, von ihr bedient zu werden.

Doch wir sollen einander in Liebe *dienen,* weil wir Jesus lieben, der uns aus Liebe gedient hat. Philipper 2,1-11 sagt uns, dass Jesus die selbstloseste Person war, die jemals gelebt hat oder noch leben wird. Das sieht man daran, dass er für Gottes Ehre und unsere Erlösung gelebt hat und dafür eigenes Leiden in Kauf genommen hat. Jesus hat von sich als Vorbild dafür gesprochen, sich selbst zu sterben, um für andere zu leben: *„Denn auch der Menschensohn ist nicht gekommen, um sich dienen zu lassen, sondern um zu dienen und sein Leben als Lösegeld* für viele hinzugeben" (Mk 10,45).

7. Religion richtet sich nach Jesu Worten nur auf das äußere Verhalten und Erscheinungsbild und nicht auf das Innenleben des Herzens, in dem Motive und Triebe verborgen liegen. Darum ist es für religiöse Menschen wichtiger, wie sie von außen auf andere wirken, als wie sie von innen auf Gott wirken. Du würdest dir niemals erlauben, übergewichtig, unorganisiert, faul oder lasterhaft zu erscheinen. Es wird sehr hart für dich werden, deine Sünden gegenüber deiner Frau und deinen Kindern zuzugeben, denn damit wirst du zulassen müssen, dass dein Erscheinungsbild durcheinandergerät, an dem du so viele Jahre hart gearbeitet hast.

Das Evangelium ist dagegen viel mehr an deinem Innenleben interessiert. Kolosser 3,5 ist da hilfreich: *„Tötet daher, was in den verschiedenen Bereichen eures Lebens noch zu dieser Welt gehört."* Gott alleine weiß, wie es in deinem Herzen aussieht. Und er sagt dir, dass der Schlüssel zu einem geistlichen Leben darin liegt, alles, was *„in den verschiedenen Bereichen eures Lebens"* sündig und irdisch ist, zu töten. Wenn nun also das Evangelium zu deiner Richtschnur wird und nicht mehr die Religion, wirst du nicht mehr so viel Mühe darauf verwenden, nach außen als guter, frommer Mann zu erscheinen, sondern demütig werden und deine Sünden ehrlich bekennen. Die Veränderung beginnt im Inneren und breitet sich dann nach außen aus.

8. Weil Religion sich um unser Tun dreht, können wir nie ganz sicher sein, wie wir vor Gott dastehen. Auf die Frage, ob du deiner Vergebung und himmlischen Zukunft sicher bist, hast du ganz schwach geantwortet: „Ich hoffe doch …" Du bist unsicher, denn wenn dein Stand vor Gott von deinem Leben und deinen guten Werken abhängt, kannst du dir nie sicher sein, dass du genug getan hast, um Gott zu gefallen. Vielleicht wird dir morgen ein einziger Fehltritt unterlaufen, der alles Gute aufhebt, das du bis heute getan hast. Diese Art von falschem Evangelium ist eine teuflische Gemeinheit, die dir die Freude raubt, die dir im Kreuz eigentlich zusteht.

Das Evangelium sagt uns, dass wir mit Gewissheit um unsere Erlösung wissen dürfen, weil unser Stand vor Gott alleine von Jesus abhängt (1Joh 5,1-14):

> *Und was bedeutet diese Aussage Gottes für uns? Sie bedeutet, dass Gott uns das ewige Leben gegeben hat; denn dieses Leben bekommen wir durch seinen Sohn. Wer mit dem Sohn verbunden ist, hat das Leben. Wer nicht mit ihm, dem Sohn Gottes, verbunden ist, hat das Leben nicht. Ich habe euch diese Dinge geschrieben, um euch in der Gewissheit zu bestärken, dass ihr das ewige Leben habt; ihr glaubt ja an Jesus als den Sohn Gottes. Und wer an Jesus glaubt, kann sich voll Zuversicht an Gott wenden; denn wenn wir ihn um etwas bitten, was seinem Willen entspricht, erhört er uns.*

Das Evangelium sagt, dass wenn du auf die Person und das Werk Jesu Christi am Kreuz vertraust, du ganz gewiss sein kannst, vor Gott gut dazustehen, und in der Freude über dieses Geschenk leben darfst.

9. Religion funktioniert einfach nicht, denn sie führt entweder zu Stolz oder zu Resignation, je nachdem, ob wir meinen, es gut oder schlecht gemacht zu haben. In deinem Kopf hast du dir eine Liste darüber zurechtgelegt, was einen guten Menschen ausmacht, den Gott liebt. Du hast es dir zum Lebensziel erklärt, durch lückenlose Organisation und Selbstdisziplin Gott dazu zu bringen, dich als einen guten Menschen zu lieben, wo du doch nach außen so moralisch und religiös bist und deine Pflichten alle erfüllt hast. Und weil du dich für so moralisch und religiös hältst, bist du nun stolz und arrogant und kennst kein Mitgefühl für Menschen, die mit Sünde kämpfen, sondern redest verächtlich über Alkoholiker, Prostituierte und alle anderen, die kein so geordnetes und frommes Leben führen wie du.

Aber die nackte Wahrheit ist, dass Stolz die schlimmste von allen Sünden ist. Die Kultur, in der wir leben, hat Stolz in „Selbstwertgefühl" umbenannt und stellt ihn als Tugend hin, aber er war der Grund, dass Gott den Teufel aus dem Himmel werfen musste, und er kann auch uns vom Himmel fernhalten, wenn wir ihn nicht bekennen und das Evangelium annehmen.

Auf der anderen Seite treibt Religion diejenigen in Resignation, die sich ehrlich eingestehen, dass sie nicht nur Gottes Gesetz brechen, sondern auch ihre eigenen Regeln. Solche Menschen versuchen verzweifelt, Jesus glücklich zu machen, indem sie ihre Schulden zurückzahlen und so leben wie er. Aber wie hart sie auch daran arbeiten, sie werden niemals auch nur annähernd Jesu moralischen Standard erreichen, denn der heißt Vollkommenheit (Mt 5,48).

Ich vermute mal, dass auch du tief drinnen diese Phasen dunkler Resignation erlebt hast, wenn der Heilige Geist dir deine Sünde gezeigt hat. Dazu kann ich dir versichern, dass deine Frau und deine Kinder in ständiger Resignation unter deiner Fuchtel leben. Du herrschst über sie wie ein religiöser Despot und folgst nur deinen eigenen Geboten, die deinen Götzen dienen und kein Evangelium kennen. Nur das Evangelium führt zu selbstlosem, fröhlichem Gehorsam, weil es von Selbstgerechtigkeit erlöst und die geschenkte Gerechtigkeit von Jesus lehrt, was mich zu meinem letzten Punkt führt.

10. Das Streben, das deiner Religion zugrunde liegt, ist eigentlich ein sehr ehrenwertes: Du wünschst dir Gerechtigkeit. Aber dein Problem ist, dass du sie in deiner Selbstgerechtigkeit suchst und nicht am Kreuz Jesu, wo Gerechtigkeit zum Geschenk wird.

Die Bibel sagt sehr häufig, dass Gott gerecht ist in allem, was er tut, und dass es keinen gerechten Gott gibt außer ihm allein (Ps 1,7; Jes 45,21; Dan 9,14). Mit „gerecht" meint sie, dass Gott rechtschaffen, sündlos, rein, heilig, vollkommen und gut ist.

Als seine Ebenbilder sind wir Menschen auch „gerecht" gemacht, oder wie es im Schöpfungsbericht heißt: „sehr gut" (1Mose 1,31), oder in Prediger 7,29: „aufrichtig". Doch seit unser Urahne Adam in 1. Mose 3 aus Gottes Rahmen heraustrat und in Sünde fiel, wird seine Sünde jedem Menschen angerechnet. Römer 5,12-21 erklärt uns, dass Adam nicht nur unser Vorfahre, sondern auch unser Stellvertreter war. Dass er sich an unserer statt für die Sünde entschieden hat, ist wie die Entscheidung eines Präsidenten, in einen Krieg zu ziehen und damit alle Einwohner seines Landes mit ihm. So werden alle Menschen mit einer sündigen Natur geboren und jeder sündigt, sowohl von Natur aus als auch aus eigener Entscheidung (Ps 51,5; 58,3; Röm 3,23; 1Joh 1,10), mit dem Ergebnis (Röm 3,10): *„Keiner ist gerecht, auch nicht einer."*

„Nicht gerecht" oder „ungerecht" heißt, dass wir das Gegenteil von Gott geworden sind – betrügerisch, sündig, ungerecht. Wir sind Gesetzesbrecher. Aber weil wir nach Gottes Bild zur Gerechtigkeit geschaffen sind, sehnen wir uns immer noch danach. Als Sünder versuchen wir nun, sie durch Selbstgerechtigkeit zu erreichen. Römer 10,3 sagt, religiöse Menschen *„haben nicht erkannt, worum es bei der Gerechtigkeit Gottes geht, und versuchen, durch ihre eigene Gerechtigkeit vor Gott bestehen zu können. Damit lehnen sie sich gegen Gottes Gerechtigkeit auf, statt sich ihr zu unterstellen."*

Viele unserer religiösen Bemühungen um eigene Gerechtigkeit funktionieren so, dass wir selbst versuchen, nach Gottes Gesetzen zu leben, und ihnen unsere eigenen Regeln hinzufügen. So hast du es auch gemacht. Jesus sagt zu solchen sinnlosen Anflügen von Selbstgerechtigkeit: *„Denn ich sage euch: Wenn euer Leben der Gerechtigkeit Gottes nicht besser entspricht als das der Schriftgelehrten und Pharisäer, werdet ihr mit Sicherheit nicht ins Himmelreich kommen"* (Mt 5,20). In der Menschheitsgeschichte hat es wohl keine Gruppe gegeben, die so aufopferungsvoll religiös war wie die Pharisäer. Sie gaben den Zehnten sogar von ihren Gewürzen, um Gott nichts von ihrem Besitz vorzuenthalten. Doch unsere selbstgerechten Anstrengungen sind für den heiligen und gerechten Gott so abstoßend wie ein blutiger Tampon zum Geburtstag (Jes 64,5).

Das Gute an der Guten Nachricht ist Jesus Christus, nicht wir. Jesus ist unser geliebter, ewiger Gott, der sich erniedrigte und Mensch wurde. Er wurde unser zweiter Adam und schuf durch seinen Gehorsam eine neue Menschheit. Alles Verlorene, das durch die erste Sünde des ersten Adams von Gott getrennt war, hat er zurückgeholt (1Kor 15,45). Am Kreuz starb der gerechte Jesus als unser Stellvertreter für uns ungerechte Sünder. *„Christus selbst hat ja ebenfalls gelitten, als er, der Gerechte, für die Schuldigen starb. Er hat mit seinem Tod ein für alle Mal die Sünden der Menschen gesühnt und hat damit auch euch den Zugang zu Gott eröffnet"* (1Petr 3,18).

Das ist eine unglaubliche Botschaft! Die Bibel sagt deutlich, dass wir von uns aus nicht gerade vor Gerechtigkeit übersprudeln, sondern dass sie uns von außen geschenkt wird.

Ich möchte drei Aspekte dieser geschenkten Gerechtigkeit beleuchten:

a) Gottes Gerechtigkeit bekommt man durch Glauben, nicht durch das Halten von Gesetzen. Du hast seit Jahren die Bibel gehört und gelesen und dennoch diesen unsagbar wichtigen Punkt verpasst, deswegen schreibe ich dir ein paar wichtige Bibelstellen auf, damit du dich mit ihnen beschäftigen kannst und der Heilige Geist, der sie damals inspiriert hat, dir ihren Inhalt aufschließt.

> *Abram glaubte Jahwe, und das rechnete er ihm als Gerechtigkeit an. (1Mose 15,6; Neue Evangelistische)*

> *Doch jetzt hat Gott – unabhängig vom Gesetz, aber in Übereinstimmung mit den Aussagen des Gesetzes und der Propheten – seine Gerechtigkeit sichtbar werden lassen. Es ist eine Gerechtigkeit, deren Grundlage der Glaube an Jesus Christus ist und die allen zugutekommt, die glauben. (Röm 3,21-22)*

Wenn jemand durch eigene Leistungen für gerecht erklärt werden will, ist er wie ein Arbeiter, dessen Lohn auf der Grundlage des Geleisteten berechnet wird. Was er bekommt, bekommt er nicht aus Gnade, sondern weil man es ihm schuldet. Wenn hingegen jemand, ohne irgendwelche Leistungen vorweisen zu können, sein Vertrauen auf Gott setzt, wird sein Glaube ihm als Gerechtigkeit angerechnet, denn er vertraut auf den, der uns trotz all unserer Gottlosigkeit für gerecht erklärt. (Röm 4,4-5)

Denn mit Christus ist das Ziel erreicht, um das es im Gesetz geht: Jeder, der an ihn glaubt, wird für gerecht erklärt. (Röm 10,4)

Euch aber hat Gott mit Jesus Christus verbunden, der uns zur Weisheit wurde, die von Gott kommt, zur Gerechtigkeit, die vor ihm gilt, zur Heiligkeit und zur Erlösung. (1Kor 1,30; Neue Evangelistische)

Jesus Christus, meinen Herrn, zu kennen ist etwas so unüberbietbar Großes, dass ich, wenn ich mich auf irgendetwas anderes verlassen würde, nur verlieren könnte. Seinetwegen habe ich allem, was mir früher ein Gewinn zu sein schien, den Rücken gekehrt; es ist in meinen Augen nichts anderes als Müll. Denn der Gewinn, nach dem ich strebe, ist Christus; es ist mein tiefster Wunsch, mit ihm verbunden zu sein. Darum will ich nichts mehr wissen von jener Gerechtigkeit, die sich auf das Gesetz gründet und die ich mir durch eigene Leistungen erwerbe. (Phil 3,8-9)

David, du musst die Illusion der Kontrolle aufgeben, die du dir durch das Einhalten deiner Regelwerke geschaffen hast. Du kannst dir Gottes Liebe nicht verdienen, sondern nur darauf vertrauen, dass Gott zu seinem Wort steht und uns aus Erbarmen und um Jesu willen völlig annimmt.

Mein Lieblingsvers über das Geschenk der Gerechtigkeit ist 2. Korinther 5,21 (nach Luther):

Denn er hat den, der von keiner Sünde wusste, für uns zur Gerechtigkeit gemacht, damit wir in ihm die Gerechtigkeit würden, die vor Gott gilt.

Martin Luther hat das den „fröhlichen Wechsel" genannt. Jesus hat unsere Sünde auf sich genommen und uns seine Gerechtigkeit gegeben. Diese Gerechtigkeit ist nicht aktiv wie deine falsche religiöse Selbstgerechtigkeit, sondern passiv: Wir tun nichts dabei, sondern empfangen im persönlichen Glauben, was Jesus getan hat.

b) Die Gerechtigkeit, die Gott gibt, ist ein juristischer Status, der uns zuerkannt wird. Die Sünden, die uns von Gott getrennt haben, sind einzig und allein durch das Kreuz vergeben, an dem Jesus gehangen hat. Das ist wie vor Gericht, in dem wir für alle unsere Vergehen angeklagt, für schuldig befunden und zum (physischen und geistlichen) Tode verurteilt werden, doch dann kommt Jesus und nimmt unsere Strafe auf sich und bezahlt sie völlig.

Dann wird uns Jesu Gerechtigkeit angerechnet und die Ehre zuteil, Gottes Kinder sein zu dürfen – derselbe Rang, den Jesus hat! Gott nimmt uns an, weil wir *in Christus* sind (Eph 1). Das ist eine Beziehungsmetapher, das Bild einer Familie: Wir waren unter der Herrschaft der Dunkelheit und sind dann ins Reich des Lichts gebracht worden, dem Königreich seines geliebten Sohnes (Kol 1,13). Das nennen Theologen „Rechtfertigung". Sie kommt allein durch das Kreuz Jesu. Aber das ist nicht alles, David …

c) In dem Moment, in dem wir den Glauben ergreifen und gerechtfertigt werden, wird uns diese Gerechtigkeit tatsächlich verliehen. Gott gibt uns nicht nur das Recht, zu seiner Familie zu gehören, sondern auch neue Kraft durch seinen Geist, der nun in uns wohnt. In der Bibel ist das Herz die Schaltzentrale des Menschen. Sprüche 4,23 sagt uns, dass aus dem Herzen das Leben fließt. Wenn Gott uns ein neues Herz gibt, verändern sich unsere tiefsten Werte, denen unser Verhalten und unsere Einstellungen entspringen. Die ganze Person wird neu ausgerichtet. Das ist, was die Theologen „Erneuerung" *(regeneration)* nennen.

Diese Erneuerung kommt aus der Auferstehung Jesu und gibt uns nicht nur einen neuen, gerechtfertigten Stand vor Gott, sondern auch ein neues Herz, das sich nach Heiligkeit sehnt und mit der Kraft ausgerüstet ist, wie Jesus, für Jesus und mit Jesus zu leben.

Diese Gerechtigkeit können wir uns nicht erarbeiten, auch nicht durch das religiöse Einhalten von Regeln. Sie ist durch und durch Geschenk. Epheser 2,8-9 macht das unmissverständlich klar: „*Durch Gottes Gnade seid ihr gerettet, und zwar aufgrund des Glaubens. Ihr verdankt eure Rettung also nicht euch selbst; nein, sie ist Gottes Geschenk. Sie gründet sich nicht auf menschliche Leistungen, sodass niemand vor Gott mit irgendetwas großtun kann.*"

Diese passive Gerechtigkeit Jesu, die uns angerechnet und verliehen wird, ist der felsenfeste Grund unserer Freude, auf den wir Leben voller Hoffnung, Freude, Gewissheit und Gehorsam bauen. Wenn uns der große Gegenspieler Satan anklagt, dass wir Sünder seien und nicht genügend Gerechtigkeit hätten, brauchen wir uns nicht selbst zu verteidigen, sondern brauchen uns nur an die Worte Jesu am Kreuz zu erinnern (Joh 19,30): „*Es ist vollbracht!*" Alles, was wir brauchen, ist das Geschenk Jesu, in Gottes Familie adoptiert zu sein.

Darum geht es, David. Wenn du den Status eines Gotteskindes hast und Jesus dein Bruder ist, wenn du dieses neue Herz hast und der Geist Gottes in dir lebt, dann werden sich deine Einstellungen ändern. Wenn Gott dein Herz verändert, werden deine tiefsten inneren Werte denen von Jesus ähnlicher werden. 2. Mose 34,6-7 (die Stelle, die die Bibel selbst am häufigsten zitiert) beschreibt Gottes Werte so: Mitgefühl, Gnade, Geduld, Liebe, Treue, Vergebung und Gerechtigkeit.

Ich sehe so wenig von diesen Werten in deinem Leben! Du zeigst die Werte der Religion, nicht die des Evangeliums, deshalb mache ich mir so Sorgen um dich. Außerdem sehe ich, was deine Religion deiner Frau und deinen Kindern antut, was mir das Herz bricht, denn sie verlieren immer mehr ihre Liebe zu dir und ihre Freude an dir.

Zum Schluss möchte ich noch zwei Dinge sagen. Erstens: Es ist ungleich leichter, hier von dem Unterschied zwischen Religion und Evangelium zu schreiben, als ihn zu leben. Wir beide werden den Rest unseres Lebens unter dieser Sonne dazu brauchen, das zu lernen und in den Situationen, die Gott liebevoll für uns vorbereitet, aus dem Evangelium anstatt aus der Religion heraus zu leben.

Und zweitens: Auch wenn unsere Gerechtigkeit allein in Jesus liegt und nicht in guten Taten, möchte ich damit keinem gesetzlosen Christsein das Wort reden, das uns erlaubt, ohne Reue in ständiger Sünde zu verharren und uns keine Gedanken darüber zu machen, ob wir gerecht leben. Nur wenn wir die Gerechtigkeit Jesu in uns verstehen, können wir aus dieser Gerechtigkeit heraus unseren neuen Status als Christen ausleben. Dazu werden wir viele Anregungen in der Schrift finden, die 2. Timotheus 3,16 als *„Erziehung zur Gerechtigkeit"* (Luther) bezeichnet. Buße wird unsere Waffe werden, weil Gott uns dadurch *„reinigt von aller Ungerechtigkeit"* (1Joh 1,9), und der Heilige Geist unsere neue Kraft, Gerechtigkeit zu leben. Lass dir Römer 8,1-4 als lebenslangen Begleittext mitgeben:

Müssen wir denn nun noch damit rechnen, verurteilt zu werden? Nein, für die, die mit Jesus Christus verbunden sind, gibt es keine Verurteilung mehr. Denn wenn du mit Jesus Christus verbunden bist, bist du nicht mehr unter dem Gesetz der Sünde und des Todes; das Gesetz des Geistes, der lebendig macht, hat dich davon befreit. Das Gesetz des Mose war dazu nicht imstande; es scheiterte am Widerstand der menschlichen Natur. Deshalb hat Gott als Antwort auf die Sünde seinen eigenen Sohn gesandt. Dieser war der sündigen Menschheit insofern gleich, als er ein Mensch von Fleisch und Blut war, und indem Gott an ihm das Urteil über die Sünde vollzog, vollzog er es an der menschlichen Natur. So kann sich nun in unse-

*rem Leben die Gerechtigkeit verwirklichen, die das Gesetz fordert,
und zwar dadurch, dass wir uns vom Geist Gottes bestimmen lassen
und nicht mehr von unserer eigenen Natur.*

Rückfragen zum Thema „geschenkte Gerechtigkeit"

Das klingt alles so richterlich. Hat Jesus nicht gesagt: „Richtet nicht"?

Er sagt uns tatsächlich, dass wir nicht richten sollen (Mt 7,1). Damit richtet er sich an die Pharisäer, die unübertroffenen Religionsspezialisten jener Tage. Sie verurteilten andere wegen Bagatellen (der berühmte „Splitter im Auge"), während sie ihre eigenen massiven Sünden („Balken") ignorierten. Die Pharisäer sind der Inbegriff eines heuchlerischen, selbstgerechten, verurteilenden Menschen. Jesus will nicht, dass wir so sind. Doch viele erkennen die Ironie darin nicht, dass Jesus gerade, indem er ihr richtendes Verhalten beanstandet, selbst eine Beurteilung vornimmt. Er will, dass wir das Schlechte an ihrem Verhalten erkennen, um nicht so zu werden wie sie und Menschen wie sie nicht hochzuhalten.

Wir sollen unterscheiden lernen. Was ist gut, was nicht? Was führt zur Gerechtigkeit, was entspringt der Sünde? Welche Menschen handeln aus dem Evangelium heraus, welche aus Religion? Ein paar Verse später sagt Jesus (Mt 7,15-20): *„Hütet euch vor den falschen Propheten!"* und fährt fort: *„An ihren Früchten werdet ihr sie erkennen. Erntet man etwa Trauben von Dornbüschen oder Feigen von Disteln?"* Wir sollen also durchaus lernen, Dinge zu beurteilen.

Wir sollen Sünde und sündhafte Herzen erkennen, aber in einer Weise, die Gott gefällt. Das bedeutet zum einen, dass wir dabei auch unsere eigenen Sünden sehen, vor allem die ganz tief in unserem Herzen, und zum anderen, dass wir uns nicht von der Person zurückziehen und sie verurteilen, sondern ihr nahe bleiben und liebevoll auf sie eingehen. Das Aufdecken von Sünde soll mitfühlend und barmherzig geschehen. Jesus hat sich um uns gekümmert, deshalb sollen wir es machen wie er und uns um die Menschen kümmern, bei denen wir Umkehr und Christusähnlichkeit anmahnen.

Was ist der Unterschied zwischen „anrechnen" und „verleihen"?

Theologen lieben das Spiel mit Worten, z. B. zwei Begriffe zu nehmen, die fast gleich klingen, aber theologisch unterschiedliche Bedeutungen haben.[12] *Anrechnen* meint, Gerechtigkeit oder Schuld eines anderen anzurechnen. Es ist ein Rechtsbegriff, der aussagt, dass der Status einer Person auf eine andere übertragen wird. Das ist ein objektives Verfahren, das außerhalb von uns stattfindet. In der Bibel sehen wir das bei Adams Sünde, die der gesamten Menschheit angerechnet wird, dann bei der Schuld der Menschheit, die Christus angerechnet wird, und dann beim Status Christi als Gerechter, der uns angerechnet wird.

Verleihen meint die Übertragung des Wesens, des Charakters oder der Qualität eines anderen. Dabei geht es also um unseren Zustand oder Charakter. Es ist ein subjektiver Vorgang, der in uns stattfindet. In der Bibel sehen wir eine solche Verleihung bei Adams Verdorbenheit, die der ganzen Menschheit verliehen wird, einer wiederhergestellten Natur, die dem Gläubigen verliehen wird, und dem Heiligen Geist, der dem Gläubigen verliehen wird.

Vielleicht hilft eine kleine Veranschaulichung: Als Gerrys Eltern starben, wurde er zum rechtmäßigen Eigentümer ihrer weltlichen Güter. Das ist Anrechnung. Eine Weile später erhielt er einen Scheck und konnte ihr Vermögen auf sein Konto überweisen lassen. Das ist Verleihung. Das Geld zu besitzen ist eine rechtliche, „angerechnete" Sache, es auf der Bank zur Verfügung zu haben ist eine Sache der Verleihung.

Werden wir nicht allein aus Gnade gerettet, allein durch Glauben an Christus? Dadurch wird uns doch die Gerechtigkeit Christi angerechnet, warum muss jetzt noch eine „verliehene Gerechtigkeit" hinzugefügt werden? Das klingt nach Irrlehre …

Natürlich sind wir allein aus Glauben gerechtfertigt und Christi Gerechtigkeit wird uns angerechnet. Gott gibt uns das Recht, seine Kinder zu heißen. Alle Sünde ist vergeben worden. Kolosser 2,13 sagt das absolut klar: *„Ja, Gott hat euch zusammen mit Christus lebendig gemacht. Ihr wart nämlich tot – tot aufgrund eurer Verfehlungen und wegen eures unbeschnittenen, sündigen Wesens. Doch Gott hat uns alle unsere Verfehlungen vergeben."*

Aber das ist nicht die ganze Wahrheit. Uns ist nicht nur vergeben, sondern wir sind auch zum Leben erweckt! Das ist das große Geschenk des Neuen Bundes. Hesekiel 36,26-27 verspricht: *„Ich gebe euch ein neues Herz und einen neuen Geist: Das versteinerte Herz nehme ich aus eurer Brust und gebe euch ein lebendiges dafür. Ich lege meinen Geist in euch und bewirke, dass ihr meinen Gesetzen folgt und euch nach meinen Rechtsbestimmungen richtet."* Das begann sich mit dem Kommen des Heiligen Geistes an Pfingsten (Apg 2) zu erfüllen.

Paulus erklärt den Neuen Bund in 2. Korinther 3–6. Ein Höhepunkt dabei ist 5,17: *„Vielmehr wissen wir: Wenn jemand zu Christus gehört, ist er eine neue Schöpfung. Das Alte ist vergangen; etwas ganz Neues hat begonnen!"* An anderer Stelle drückt Paulus es so aus: *„Früher gehörtet ihr selbst zur*

Finsternis, doch jetzt gehört ihr zum Licht, weil ihr mit dem Herrn verbunden seid. Verhaltet euch so, wie Menschen des Lichts sich verhalten" (Eph 5,8). Wir sind nicht nur *im* Licht, sondern durch sein Werk in uns tatsächlich *selbst* Licht! Deswegen leben wir auch anders als vorher, als Kinder des Lichts.

Auf mich wirkt das, als ob Theologen nur mal wieder Erbsen zählen. Ist das alles wirklich wichtig?

Wenn es uns nicht egal ist, ob wir gerettet sind: Ja! Wenn die anderen Religionen recht haben und wir nur genug Gutes tun müssen, damit die Götter uns akzeptieren, sollten wir lieber schnell unsere religiösen Pflichten angehen. Aber wenn die Bibel recht hat, dann akzeptiert Gott uns als seine Kinder allein um Tod und Auferstehung Jesu willen. Daran hängt alles: völlige Vergebung, neues Leben in Jesus, Gemeinschaft mit dem Heiligen Geist und dem Leib Christi und die Ewigkeit.

Wo kann ich noch mehr über das Evangelium lernen, wie es hier beschrieben ist?

Zum tieferen Verständnis des Evangeliums empfehlen wir:

- Tim Kellers Referate „Preaching the Gospel" [nur auf Englisch] von der *Reform and Resurge Conference* 2006 (http://theresurgence.com/reform_resurge_conference_2006)
- Tim Kellers Artikel „Preaching in a Post-Modern City" [nur auf Englisch] (http://theresurgence.com/tim_keller_2004_preaching_in_a_post-modern_city_part_1)
- Am allerbesten ist Petrus' Pfingstpredigt in Apg 2,14-47, in der er ausführlich das Evangelium von Jesus Christus erklärt. Was Gott getan hat: Kommen Jesu, Tod, Auferstehung, Himmelfahrt; was wir tun: umkehren und glauben, was in der Taufe sichtbar wird; und zuletzt, was wir bekommen: Vergebung, den Geist Gottes, neues Leben, neue Gemeinschaft und eine neue Zukunft.

KAPITEL 5

„Ich habe ein Kind sexuell belästigt!" – Jesus, Johns Rechtfertigung

Denn alle haben gesündigt und in ihrem Leben kommt Gottes Herrlichkeit nicht mehr zum Ausdruck, und dass sie für gerecht erklärt werden, beruht auf seiner Gnade. Es ist sein freies Geschenk aufgrund der Erlösung durch Jesus Christus. Ihn hat Gott vor den Augen aller Welt zum Sühneopfer für unsere Schuld gemacht. Durch sein Blut, das er vergossen hat, ist die Sühne geschehen, und durch den Glauben kommt sie uns zugute. Damit hat Gott unter Beweis gestellt, dass er gerecht gehandelt hatte, als er die bis dahin begangenen Verfehlungen der Menschen ungestraft ließ. Wenn er Nachsicht übte, geschah das im Hinblick auf das Sühneopfer Jesu. Durch dieses hat er jetzt, in unserer Zeit, seine Gerechtigkeit unter Beweis gestellt; er hat gezeigt, dass er gerecht ist, wenn er den für gerecht erklärt, der sein ganzes Vertrauen auf Jesus setzt.

RÖMER 3,23-26

John ist in einem liebevollen christlichen Elternhaus aufgewachsen. Er ist immer unterstützt worden und hat als Kind keinerlei Missbrauch erlebt. Seine Eltern haben ihn sehr geliebt und gefördert und ihm damit beste Voraussetzungen für sein Leben mitgegeben. Genauso „heile Welt" war sein soziales Umfeld, das aus der Gemeinde und einer Privatschule bestand.

Nach seinem Collegeabschluss verließ er sein Elternhaus, um seine Berufslaufbahn in Angriff zu nehmen. Zu diesem Zeitpunkt lebte er moralisch anständig, aber ohne Beziehung zu Jesus, obwohl er irgendwie weiter an die Existenz eines göttlichen Wesens glaubte. Sobald er aus dem Umfeld seiner Eltern herausgetreten war, ging er in keine Gemeinde mehr, sondern konzentrierte sich auf seine Karriere in der Wirtschaft und ging in seiner Freizeit seinen Hobbys nach. Außerdem ging er oft mit Frauen aus und sammelte sexuelle Erfahrungen.

Ein paar Jahre später und immer noch unverheiratet tat er etwas, das er wohl schon länger begehrt hatte. Weil er wusste, dass es falsch war, hatte er diesen Wunsch bislang erfolgreich unterdrückt, doch nun ließ er sich sexuell mit einer Minderjährigen ein. Schließlich kamen ihre Eltern dahinter und drohten rechtliche Konsequenzen für John an.

In dieser Situation sah sich John vor eine aus seiner Sicht extrem schwierige Entscheidung gestellt: Entweder würde er die Anklage ablehnen und es auf einen Prozess ankommen lassen, was ihm die Chancen gäbe, eventuell für unschuldig befunden zu werden und somit Gefängnis und Zwangstherapie knapp zu entgehen und die demütigende Registrierung als Sexualstraftäter zu vermeiden. Doch dazu hätte das Mädchen über die ganze schlimme Geschichte aussagen müssen, was ihr zusätzliches Leid zugefügt hätte. Oder er würde einfach auf schuldig plädieren und seine Strafe annehmen, wie auch immer sie ausfallen würde.

Bei dieser Entscheidung drehte sich ihm der Magen um. Schließlich entschied er sich, wahrheitsgemäß auf schuldig zu plädieren und die Konsequenzen zu tragen. Daraufhin rutschte er in eine tiefe Depression. Er ging nicht mehr mit Freunden aus, machte keinen Sport mehr und ging auch seinen anderen Hobbys nicht mehr nach, sondern zog sich ganz in seine vier Wände zurück, wo er nun ernsthaft darüber nachdachte, wie und wann er seinem Leben ein Ende setzen sollte.

Am Tag der Urteilsverkündung war er psychisch völlig am Ende. Als er hörte, wie der Richter ihn schuldig sprach, fühlte es sich für ihn an, als ob sein Leben zu einem schmerzhaften und vorschnellen Ende gekommen sei.

Doch Gott ist gnädig und sorgte für John, indem er ihm ein paar christliche Freunde in sein Leben schickte. Sie hatten große Angst, dass er sich das Leben nehmen würde, und bemühten sich sehr um eine Beziehung zu ihm. Sie baten Jesus immer wieder, dass er diesen sündigen und zerbrochenen Mann wiederherstellen möge. John konnte zu dieser Zeit niemandem mehr in die Augen sehen. Wenn er sprach, war es nur ein kurzes Flüstern. Selbst wenn er in einer Gruppe war, stand er alleine in einer Ecke, zitterte am ganzen Leib und starrte auf seine Füße.

Im Zentrum seiner Verzweiflung stand die Erkenntnis seiner Sünde und Schuld, ohne jede Hoffnung auf Vergebung und Veränderung. Als ich John begegnete, war es für mich deutlich spürbar, dass er sich umbringen würde. Nur wenn Jesus schnell in sein Leben trat, könnte er Hoffnung schöpfen, seine Ewigkeit nicht in der Hölle zu verbringen. Diesen Brief habe ich geschrieben, um ihm nahezubringen, dass er durch das Kreuz gerecht gemacht werden und vor Gott bestehen kann.

● ● ● ●

Lieber John,

du bist verabscheuenswert. Jesus wusste, dass du eines Tages geboren würdest, und sagte, dass es besser wäre, einen Mühlstein um deinen Hals zu binden und ins Meer zu werfen (Lk 17,2).

Deine Verzweiflung und deine Selbstmordgedanken rühren daher, dass dir und deiner Umwelt deine wahre Natur bewusst geworden ist. In unserem kurzen Gespräch fielen mir diese typischen Psycho-Phrasen auf, die Gott widersprechen. Du suchst wie verrückt nach etwas Gutem in dir, an das du anknüpfen kannst, um einen besseren Menschen aus dir zu machen. Und du suchst jemanden, dem du die Schuld für das geben kannst, was du getan hast. Im Grunde versuchst du, dich zu rechtfertigen, indem du dich an alles Gute erinnerst, das du im Laufe deines Lebens getan hast. Das Problem ist nur, dass du damit dein Verbrechen nicht ungeschehen machen kannst, wie viel Gutes du auch dagegenhältst. Niemand hat dich dazu gezwungen, du hast die Entscheidung selbst getroffen. Es gibt niemanden, den du dafür verurteilen kannst, außer dir selbst.

Wie du selbst eingestanden hast, war der Grund für deinen Zusammenbruch eigentlich nicht deine Sünde an sich, sondern der öffentliche Schuldspruch des Richters. Dieses Wort „schuldig" klingt dir ständig in den Ohren, weil es dich als menschliches Wesen richtig beschreibt. Du kannst dich nicht länger über deinen Intellekt, deine Fähigkeiten, dein Einkommen, deine Spielzeuge, deine Autos, deine Kleidung oder deine Freunde definieren, denn dein Name und deine Adresse stehen nun für jedermann einsehbar auf der Webseite über Triebtäter, in einem Atemzug mit Sadisten, Vergewaltigern, Kinderschändern und anderem Abschaum der Gesellschaft. Aber die nackte Wahrheit ist, dass der Tag vor dem Richter nur ein Vorgeschmack darauf war, was dich einmal erwarten wird.

In der ganzen Bibel wird von Gott als dem König und Richter gesprochen. Als König herrscht Gott souverän über die ganze Schöpfung und es gibt keine Autorität, die über ihm steht. Als Richter ist Gott derjenige, vor dem wir einmal stehen werden, wenn der Tag des Jüngsten Gerichts gekommen ist. Römer 2,16 nennt ihn den *„Tag, an dem Gott durch Jesus Christus auch über die verborgensten Dinge im Leben der Menschen sein Urteil sprechen wird".* Wie bei deinem Prozess wirst du vor deinem Richter stehen. Dann werden deine geheimen Sünden bekannt werden, alle deine schlechten Gedanken, Worte und Taten, und dazu alles Gute, das du versäumt hast.

Anders als bei fehlbaren menschlichen Gesetzen und Richtern ist Gott durch und durch gerecht und richtet nach vollkommen gerechten Gesetzen. Das Alte Testament spricht vom Gesetz Gottes mehr als 600 Mal und das Neue Testament von Gottes Gerechtigkeit und Rechtschaffenheit an mehr als 200 Stellen.

Im Gegensatz zu Gott bist du ein ungerechter Gesetzesbrecher. Im Römerbrief sagt Paulus, dass Gott uns als sein Ebenbild geschaffen und uns sein Gesetz ins Herz geschrieben hat. Wir kennen das Gesetz durch unser Gewissen, das er uns gegeben hat (Röm 2,15). Deshalb bist du dir deiner Schuld so bewusst, obwohl du kein Christ bist. Dein Gewissen verurteilt dich pausenlos und deine Schlussfolgerung stimmt: Ja, du bist schuldig, schlecht und verdammenswert.

Wie viel schwerer wird deine Verurteilung sein, wenn du einmal vor Gott stehst und mit eigenen Augen siehst: *„Der ganze Himmel verkündet, dass Gott gerecht ist, er selbst hat den Platz des Richters eingenommen"* (Ps 50,6)! An dem Tag wirst du erkennen, dass deine Sünde (dein Zustand und dein Verhalten) sich nicht in erster Linie gegen Menschen richtete, sondern gegen Gott. In Psalm 51,6 sagt ein Mann, der sich wie du einer sexuellen Sünde schuldig gemacht hat: *„Gegen dich [Gott] allein habe ich gesündigt, ich habe getan, was böse vor dir ist! Darum hast du recht mit deinem Urteil, rein stehst du als Richter da."*[13]

John, du hast gegen einen gerechten und heiligen Gott gesündigt, der alles durch sein Wort geschaffen hat. Gott hat auch dich geschaffen, damit du so bist wie er. An dem Tag, an dem du mit den Händen, die Gott dir gemacht hat, um ihm zu dienen, ein minderjähriges Mädchen berührt hast, hast du dich gegen Gott versündigt. Aber genauso hast du es durch dein komplettes Leben. Du hast Dinge getan, die Gott dir durch das Gewissen verboten hat, das er dir zusammen mit der Bibel gegeben hat. Das nennt man *aktive Sünden*. Außerdem hast du *passiv* gesündigt, indem du vieles Gute *nicht* getan hast, wofür Gott dich geschaffen hat. Und selbst die guten Dinge, die du getan hast, sind größtenteils Sünde, denn sie geschahen oft aus Sucht nach Anerkennung. Gott kennt die Motive in unseren Herzen. Indem du nur zu deinem eigenen Vorteil gelebt hast, hast du Gott missachtet. Das erste Gebot lautet, den Herrn zu lieben. Du hast nur dich selbst geliebt.

Deine Sünde entspringt der „völligen Verderbtheit des Menschen", wie Theologen es ausdrücken. Damit möchte ich nicht sagen, dass du in allem, was du tust, verdorben bist. Oft könntest du viel schlechter handeln, als du es tatsächlich tust. Völlig verdorben zu sein bedeutet, dass deine Urahnen Adam und Eva von Gott vollkommen und gut geschaffen wurden, aber dann durch die Sünde zu Fall kamen. Deswegen ist dein Verstand so korrumpiert, dass du nicht mehr Gottes Gedanken denken kannst; dein Wille ist korrumpiert, sodass du dich nicht nach dem sehnst, was Gott sich für dich wünscht; und deine Gefühle sind korrumpiert, sodass deine Gefühle über dich, dein Leben und Gott oft nicht der Realität entsprechen. Die Bibel sagt in 1. Mose 1,31, dass Gott die Menschheit „sehr gut" geschaffen hat. Doch nun sind selbst die Spuren von Gottes Bild in dir durch deine verdorbene Natur verkorkst.

Verdorben sein heißt, völlig an dem vorbeizugehen, wozu Gott dich geschaffen hat. Paulus spricht von deinem Zustand mit harten Worten, wenn er in Epheser 2,1-2 sagt, dass du geistlich tot bist für Gott und lebendig für den Teufel. In Römer 8,7 schreibt er, dass dein Geist Gott so feindselig gegenübersteht, dass du es niemals wollen und schaffen kannst, Gott zu gehorchen. Du bist verdorben, tot und mit Gott im Clinch.

Angesichts dieser Verfassung und deiner Taten kann der drohende Gerichtstag dir nur ein Urteil zu ewigen Höllenqualen einbringen. Deine Schuld ist so offensichtlich, dass Gott seine Gerechtigkeit und Heiligkeit aufgeben müsste, um dich freizusprechen. Gott selbst sagt über sich, dass er kein Unrecht durchgehen lässt (2Mose 23,7). Und Sprüche 17,15 sagt: *„Schuldige freisprechen und Schuldlose verurteilen – beides kann der Herr nicht ausstehen."* Als ein schuldiger Sünder wäre es dir natürlich lieber, dass Gott über deine Sünde hinwegsieht. Doch das würde ihn unrecht und unheilig machen, und das ist bei Gott einfach unmöglich.

Als Schuldige erwarten wir gerne von Gott, dass er nachsichtig mit unserer Sünde umgeht, doch wenn andere sich *an uns* versündigen, werden wir zu den größten Heuchlern und fordern Gerechtigkeit für uns ein! So übersehen wir unsere eigenen Fehltritte, aber für die der anderen haben wir ein Gedächtnis wie ein Elefant. Deshalb kann es Klarheit schaffen, wenn wir die Situation aus der Perspektive des Opfers betrachten.

Stell dir mal vor, jemand bricht in dein Haus ein, verletzt dadurch zutiefst deine Privatsphäre, stiehlt deinen Besitz und verletzt jemanden, den du liebst, z.B. deine Mutter. Die Beweise gegen diesen Mann sind unwiderlegbar, doch trotzdem wird er einfach entlassen, die Anklage fallen gelassen und zur Krönung bekommt er auch noch eine lebenslange Rente, die für alle seine Kosten aufkommt. Weil du nach Gottes Bild geschaffen wurdest, würde etwas in dir nach Gerechtigkeit schreien.

Genauso ist es mit Gott. An ihm bist du dein ganzes Leben lang schuldig geworden und er verdient genauso Gerechtigkeit wie du. Weil er gerecht ist und du nicht, würde es ihn ins Unrecht setzen, deine Sünde zu übersehen, dich einfach so für gerecht zu erklären und zu seinem ewigen Festmahl in seinem Reich einzuladen.

Gott schuldet dir nicht das Geringste. Wenn du die Ewigkeit als verdammter Sünder in der Hölle verbringen würdest, wäre das nur angemessen. Hiob grübelt genau darüber nach und stellt eine der wichtigsten Fragen der Bibel: *„Doch wie kann ein Mensch in Gottes Augen schuldlos sein?"* (Hiob 9,2; Neues Leben).

Doch Gott sei Dank (!) bleibt es ja nicht dabei, dass Gott heilig und gerecht ist, sondern er ist auch barmherzig. Er liebt es zu vergeben und ist unglaublich geduldig. Mose hat er sich so offenbart: *„Jahwe, Gott, barmherzig und gnädig, langmütig und reich an Güte und Treue, der Gnade über tausend Generationen hin erweist, der Schuld, Vergehen und Sünde vergibt, aber keineswegs ungestraft lässt, der die Schuld der Väter an den Kindern und Enkeln bis in die dritte und vierte Generation verfolgt"* (2Mose 34,6-7; Neue Evangelistische Übersetzung).

Gott ist barmherzig und gnädig, geduldig, liebevoll und treu und möchte dir sehr gerne vergeben. Sein Dilemma ist: Wie kann er dich gerecht sprechen und selbst dabei gerecht bleiben?

Die Antwort ist das, was wir *Rechtfertigung* nennen. Diese Lehre bedeutet nach der Bibel: Der gerechte Gott kann einen Menschen tatsächlich gerecht sprechen, und zwar allein aus Gnade, allein im Glauben und allein durch das Werk und die Person Jesu Christi. Das war das große Thema der Reformation, an der sich die Geister schieden. Der große Gelehrte Johannes Calvin sah in der Rechtfertigung den Grundsatz der gesamten Erlösungslehre und das Fundament aller Religion und Martin Luther benannte sie als das Thema, mit dem die Kirche steht und fällt.

Die Frage, wie ein schuldiger Sünder von Gott für gerecht erklärt werden kann, ist so wichtig, dass das Wort „Rechtfertigung" auf die eine oder andere Weise alleine im Neuen Testament mehr als 200 Mal verwendet wird. Eine der besten Erklärungen über diese Rechtfertigung findet sich in 2. Korinther 5,21: *„Den, der ohne jede Sünde war, hat Gott für uns zur Sünde gemacht, damit wir durch die Verbindung mit ihm die Gerechtigkeit bekommen, mit der wir vor Gott bestehen können."*

Martin Luther hat diese großartige Aussage den „fröhlichen Wechsel" genannt. Am Kreuz hat Jesus deine Sünde auf sich genommen und ist zum Schlimmsten geworden, was du bist: ein Kinderschänder, Lügner und Feind Gottes. So hat er deinen Platz voll eingenommen und deine Strafe erlitten.

Ich möchte hier so deutlich wie möglich werden: Die Strafe für Sünde ist der Tod. Gott hat Adam im Garten Eden genau davor gewarnt, denn *„an dem Tage, da du von ihm isst, musst du des Todes sterben"* (1Mose 2,17). Auch Paulus sagt, dass die Menschen *„genau wissen, dass die, die so [sündig] handeln, nach Gottes gerechtem Urteil den Tod verdienen"* (Röm 1,32). Das Erstaunliche, das ich dir hier zu vermitteln versuche, ist, dass Gott selbst in der zweiten Person der Dreieinigkeit hingegangen ist, um deine Strafe auf sich zu nehmen. Weil Jesus sich für dich ans Kreuz schlagen ließ, wartet keine Strafe mehr auf dich oder irgendjemand anderen, der diese Bezahlung akzeptiert hat. Gott hat uns *„alle unsere Verfehlungen vergeben. Den Schuldschein, der auf unseren Namen ausgestellt war und dessen Inhalt uns anklagte, weil wir die Forderungen des Gesetzes nicht erfüllt hatten, hat er für nicht mehr gültig erklärt. Er hat ihn ans Kreuz genagelt und damit für immer beseitigt"* (Kol 2,13-14). Das Kreuz Jesu macht den Unterschied.

Am Kreuz hat Jesus nicht nur alle deine Sünden (aus Vergangenheit, Gegenwart und Zukunft) getragen, sondern schenkt dir auch seine vollkommene Gerechtigkeit, ohne Schuld und Tadel dazustehen. Deswegen ist Jesus die Antwort auf Hiobs Frage, wie ein Mensch gerecht vor einem heiligen Gott stehen kann. Darum sagt Paulus, dass Jesus allein unsere Gerechtigkeit ist (1Kor 1,30). Deshalb ist Rechtfertigung allein durch Gnade möglich, allein durch Jesus Christus, allein durch den Glauben an ihn allein. Nur Jesus!

Das bedeutet, dass du rein gar nichts zu deiner Rechtfertigung beitragen kannst. Als Jesus am Kreuz rief: *„Es ist vollbracht!"*, hat er alles Nötige für deine Rechtfertigung als erbracht erklärt. Deswegen spricht Titus 3,7 davon, dass wir *„durch Gottes Gnade für gerecht erklärt [sind]"*. Römer 5,16-17 spricht ebenso von diesem freien Geschenk, das im Gegenzug zur Sünde Adams nun den Freispruch bringt: *„Durch Jesus Christus werden jetzt die, die Gottes Gnade und das Geschenk der Gerechtigkeit in so reichem Maß empfangen, in der Kraft des neuen Lebens herrschen."*

Dieses Geschenk der Gerechtigkeit und Gerechtmachung kannst du nur im persönlichen Glauben empfangen. Gerechtfertigt zu werden bedeutet also, einzig und allein auf Jesus und sein Werk zu vertrauen und auf nichts und niemand sonst zu setzen. *„Jeder, der an ihn [Jesus] glaubt, wird von aller Schuld freigesprochen"* (Apg 13,39). Römer 4,3-5 erklärt es so:

> *Die Schrift sagt: „Abraham glaubte Gott, und das wurde ihm als Gerechtigkeit angerechnet." Wenn jemand durch eigene Leistungen für gerecht erklärt werden will, ist er wie ein Arbeiter, dessen Lohn auf der Grundlage des Geleisteten berechnet wird. Was er bekommt, bekommt er nicht aus Gnade, sondern weil man es ihm schuldet. Wenn hingegen jemand, ohne irgendwelche Leistungen vorweisen zu können, sein Vertrauen auf Gott setzt, wird sein Glaube ihm als Gerechtigkeit angerechnet, denn er vertraut auf den, der uns trotz all unserer Gottlosigkeit für gerecht erklärt.*

Und Römer 5,1 sagt es deutlich: *„Nachdem wir nun aufgrund des Glaubens für gerecht erklärt worden sind ..."*

Wahrscheinlich ist das Allerwichtigste für dich, mit allen Fasern deines Wesens zu verstehen und zu glauben, dass die Quelle deiner Rechtfertigung die Gnade ist und dein Glaube allein auf Jesus Christus ruht. Jesus ist einfach alles. Gib ihm deine Schuld in Buße und Glaube, komm zu ihm mit leeren Händen und lass dir seine Rechtfertigung schenken!

Schon Jesaja spricht über Jesus und wie wesentlich und wunderbar er ist (Jes 53,11; Neue Evangelistische): *„Nach seiner Seelenqual sieht er das Licht und wird für sein Leiden belohnt. Durch seine Erkenntnis wird mein Diener, der Gerechte, den Vielen Gerechtigkeit bringen; und ihre Vergehen lädt er auf sich."*

Und in Galater 2,16 heißt es:

> *Aber wir wissen jetzt, dass der Mensch nicht durch das Befolgen von Gesetzesvorschriften für gerecht erklärt wird, sondern nur durch den Glauben an Jesus Christus. Darum haben auch wir unser Vertrauen auf Jesus Christus gesetzt, denn wir möchten vor Gott bestehen können, und das ist – wie gesagt – nur auf der Grundlage des Glaubens an Christus möglich, nicht auf der Grundlage der Gesetzeserfüllung. Niemand steht durch das Befolgen von Gesetzesvorschriften vor Gott gerecht da.*

Römer 5,9 stellt heraus, dass deine Rechtfertigung durch den Tod Jesu erkauft wurde *(„aufgrund seines Blutes")*, während Römer 4,25 zusätzlich die Bedeutung der Auferstehung betont: Jesus ist der, *„der wegen unserer Verfehlungen dem Tod preisgegeben wurde und dessen Auferstehung uns den Freispruch bringt."*

John, trotz aller deiner Sünden hat Gott dir einen Weg geebnet! Dieser Weg ist Jesu Tod am Kreuz, stellvertretend für deine Sünden. Es wird der Tag kommen, an dem du sterben wirst (oder an dem Jesus wiederkommt). Dann wirst du vor Jesus stehen. Paulus spricht von diesem Tag:

> *Denn wir alle müssen einmal vor dem Richterstuhl von Christus erscheinen, wo alles offengelegt wird, und dann wird jeder den Lohn für das erhalten, was er während seines Lebens in diesem Körper getan hat, ob es nun gut war oder böse. (2Kor 5,10)*

Dieser Tag wird sich ganz ähnlich anfühlen wie der, als du vor dem menschlichen Richter gestanden hast und er dein Urteil verlesen hat. Aber wenn du noch in diesem Leben zu Christus findest, wird es ein herrlicher Tag werden, denn dann wird dort deine Rettung ausgerufen werden.

Lass es mich ganz deutlich sagen: Ich bin kein bisschen besser als du. Jakobus, Jesu eigener [Halb-]Bruder, schreibt in seinem Brief, dass Gott die Menschen nicht in gute und schlechte einteilt, sondern als vollkommen sündlos oder eben unvollkommen und sündhaft. Vor ihm stehen wir alle schuldig da – alle außer Jesus. Deshalb müsste ich genauso zur ewigen Hölle verurteilt werden. Doch weil Jesus für mich gestorben ist und an mir arbeitet, sodass mir Sünde immer mehr leid wird und Gehorsam lieb, bin ich mir tief in meinem Herzen sicher, dass ich dann gerecht gesprochen werde. Jesus hat meine Sünde weggenommen und mir seine Gerechtigkeit geschenkt.

John, ich weiß, wie viel Leid durch deine Sünde in dein Leben gekommen ist. Viele deiner Freunde, Verwandten und Kollegen wollen nichts mehr mit dir zu tun haben. Wo Kinder sind, bist du unerwünscht, ganze Häuserblocks wollen dich als registrierten Triebtäter nicht in ihrer Nachbarschaft haben. Aber bei Gott bist du willkommen! Er, der für dich gestorben und auferstanden ist, will dich rechtfertigen und mit dir eine ewige, lebensverändernde Beziehung eingehen, damit du eines Tages mit ihm auferstehen wirst und für immer mit ihm und seinem Volk leben wirst.

Vielen scheint das absurd. Das griechische Neue Testament verwendet sogar das Wort „Skandal" *(skandalon)*, um diese schockierend wunderbare Gnade zu beschreiben (Joh 6,61; Röm 9,33; 1Kor 1,23).

So bitte ich dich inständig: Geh ins Gebet und bekenne Jesus deine Sünden! Und dann bitte ihn, dir seine Rechtfertigung zu überschreiben, die er am Kreuz erkauft hat. Jesus wird dich mit Freude willkommen heißen und mit dir die Freundschaft eingehen! Aus seiner Freude und Kraft wirst du ein neues Leben führen, das er schon lange vorbereitet hat. Dein Leben wird immer mehr von seiner Heiligkeit geprägt sein, denn du wirst die Sünde hassen lernen, die Jesus so viel Leid bereitet hat. Sein Werk für dich wird deine Liebe für ihn wecken und du wirst immer mehr von dem Wunsch gepackt werden, so sein zu wollen wie er.

Zum Schluss noch zwei praktische Anregungen:

1. Es wird dir ein enormer Segen sein, wenn du dir Römer 3,21-31 einprägst. Wenn du Christ wirst, wirst du schnell merken, dass der Teufel dich andauernd für deine alten Sünden anklagen wird. Aber die Wahrheit, die in dieser Bibelstelle ausgesprochen ist, wird dir in allen Stürmen ein sicherer Anker sein.

2. Lukas 18,9-14 kann für dich ebenso bestärkend sein. Jesus erzählt dort das Gleichnis von einem Mann, mit dem du dich vielleicht gut identifizieren kannst. In der Geschichte gehen zwei Männer zum Gebet in den alttestamentlichen Tempel. Einer findet sich selbst ziemlich gerecht und sieht auf andere herab, die er als wesentlich unheiliger und ungerechter einschätzt. Doch damit liegt er total daneben. Der andere Mann erinnert mich sehr an dich. Er ist so gebrochen durch seine Sünde, dass er sich allein in eine Ecke stellt, wie du es in deiner Gemeinde gemacht hast. Vor lauter Scham starrt er zu Boden und kann genau wie du keinen Augenkontakt aufnehmen. Dann schlägt er sich auf die Brust und ruft in tiefer Reue:

„Gott, vergib mir sündigem Menschen meine Schuld!" Am Ende spricht Jesus ihm zu, was wohl auch dich unsagbar glücklich machen würde: *„Ich sage euch: Der Zolleinnehmer war in Gottes Augen gerechtfertigt, als er nach Hause ging, der Pharisäer jedoch nicht. Denn jeder, der sich selbst erhöht, wird erniedrigt werden; aber wer sich selbst erniedrigt, wird erhöht werden"* (V. 14).

Der erste Mann macht den typischen Kardinalfehler religiöser Menschen: Er glaubt, durch seine eigene Heiligung gerecht werden zu können. Er hält sein Leben für so gut und meint, sich bei Gott mit Almosen, Fasten, Gebet und guten Werken so weit zu revanchieren, dass dieser quasi gezwungen wäre, ihn anzunehmen. Der andere verwechselt nicht Rechtfertigung mit Heiligung, denn er hat in aller Demut verstanden, dass er nur durch Gottes Gnade gerechtfertigt werden kann. Dazu muss er bereuen, wer er ist und was er getan hat. Nur aus dieser Rechtfertigung heraus kann er dauerhaft in Heiligung leben und durch dieselbe Gnade Gottes, die ihm vom Kreuz her zufließt, immer mehr in das Wesen Jesu verwandelt werden.

Lieber John, das Gericht und dein Gewissen haben dich verurteilt, doch eines Tages wirst du von Christus verurteilt werden. Dein einziger Ausweg liegt darin, dass er selbst dein Urteil aufhebt. Geh in dich und erforsche dein Herz und Gewissen, ob du Jesus wirklich kennst und liebst. Prüfe dich, ob dein Glauben sich wirklich auf Jesus gründet und du ihm deine Schuld wirklich bekannt hast. Ist dir wirklich vergeben, bist du wirklich von Jesus gerecht gesprochen und lebst in diesem neuen Leben der Heiligung?

Ich weiß, dass du ernsthaft überlegt hast, dein Leben zu beenden. Dich bedrückt zutiefst, was du getan hast, und es hat tatsächlich den Tod verdient. Aber die Gute Nachricht ist, dass Jesus schon für deine Sünden gestorben ist. Mit ihm kannst du endlich deine Sünden begraben und in seiner Kraft ein ganz neuer Mensch werden. Jesus ist von den Toten auferstanden, er lebt und wartet auf dich, um von dir zu hören, mit dir zu sprechen und mit dir durchs Leben zu gehen bis in Ewigkeit, wo er nicht nur dein Richter, sondern auch dein Freisprecher sein wird.

Rückfragen zum Thema „Rechtfertigung"

Wenn Gott wirklich vergeben will, warum tut er es nicht einfach?

Sünde ist einfach etwas zu Reales. Wie entsetzlich sie ist, können wir daran sehen, dass Jesus dafür ans Kreuz gehen musste. Irgendwie ist uns bewusst, dass wir es wert sind, gerettet zu werden, weil wir nach Gottes Ebenbild geschaffen wurden. Aber wenn wir ehrlich sind, dann wissen wir auch, dass unsere Sünde sehr tief geht. Auf jeden Fall wissen wir das von den Sünden anderer. Unsere Wut darüber ist nur ein kleiner Vorgeschmack auf den Zorn Gottes. Wenn Gott einfach vergeben würde, würde sich nichts in uns ändern; wir würden ewig so bleiben, wie wir heute sind. Und das wäre mit Sicherheit ziemlich schrecklich.

Um diese Frage wirklich gut zu beantworten, muss man sie aus Gottes Perspektive betrachten. Er schuf eine perfekte Umgebung für Adam und Eva, er liebte sie und gab ihnen alles, was sie brauchten. Doch die Schlange forderte sie heraus, lieber ihre eigenen Entscheidungen zu treffen und nicht mehr Gott und seinen Vorgaben zu vertrauen. Die Menschen lehnten Gottes Autorität ab und setzten sich selbst an seine Stelle. Sie wollten lieber ihre eigenen Götter sein. Wenn Gott ihnen einfach vergeben hätte, dann hätte er sie als Sünder verteidigt und den Teufel als ebenbürtig akzeptiert.

Außerdem hätte Gott das Böse gefördert, indem er es passiv gewähren ließe. „Einfach vergeben" klingt erst einmal so gnädig, aber in Wahrheit gibt es Gottes Segen an Satan und das Böse und billigt Dinge wie Mord und Vergewaltigung, anstatt sie zu hassen. Gott ist gerecht, deswegen unterscheidet er zwischen Gut und Böse, indem er das Gute fördert und sich dem Bösen entgegenstellt. Bloße Vergebung würde Gottes Heiligkeit, Gerechtigkeit und Rechtschaffenheit zerstören. Weil Gott gut ist, kann er das Böse nicht billigen oder ignorieren, ebenso wenig wie die Folgen, die es bewirkt.

Es gibt eigentlich nur zwei Alternativen: Entweder die Schuld wird bezahlt oder das Böse hingenommen. Wenn die Schuld also bezahlt werden soll, gibt es zwei Möglichkeiten: Entweder der Sünder schmort ewig in der Hölle oder unser ewiger Gott Jesus Christus stirbt am Kreuz an unserer statt.

Der große Reformator Martin Luther hat das tief erfasst:

> *Weil [Jesus Christus] zum Stellvertreter für uns alle wurde und unser aller Sünde auf sich lud, auf dass er Gottes schrecklichen Zorn gegen Sünde trüge und unsere Schuld sühne, fühlte er notwendigerweise die Sünde der ganzen Welt, zusammen mit dem vollen Zorn Gottes, und danach die Schmerzen des Todes, den Lohn der Sünde.[14]*

Im Kreuz zeigt sich Gottes Sehnsucht danach, zu vergeben und zu heilen. Als Gott mit der ersten Sünde der Menschheit konfrontiert war, wurde er wirklich ärgerlich. Aber anstatt alles zu zerstören, was er geschaffen hatte, und mit uns für immer abzuschließen, rief er Adam und Eva zu sich, verhieß den künftigen Messias und bedeckte ihre Scham mit Kleidung (1Mose 3).

Nur am Kreuz kommt Gottes Verlangen, in Barmherzigkeit und Gnade zu vergeben und zu heilen, zusammen mit seiner völligen Gerechtigkeit. James Denney bringt es auf den Punkt:

Nichts sonst zeigt uns, wie real die Liebe Gottes zu den Sündern ist und wie real die Sünde der Menschen gegen Gott ist.[15]

Gott hat es „einfach getan" durch seinen Tod und seine Auferstehung. Wirst du es „einfach tun", indem du sein Geschenk des ewigen Lebens annimmst?

Sprüche 17,15 sagt: „Den Schuldigen gerecht zu sprechen und den Gerechten für schuldig zu erklären, beides ist für Jahwe ein Gräuel." Aber nach Römer 4,5 erklärt uns Gott „trotz all unserer Gottlosigkeit für gerecht". Ist das dann nicht ein Gräuel vor Gott?!

Deine Frage zielt darauf ab, wie ein gerechter Gott einen Sünder gerecht machen kann. Als Sünder werden wir ja auch nach unserer Rechtfertigung weiterhin sündigen. Aber Gott übersieht Sünde nicht und er tut auch nicht so, als ob es sie nicht gegeben hätte. Man sollte Gott nicht mit einem alten Großvater verwechseln, der über die Sünden seiner Enkel lächelt. Wenn er das täte, wäre das in der Tat für ihn ein Gräuel. Deswegen hat Gott die Strafe an Jesus vollstreckt, d. h. eigentlich an sich selbst. Seine Gerechtigkeit fordert, dass Sünde als solche behandelt wird. Doch in seiner Liebe nimmt Gott die Strafe dafür auf sich selbst. Am Kreuz sehen wir den beeindruckenden Beweis seiner Liebe wie auch seiner Gerechtigkeit.

[Das Alte Testament widerspricht hier nicht dem Neuen, da die Aussage in Sprüche 17,15 die Lage erklärt, wie sie ohne das Erlösungswerk ist: Gott kann den Schuldigen nicht gerecht sprechen. Genau deshalb war der Gang ans Kreuz wirklich notwendig. – *Anm. d. Übers.*]

Ich kann verstehen, dass Geldschulden von einem Stellvertreter übernommen werden können. Aber es kommt mir nicht richtig vor, wenn Johns moralische Vergehen auf einen anderen übertragen werden.

Ehrlich gesagt habe ich keine Ahnung, wie Gott das macht. Aber ich bin sicher, dass er es weiß und dass es geschieht. In unserem Rechtssystem gibt es keine Klausel dafür, moralische Vergehen eines Menschen auf einen anderen zu übertragen. Wenn du eines Verbrechens schuldig bist, dann musst du auch die Haftstrafe absitzen. Ich verstehe nicht, wie es funktioniert. Gott hat das *Wie* der Übertragung nicht erklärt.

Aber wir stoßen hier auf einen anderen wichtigen Aspekt: Die Wahrheit ist nicht begrenzt durch unser Fassungsvermögen. Gott kann Dinge tun und tut sie auch, die über unseren Verstand hinausgehen. Die Bibel spricht hier von Glauben. Aber biblischer Glaube ist nicht blind oder unwissend, sondern gründet sich auf das, was wir sicher über Gottes Wesen wissen.

Manchmal wissen wir nicht, wie Gott etwas erreicht, aber weil wir wissen, dass er gut ist, vertrauen wir ihm. Alle Beziehungen funktionieren so, wenn auch in geringerem Maße. Ich kann z. B. die Liebe meiner Frau zu mir nicht wirklich ermessen, mit der sie bei mir als sündigem Menschen bleibt, mit dem das Zusammenleben sicher oft nicht einfach ist. Trotzdem weiß ich, dass sie mich liebt, und ich vertraue darauf und baue mein Leben darauf. Genauso weiß ich nicht, wie Gott mich lieben kann und mir meine Sünden vergibt, aber ich weiß, dass Gott gerecht und gut ist, und so vertraue ich darauf, dass er meine moralische Schuld auf Jesus übertragen hat. Die Bibel sagt es so und ich weiß, dass Gott kein Lügner ist.

KAPITEL 6

„Mein Vater hat mich oft geschlagen!" – Jesus, Bills Propitiation (Zornstillung)

Das ist das Fundament der Liebe: nicht, dass wir Gott geliebt haben, sondern dass er uns geliebt und seinen Sohn als Sühneopfer für unsere Sünden zu uns gesandt hat.
1. JOHANNES 4,10

....

Bills Leben scheint wie eine Idylle: Er hat eine hübsche Frau, süße Kinder, eine gute Anstellung und seine Mitarbeit in der Gemeinde trägt einige Frucht. Als wir einmal zusammensaßen und Chicken Wings aßen, fragte ich ihn nach seiner Kindheit. Ich hatte vermutet, dass er aus einem christlichen Elternhaus stammte, das ihm die Basis für sein Gelingen gelegt hatte.

Bill sprach sehr liebevoll von seiner Mutter und seinen Geschwistern, aber ließ seinen Vater komplett aus. Ich wunderte mich darüber und hakte nach. Schlagartig veränderte sich sein Gesichtsausdruck und er sagte nur: „Mein Vater ist Christ." Es war offensichtlich, dass da mehr war, also fragte ich weiter.

Bill erzählte, dass sein Großvater ein gewalttätiger Trinker gewesen war, der regelmäßig Frau und Kinder verprügelte, einschließlich Bills Vater, als der noch ein kleiner Junge war. Mehr als einmal schlug er seine Kinder krankenhausreif. Wenn er betrunken nach Hause kam, rannten sie um ihr Leben, um sich im nahe gelegenen Wald zu verstecken. Viele Nächte schliefen sie draußen, damit ihr Vater sie nicht fand und schlug.

Mit andauernder Gewalt aufzuwachsen prägte Bills Vater tief. Als er später eine eigene Familie hatte, wurde er selbst zum Täter, der seine Frau an den Haaren durchs Haus schleifte. Wenn eines der Kinder sie beschützen wollte, wurde es genauso angeschrien, ins Gesicht geschlagen und zu Boden geschleudert. Manchmal trat er sogar noch nach ihnen, wenn sie wehrlos am Boden lagen, selbst nach den Mädchen.

Diese Gewalt konnte jederzeit ausbrechen, sodass Bill ständig unter Stress stand. Dazu verabscheute er die Gewaltausbrüche seines Vaters gegen seine Mutter und Geschwister so sehr, dass er sich ihm oft entgegenstellte und die volle Ladung an Gewalt abbekam. Er wollte so ehrbar sein und die Schläge auf sich nehmen, damit seine Mutter und Geschwister verschont blieben.

Das ging über viele Jahre so und Bill wuchs zu einem starken Mann mit einem enormen Sinn für Recht und Verantwortung heran. Seine Bitterkeit gegenüber seinem Vater wandelte er in Energie um, mit der er ehrgeizig „gute" Ziele verfolgte. Überall war er der Überflieger, sei es in der Schule, im Sport, auf der Arbeit oder auch religiös gesehen oder was er sich sonst noch widmete. Nach außen hin war er der unabhängige, „gute" junge Mann, aber innendrin steckte er voller Hass und Bitterkeit auf seinen Vater.

Als Bill das erste Mal aus dem Haus zog, war er gerade einmal drei oder vier Jahre alt. Er hasste seinen Vater so sehr, dass er sich im Garten eine Burg baute und sich entschied, alleine dort zu leben. Irgendwann kam seine Mutter und bat ihn unter Tränen, wieder ins Haus zu kommen. Aus Liebe zu seiner Mutter tat er es, aber sein Herz kehrte nie wieder in dieses Haus zurück.

Je älter Bill wurde, desto weniger Zeit verbrachte er zu Hause mit seiner Familie, bis er nach seinem Highschoolabschluss endgültig auszog. In seinen ersten Wochen auf dem College war er in einige Prügeleien verwickelt, aber er sah jede einzelne als gerechtfertigt an, weil er jedes Mal einen Tyrannen in seine Schranken weisen oder ein Unrecht rächen wollte.

Später im College fand Bill zu Jesus und sein Leben änderte sich völlig. Zum ersten Mal fühlte er, wie das Loch, das sein Vater in seinem Herzen hinterlassen hatte, von der Liebe Gottes erfüllt wurde. Von Anfang an hatte er den tiefen Wunsch, von der Bibel zu lernen und Gott als guten Vater zu ehren. Gott führte Bill zu einer guten Gemeinde, deren Pastor, ein sehr männlicher und wahrhaft frommer Mann, für ihn zu der irdischen Vaterfigur wurde, nach der sich Bill immer gesehnt hatte. Diese Mentorenbeziehung brachte auf vielen Ebenen Heilung in Bills Leben und gab ihm eine Ahnung davon, wie man ein liebevoller, beschützender Vater und Ehemann wird.

In den folgenden Jahren heiratete Bill eine liebe, tolle Christin, mit der er großartige Kinder hat. Er war stolz, dass der Kreislauf der Gewalt, der seine Familie seit Generationen zerstört hatte, mit ihm beendet war. Tatsächlich erhob er wirklich niemals seine Hand gegen seine Frau, doch er übersah, dass er sie oft verbal zusammenstauchte. Genauso unvermittelt wie bei seinem Vater brach plötzlich der Jähzorn aus ihm heraus. Weil er seinem Vater nie wirklich seine Brutalität und Ungerechtigkeit vergeben hatte, wucherte diese bittere Wurzel weiter in seiner Seele.

Eines Tages kam auch Bills Vater zum Glauben. Am Anfang reagierte Bill sehr misstrauisch, doch nach einiger Zeit war er überzeugt, dass sein Vater wirklich Jesus begegnet war. Er führte tatsächlich ein neues Leben der Umkehr und war, auch wenn er nun nicht perfekt war, nicht mehr der alte, gemeine, brutale Mann aus Bills Kindheit.

Einerseits war Bill wirklich froh zu sehen, wie sein Vater nun mit Jesus lebte und von ihm verändert wurde, andererseits wusste er nicht so recht, wie er darauf reagieren sollte. Seine Freunde meinten, dass er einfach seinem Vater vergeben und mit der Vergangenheit abschließen solle. Doch für Bill klang das abgedroschen. Er war nun selbst Vater und Ehemann und versuchte sich vorzustellen, wie er seine Frau an den Haaren herumschleift und sie beschimpft, seinen Söhnen ins Gesicht schlägt und seinen Töchtern in den Bauch tritt, nachdem er sie zu Boden geschleudert hat. Das erschütterte ihn zutiefst und er konnte nicht verstehen, wie ein Mann so etwas tun konnte. Dazu hatte er die ganzen Auswirkungen der Sünde seines Vaters im Leben seiner Familie vor Augen. Keiner von ihnen hatte je wirklich über die Qualen sprechen können, die sie unter ihrem Vater erlitten hatten, und jeder von ihnen war irgendwie gebrochen.

Die Vergangenheit auszulöschen und nach vorne zu schauen, als ob nichts passiert wäre, nur weil sein Vater sich bekehrt hatte, hieß für Bill, das Unrecht zu ignorieren. Mit diesen Gefühlen lag er ziemlich richtig, abgesehen von seiner Bitterkeit. Diesen Brief habe ich ihm geschrieben:

● ● ● ●

Lieber Bill,

ich danke dir sehr, dass du mir von deiner Kindheit und Familie erzählt hast. Ich weiß, dass es für dich als starken Mann nicht selbstverständlich ist, dich so verletzlich und transparent zu machen. Gott hat die Sünde, die dein Vater dir als kleiner Junge angetan hat, zu deinem Besten genutzt und aus dir einen starken und mutigen Mann gemacht, der einen ausgeprägten Sinn für Gerechtigkeit hat. Trotzdem ist es einfach schrecklich, was du durch deinen eigenen Vater erleiden musstest.

Als du mir deine Geschichte erzählt hast, wurde mir immer deutlicher, wie du versucht hast, der gute Junge zu sein, auf den sein Vater stolz sein könnte. Doch wie gut du es auch machtest, er zeigte nie Liebe für dich. Am meisten wehgetan hat mir die Episode, als du dein Zeugnis mit lauter Einsen[16] nach Hause brachtest. Du hast es stolz deinem Vater gezeigt, doch er hat nur gesagt: „Das nächste Mal wirst du bestimmt keine Einsen mehr haben. Irgendwann werde ich dich aus dem Knast abholen müssen, weil du so ein Versager bist." Es tut mir so leid, welche Schläge du alles durch seine Fäuste und seine Worte ertragen musstest. Ich bin Vater von fünf Kindern und kann mir kaum vorstellen, was ich damit anrichten würde, wenn ich eines von ihnen so dafür verspotten würde, dass es lauter Einsen nach Hause bringt.

In unserem Gespräch hast du gesagt, dass es dir sehr schwergefallen ist, deine Vergangenheit einfach hinter dir zu lassen, wo dein Vater nun Christ ist und nicht mehr gewalttätig. Zuerst schien mir das nur deiner Bitterkeit zu entspringen, aber als ich weiter darüber nachdachte, ging mir auf, was du damit sagen wolltest. Wenn ein Mann seine Familie dermaßen zerstört, ist das so verheerend, dass ein schlichtes „Entschuldigung" einfach nicht ausreicht, um die Latte an Sünden und angerichtetem Schaden ungeschehen zu machen.

Ich hoffe, dass ich deinen Konflikt, in dem du lebst, ein wenig entwirren kann, und möchte dazu mit dem Charakter Gottes beginnen. Die Bibel nennt Gott unseren Vater. Das bedeutet, dass Väter wie Gott handeln sollen, indem sie uns dienen, uns lieben, beschützen, versorgen, ermutigen und nach Gottes Vorstellungen erziehen. Außerdem ist Gott heilig und völlig ohne Sünde. Diesem Beispiel sollen wir Väter folgen. Dein Vater hat sich also sowohl an Gott als auch an dir und deiner Familie versündigt und damit den Namen „Vater" entehrt, den Gott Männern zukommen lässt, die Kinder haben.

Seine Sünde hat viel Schmerz und Leid über dich gebracht, wie auch die Tränen in deinen Augen und das Zittern in deiner Stimme zeigten. Als du davon sprachst, musste ich an 1. Mose 6,5-6 denken: *„Der Herr sah, dass die Menschen auf der Erde völlig verdorben waren … Das tat ihm weh, und er bereute, dass er sie erschaffen hatte."* Gott hat also für deinen Vater das Gleiche empfunden wie du.

Als wir miteinander sprachen, hast du auch erwähnt, wie sehr dich das Verhalten deines Vaters von ihm entfernt hat, sodass es keine Nähe zwischen euch gab. Als kleiner Junge hast du ihm sogar gesagt, dass du den Tag herbeisehnst, an dem du nie wieder sein Gesicht sehen und seine Stimme hören musst. Das erinnert mich an Jesaja 59,2, wo Gott sagt: *„Nein, eure Vergehen haben die Mauer gebaut, die zwischen euch und eurem Gott steht. Eure Sünden verhüllten sein Gesicht, dass er euch auch nicht anhören will"* (Neue Evangelistische Übersetzung). Du hast also so auf deinen Vater reagiert, wie Gott auf Sünder reagiert.

Und dann hast du davon gesprochen, dass du dir als Kind Hütten im Garten gebaut hast, weil du nicht mehr unter einem Dach mit deinem Vater leben wolltest und dich schon damals nach dem Tag gesehnt hast, an dem du ausziehen könntest und nie wieder zurückkehren würdest. Lieber

Bill, Gott empfindet über Sünder genau das Gleiche (Ps 5,5; Neue Evangelistische): *„Du bist kein Gott, dem das Unrecht gefällt, bei dir darf der Böse nicht bleiben."*

Deine Reaktion auf deinen sündigen Vater war Gott also sehr ähnlich! Doch in unserem Gespräch wurde deutlich, dass deine Wut auf deinen Vater dir trotzdem noch sehr zu schaffen macht. Wahrscheinlich hast du viel zu flache Lehre von diesen zahmen Christen bekommen, die meinen, dass Wut immer schlecht sei und gute Christen immer nett sein müssten und niemals wütend würden. In Wahrheit ist Wut genau die richtige Reaktion auf Böses, Ungerechtigkeit und Unterdrückung, die uns dazu bringt, alles zu tun, um das Unrecht zu bekämpfen und die Schwachen zu beschützen, wie du es für deine Mutter und deine Geschwister getan hast.

Es war richtig, als kleiner Junge wütend auf deinen Vater zu sein. Dadurch konntest du seinem Unrecht entgegentreten und den Rest der Familie beschützen. Wut kann eine echte Tugend sein, was erklärt, warum auch Gott über Sünde wütend wird. Die Bibel ist voll davon, wie Gott sich über Sünder ärgert. Man könnte z. B. 3. Mose 26,27-30, 4. Mose 11,1 oder 5. Mose 29,26 lesen, die Gottes Zorn als feindlich, lodernd und aufgebracht beschreiben.

Diese schlaffen Gemeindejüngelchen sehen zwar meist den Zorn Gottes im Alten Testament, aber Jesus beschreiben sie als genauso nett, emotionslos und verweichlicht wie sie selbst, der stets ein seichtes Lächeln aufsetzt. Doch selbst Jesus wurde ärgerlich, wütend und zornig: *„Er sah sie der Reihe nach an, voll Zorn und zugleich tief betrübt über ihr verstocktes Herz"* (Mk 3,5). Und auch das Bild, das Offenbarung 19 von Jesus malt, wie er als Krieger mit einem Schwert in der Hand und einem Tattoo am Bein heimkehrt, auf einem weißen Pferd reitend und alle Übeltäter niedermetzelnd, bis ihr Blut wie ein Fluss durch die Straßen fließt, ist nicht gerade vereinbar mit dem verbreiteten Bild vom netten Jesus, dem jeder Sinn für gerechten Zorn fehlt.

Wenn ich so über Gottes Zorn spreche, muss ich aufpassen, dass ich uns nicht die Erlaubnis dafür erteile, einfach auszurasten. Das ist Sünde – genau die Art von Sünde, die dein Vater immer wieder begangen hat. Weil Gott vollkommen ist, ist auch sein Zorn vollkommen und kommt daher langsam auf (2Mose 34,6-8), wird manchmal abgewendet (5Mose 13,18), oft verzögert (Jes 48,9) und meist gezügelt (Ps 78,38).

Gott wird zornig, weil er Sünde hasst (Spr 6,16-19; Sach 8,17). Leider wird in christlichen Kreisen oft gesagt, dass Gott die Sünde hasst, aber den Sünder liebt. Das ist genauso Unsinn, wie zu sagen, dass Gott Vergewaltigungen hasst, aber Vergewaltiger liebt. Als ob man die beiden Dinge so sauber auseinanderdividieren könnte. Es war kein biblischer, von Gott inspirierter Autor, sondern der Hinduist Gandhi, der in seiner 1929 erschienenen Autobiografie den Satz prägte: „Liebe den Sünder, aber hasse die Sünde!"

Die Liebe Gottes ist wirklich wahr. Aber sie ist von den meisten Christen so sehr überbetont worden, dass man sich manchmal fragt, ob nun Gott die Liebe ist oder nicht eher die Liebe Gott. Die ungeschminkte Wahrheit ist, dass Gott manche Sünder gleichzeitig hasst *und* liebt. Dazu ein paar Bibelstellen:

Niederträchtige duldest du nicht in deiner Gegenwart. (Ps 5,5)

Ja, der Herr prüft den, der nach seinem Willen lebt. Doch wer sich von Gott abwendet und Gewalt liebt, den hasst er aus tiefster Seele. (Ps 11,5)

Schon in Gilgal hat sich ihre Bosheit enthüllt, dort habe ich gelernt, sie zu hassen. Wegen ihrer schlimmen Taten vertreibe ich sie aus meinem Haus. Ich kann sie nicht mehr lieben, denn Aufrührer sind ihre Führer. (Hos 9,15; Neue Evangelistische)

Dasselbe geht aus der anderen Stelle hervor, wo Gott sagt: „Ich liebe Jakob, Esau aber hasse ich." (Röm 9,13; Gute Nachricht)

Gottes Wut gegen Sünde und sein Hass auf Sünder bringt ihn dazu, seinen Zorn über die Sünder auszugießen, die sich nicht ändern wollen. Diese Lehre ist heutzutage nicht mehr so geläufig wie in früheren Jahrhunderten, aber das ändert nichts an der Tatsache, dass alleine das Alte Testament fast zwanzig verschiedene Wörter kennt, um den Zorn Gottes zu beschreiben, und das ungefähr an 600 Stellen. Außerdem spricht die Bibel davon, dass Gottes Zorn beiden Geschlechtern gilt, weil beide gesündigt haben (2Mose 22,22-24; Hes 16,38).

Im Neuen Testament erscheint der Zorn Gottes ungefähr 25-mal (z. B. Joh 3,36; Eph 5,6; Kol 3,6 und 1Thess 1,9-10). Auch Jesus wird Zorn über Menschen ausgießen, sodass sie *„die Berge und Felsen an[flehen]: ‚Fallt doch auf uns, und verbergt uns vor den Blicken dessen, der auf dem Thron sitzt, und vor dem Zorn des Lammes! Denn jetzt ist er da, der furchtbare Tag, an dem ihr Zorn über uns hereinbricht. Wer kann da noch bestehen?'"* (Offb 6,16-17). Es ist also nicht nur der Vater, der seinen Zorn über hartnäckige Sünder ausgießt, sondern genauso Jesus Christus.

An dieser Stelle ist der Protest normalerweise groß. Gott könne niemanden hassen, weil er doch Liebe sei. Aber die Bibel spricht häufiger von seinem lodernden Zorn als von seiner barmherzigen Liebe. Gerade *weil* er Liebe ist, muss er alles hassen, was böse ist und Böses tut, denn es greift genau das (und die!) an, was (und die!) er liebt.

Deswegen ist dein Zorn und Hass auf deinen Vater gerechtfertigt. Das ist eine gesunde Reaktion darauf, mitanzusehen, wie er deine geliebten Familienmitglieder verprügelt. Dennoch hast du in einem geheimnisvollen Konflikt nicht aufgehört, deinen Vater zu lieben – so wie Gottes Liebe zu Sündern niemals aufhört, selbst wenn sie nicht umkehren und er sie gleichzeitig hassen muss.

Selbst unter den Christen, die sich der Bibel verschrieben haben, wird kaum noch vom Zorn Gottes gesprochen. Zorn gilt generell als hart und irrational, auch wenn er sich gegen wahre Ungerechtigkeit richtet und in echter Gerechtigkeit ausgedrückt wird. Einer der bekanntesten Pastoren in ganz Amerika hat z. B. wiederholt gesagt, dass er nicht von Gottes Wut und Zorn gegenüber menschlicher Sünde redet, weil es so negativ klingen würde. Das kommt zum Teil sicherlich von einem Mangel an Gottesfurcht und dem weitverbreiteten Missverständnis darüber, wie Gottes Zorn arbeitet.

Um in das Thema einzusteigen, will ich dir als Erstes bewusst machen, dass Gottes Zorn sowohl aktiv als auch passiv wirkt. Viele denken bei Gottes Zorn nur an den aktiv handelnden, unmittelbar bestrafenden Zorn, der wie ein Blitz vom Himmel auf sie herabkommt, wenn sie am Computer sitzen und Pornos gucken. Gott kann seinen Zorn tatsächlich so aktiv einsetzen und ich denke, dass er es manchmal auch tut.

Ein junger Mann erzählte mir z. B. einmal, dass sein Vater als Pastor gerade seine Gemeinde, seine Frau und seine minderjährigen Söhne verlassen hatte, um in einer homosexuellen Affäre mit einem Mann zu leben, den er im Internet kennengelernt hatte. Er sagte seinen Söhnen, dass es keinen Gott gäbe, dass Jesus nicht von den Toten auferstanden sei und dass es keine Bestrafung für Sünde gebe. Seine Söhne stürzten in eine schwere Glaubenskrise und bekamen große Zweifel. Ihr Vater sagte ihnen immer wieder, dass er zum ersten Mal in seinem Leben wirklich glücklich sei. Nun fragten die Jungen sich, ob Gott überhaupt existiere und wenn ja, ob er sich um sie scherte. Die ganze Gemeinde machte diese Krise durch. So betete ich mit einem der Söhne, dass Gott ihren Vater entweder zur Buße bewegt oder seinen Zorn über ihm ausgießt, um ein Exempel zu statuieren. Innerhalb weniger Tage starb der Vater an plötzlichem, unerklärlichem Herzversagen.

Auch wenn wir den kausalen Zusammenhang zwischen dem frühen Tod und Gottes Zorn nicht eindeutig feststellen können, so fällt doch auf, wie sehr die Ereignisse 1. Mose 38 ähneln, wo Gott die beiden Söhne Judas tötet, weil sie so verdorben sind.

Es stimmt also, dass Gott durch diese aktive Seite seines Zorns wirken kann. Doch viel häufiger wirkt er durch seinen indirekten, passiven Zorn, der immer da am Werk ist, wo Gott uns unseren sündigen Wünschen überlässt und uns so leben und handeln lässt, wie wir es wollen. Paulus sagt es so (Röm 1,18.24.26):

> Gott lässt nämlich auch seinen Zorn sichtbar werden. Vom Himmel her lässt er ihn über alle Gottlosigkeit und Ungerechtigkeit der Menschen hereinbrechen. Denn mit dem Unrecht, das sie tun, treten sie die Wahrheit mit Füßen. (…) Deshalb hat Gott sie den Begierden ihres Herzens überlassen und der Unsittlichkeit preisgegeben, sodass sie ihre eigenen Körper entwürdigten. (…) Aus diesem Grund hat Gott sie entehrenden Leidenschaften preisgegeben.

Als kleiner Junge, der versucht hat, seinem Vater Einhalt zu gebieten, um seine Mutter und Geschwister zu verschonen, hast du auch versucht, deinen aktiven Zorn über deinem Vater auszuschütten. Doch weil du kleiner warst als dein Vater, hat er dich jedes Mal überwältigt und du hast die Schläge abbekommen. Das Unrecht hat dich immer mehr in Rage gebracht.

Teil deiner Frustration bezüglich deines Vaters und Gott ist, dass du dir sehnlichst gewünscht hast, dass Gott seinen Zorn auf deinen Vater ausgießt, und du dich nun irgendwie von Gott verraten fühlst. Aber Gottes passiver Zorn auf deinen Vater war jahrelang da. Dein Vater hat ohne die verändernde Kraft Jesu gelebt, deshalb konnte er nichts als Sünde und Zerstörung in eure Familie bringen. Das war der Tod für seine Beziehungen zu euch; jeder hat gelitten, niemand war gesegnet, auch er selbst nicht.

Dazu musst du erkennen, dass Gottes aktiver Zorn nicht nur über deinen Vater hätte kommen können, sondern genauso über dich selbst. Wie dein Vater bist auch du ein Sünder. Du hast viele Pornos geguckt, mit deinen Freundinnen geschlafen und warst mehr als einmal unverhältnismäßig brutal, wenn du jemanden verprügelt hast, nur weil er dir auf die Nerven gegangen ist. Darin bist du nicht besser als dein Vater. Und deine Frau hast du zwar nie geschlagen, aber du hast selbst eingestanden, dass du dich verbal und emotional an ihr vergriffen hast, wenn du sie mit Worten statt mit Fäusten geschlagen hast. So sitzt du mit deinem Vater auf der gleichen Bank.

Außer Jesus, der niemals eine Sünde getan hat, verdienen überhaupt *alle* Menschen den aktiven Zorn Gottes und *niemand* Liebe, Gnade und Barmherzigkeit. Ein Beispiel dafür sind die gefallenen Engel, die zu Dämonen wurden. Auf sie wartet keine Chance zur Vergebung, sondern nur der aktive Zorn Gottes (2Petr 2,4). Mit ihnen haben auch die reuelosen Sünder Gottes lodernden Zorn für immer gegen sich (5Mose 32,21-22; Joh 3,36; Eph 5,6; Offb 14,9-11). Der Ort, an dem Gottes unendlicher aktiver Zorn lebt, ist die Hölle, von der Jesus öfter als jeder andere in der Bibel gesprochen hat. Die Hölle ist ein ewiger Ort voller Schmerzen und Qualen, wie wenn man verprügelt, geschlachtet und verbrannt wird (Mt 8,11-12; 8,29; 18,8-9; 24,50-51; 25,41; Mk 1,24; 5,7; 9,43-48; Lk 12,46-48; 16,19-31; Offb 14,10).

Doch von den Menschen, die das Kreuz für sich in Anspruch nehmen, hat Gott seinen aktiven Zorn weggenommen. Gott ist barmherzig; Jesus hat unseren Platz eingenommen und unsere Sünde getragen und somit auch den Zorn Gottes, der auf uns lag. Zwei Stellen der Bibel sprechen ganz deutlich davon:

> *Deshalb kann es jetzt, nachdem wir aufgrund seines Blutes für gerecht erklärt worden sind, keine Frage mehr sein, dass wir durch ihn vor dem kommenden Zorn Gottes gerettet werden. (Röm 5,9)*

> *Ihr [habt] euch von den Götzen abgewandt und dem lebendigen und wahren Gott zugewandt ... Jesus, den er von den Toten auferweckt hat und der uns vor dem kommenden Gericht rettet. (1 Thess 1,9-10)*

Die [englische] Bibel benutzt das Wort *propitiation* („Zornstillung"), um zu beschreiben, wie Jesus den aktiven Zorn unseres zu Recht zornigen Gottes von uns nimmt, sodass wir nicht mehr gehasst, sondern nun geliebt werden. Das *American Heritage Dictionary* definiert *propitiation* als das, was „eine beleidigte Macht versöhnt" oder beschwichtigt, „besonders eine Opfergabe an einen Gott".

Viele [englischsprachige] Christen sind mit diesem Wort nicht vertraut, weil die Bibelübersetzungen verschiedene Wörter benutzen, um seine Bedeutung zu erfassen, z. B. *expiation* („Reinigung" – *Revised Standard Version* und *New English Bible)* oder *sacrifice of atonement* („Sühneopfer" – *New International Version* und *New Revised Standard Version). Die English Standard Version* hat das alte Wort *propitiation* übernommen.

[Das Wort „Propitiation" hat im Deutschen keine direkte Entsprechung.[17] Die vom Autor angeführten Bibelstellen sind auf Deutsch mit „Sühne(-opfer/-deckel/-ort)" bzw. „sühnen" wiederzugeben und in anderen englischen Übersetzungen mit *atonement* übersetzt.[18] Sprachgeschichtlich stammt das Wort aus dem Lateinischen: *propitiare* = „*propitius* machen"; *propitious* = „angenehm, gnädig, freundlich".[19]

„Zornstillung" ist eine Wortschöpfung der Übersetzer, um das Anliegen des Autors vermitteln zu können. Im englischsprachigen Raum toben um den Begriff *propitiation* heftige theologische Kämpfe zwischen Konservativen und Liberalen, die im deutschsprachigen Raum ähnlich anhand des Begriffes „stellvertretender Sühnetod" geführt werden. Kern der Auseinandersetzungen ist dabei die Frage, warum Jesus wirklich sterben musste und wie Gott auf Sünde reagiert. Weckt Sünde wirklich den Zorn Gottes, der mit einem Sühneopfer gesühnt werden muss? Die Bibel sagt dazu ganz klar Ja. – *Anm. d. Übers.]*

Hier nun die vier wichtigsten Bibelstellen, in denen [in manchen englischen Übersetzungen] das Wort *propitiation* [dt. Entsprechung von den Übersetzern fett gesetzt] vorkommt, damit du sie in ihrem Zusammenhang sehen kannst.

Denn alle haben gesündigt, und in ihrem Leben kommt Gottes Herrlichkeit nicht mehr zum Ausdruck, und dass sie für gerecht erklärt werden, beruht auf seiner Gnade. Es ist sein freies Geschenk aufgrund der Erlösung durch Jesus Christus. Ihn hat Gott vor den Augen aller Welt zum **Sühneopfer** *für unsere Schuld gemacht. Durch sein Blut, das er vergossen hat, ist die Sühne geschehen, und durch den Glauben kommt sie uns zugute. Damit hat Gott unter Beweis gestellt, dass er gerecht gehandelt hatte, als er die bis dahin begangenen Verfehlungen der Menschen ungestraft ließ. (Röm 3,23.25)*

Ihnen, seinen Brüdern und Schwestern, musste er in jeder Hinsicht gleich werden. Deshalb kann er jetzt als ein barmherziger und treuer Hoherpriester vor Gott für sie eintreten – ein Hoherpriester, durch den die Sünden des Volkes **gesühnt werden.** *(Hebr 2,17)*

Er ist durch seinen Tod zum **Sühneopfer** *für unsere Sünden geworden, und nicht nur für unsere Sünden, sondern für die der ganzen Welt. (1Joh 2,2)*

Das ist das Fundament der Liebe: nicht, dass wir Gott geliebt haben, sondern dass er uns geliebt und seinen Sohn als **Sühneopfer** *für unsere Sünden zu uns gesandt hat. (1Joh 4,10)*

Dieser letzte Vers ist unglaublich wichtig und klingt in Johannes 3,16 und Römer 5,8 an. Er sagt, dass Gottes Liebe gerade *nicht* abwesend war, als Gottes gerechter Zorn über die Sünde auf Jesus kam, sondern genau dort sichtbar wurde, wo Jesus den Zorn Gottes stillte. Das ist Propitiation.

Ich weiß, dass das schwierig für dich zu verstehen sein wird, aber Jesus hat das, was du erfahren hast, auch erlebt und noch viel tiefer. Auch er wurde verhöhnt und geschlagen, obwohl er ohne jeden Fehler war. Auch er hat sich bereitwillig hingegeben für die, die er liebte und retten wollte. Siehst du, wie du schon als kleiner Junge einen Sinn für das Evangelium hattest? Gott hat dich als sein Ebenbild geschaffen, und als du zwischen deinem

Vater und deiner Mutter mit Geschwistern standst und Schläge auf dich genommen hast, die du nicht verdient hattest, hast du ein Stück weit das nacherlebt, was Jesus erlitten hat.

So gibt es eine Parallele zwischen dem Leiden Jesu und deinem Leiden, denn beide geschahen durch die Hand eures Vaters. Aber natürlich gibt es auch beträchtliche Unterschiede: Jesus war ohne Sünde, du bist voll davon. Gottes Zorn war gerechtfertigt, der Zorn deines Vaters war ungerecht. Ohne also Gott den Vater falsch darzustellen, möchte ich doch, dass deine schrecklichen Kindheitserlebnisse dir dabei helfen, dich mehr und mehr mit dem Leiden Jesu am Kreuz zu identifizieren.

Andererseits ist nicht nur dein Vater ein Sünder, dessen Auflehnung gegen Gott Sühne braucht, sondern du genauso. Jesus hat nicht nur *wie du* gelitten, sondern auch *unter dir*. Seine Liebe, mit der er die Brutalität am Kreuz erduldet hat und die du als kleiner Junge nachgeahmt hast, ohne es zu wissen, galt nicht nur deinem Vater, sondern genauso dir.

Deshalb musst du deinem Vater nicht einfach vergeben, nur weil er Christ geworden ist. Du sollst ihn aber auch nicht bestrafen für das, was er getan hat. Im Kreuz reichen sich Gerechtigkeit und Gnade die Hand. Jesus ist nicht *trotz* deines Vaters Sünden für ihn gestorben, sondern *wegen* seiner Vergehen, damit sie gesühnt und weggenommen werden. Damit Propitiation geschieht – Sühne, die Gottes Zorn stillt. Als Christ kannst du auf das Kreuz schauen und sehen, dass dort der Gerechtigkeit für euch beide Genüge getan wurde. Deshalb muss dein Vater nicht mehr bezahlen und du auch nicht.

Ich will das mit dem Sühneakt am Großen Versöhnungstag (Jom Kippur) veranschaulichen, einem der zentralen Ereignisse im Alten Testament, das durch die Bestimmungen in 3. Mose geregelt war. Dieser Festtag war der wichtigste im ganzen Jahr und widmete sich ganz dem Problem der Sünde zwischen Menschheit und Gott. Er hat viele prophetische Elemente, von denen eines besonders heraussticht: Zwei gesunde, makellose Ziegenböcke wurden ausgesucht, um vollkommene Sündlosigkeit darzustellen. Dann schlachtete der Hohepriester einen der Böcke und machte ihn damit zum Stellvertreter für die Sünder, die eigentlich einen brutalen, blutigen Tod verdienten. Das war also das Sündopfer. Der Priester schlachtete den unschuldigen Bock und sprenkelte einen Teil des Blutes an den Gnadenthron, der auf der Bundeslade im Allerheiligsten des Tempels stand. Doch nachdem der Bock nun also die Sünden des Volkes übertragen bekommen hatte, war er ja nicht mehr sündlos, sondern wurde zu dem Leben, das gegeben werden muss, um die Schuld der Sünde zu bezahlen.

Nun war der Ort, an dem Gott wohnte, von dem Schmutz gereinigt, den die Übertretungen der Israeliten über ihn gebracht hatten. So wurde Gottes Zorn gestillt. Der blutige Tod des Bocks am Versöhnungstag symbolisierte die Propitiation oder Sühne und kündigte Jesu stellvertretenden Sühnetod an.

Ich weiß, dass du Jesus für seine Sühne und Reinigung von Herzen dankbar bist. Aber du musst erkennen, dass er das alles auch für deinen Vater getan hat. Dein Vater ist ernsthaft zum Glauben an Jesus gekommen. Er hat seine Sünden bekannt und bereut, hat dich mit Tränen in den Augen um Vergebung gebeten und Hilfe gesucht, um sich zu ändern. Nun ist er ein Mann, der mit Jesus ein neues Leben lebt.

Ich bin mir bewusst, dass dein Vater dir unglaublich Schreckliches angetan hat. Aber Jesus hat deinem Vater vergeben und seine Sünde getragen, *deshalb* musst du deinem Vater vergeben. Jesus war sein Opfer, sein „Sündenbock", also lass deine Wut los. Du hast das gleiche Geschenk bekommen, also wäre es nicht fair von dir, die Gnade anderen zu verweigern, die du selbst genießt.

Ich weiß, wovor du Angst hast: Dass alles, was dir als Kind angetan wurde, plötzlich nur noch wie eine Lappalie wirkt. Doch Gott ist souverän und gut und hat dir durch deine traumatischen Erlebnisse den tiefsten Einblick in dieses zentrale Geschehen der Propitiation oder Zornstillung geschenkt, der mir je begegnet ist. Aus Liebe zu deiner Mutter hast du dich vor sie gestellt und für sie gelitten, genau wie Jesus sich vor *dich* gestellt hat. Deswegen macht das Kreuz für dich vollkommen Sinn, denn es trifft mitten hinein in das, was du seit deiner frühen Kindheit gewesen bist.

Zuletzt möchte ich dir ans Herz legen, dich immer daran zu erinnern, dass Gott dich niemals ungerecht behandelt. Wenn dein Leben schwierig wird, könntest du leicht der Täuschung erliegen, dass Gott dich nun wie dein leiblicher Vater behandelt und ungerecht bestraft. Aber die harten Zeiten kommen daher, dass wir in einer gefallenen Welt leben (und von unserer Sünde und den Sünden, die gegen uns begangen werden). Doch Gott sei Dank (!), der sogar die Schwierigkeiten in deinem Leben dazu gebraucht, dich als seinen geliebten Sohn für deinen Dienst zu stärken. Und wenn er dich einmal maßregelt, so wird er es nie barsch und irrational tun, sondern mit dem Ziel, dass du erkennst, wo du dich auflehnst und falsch liegst. Und selbst dann wird er nicht aufhören, dich zu lieben, oder dich verlassen, denn er ist der vollkommen liebende Vater.

Gott der Vater ist genau der Papa, den du immer gebraucht hast und den auch dein Vater immer gebraucht hat. Weil am Kreuz der wütende Zorn Gottes nicht auf euch gekommen ist, sondern auf Jesus, könnt ihr beiden nun Freunde werden. Durch das Kreuz Jesu seid ihr Vater und Sohn. Ich preise Gott dafür, dass er euch beide gerettet hat, obwohl sein

Vater deinen Vater geschlagen hat und er dich, denn jetzt haben deine Kinder einen Vater und einen Großvater, die ihre Hände nicht erheben, um ihnen wehzutun, sondern um Gott anzubeten. Jesus hat euch beide erlöst, er ist eure Propitiation.

Rückfragen zum Thema „Propitiation" (Zornstillung)

Ist das nicht nur eine Vorstellung hartherziger Menschen, die sich daran erfreuen, wenn Menschen, die sie nicht mögen, unter Gottes Zorn leiden müssen?

Niemand würde den anerkannten Theologen Karl Barth beschuldigen, ein hartherziger Fundamentalist gewesen zu sein. Aber auch er glaubte, dass Jesus „nicht nur die menschliche Feindschaft gegen Gottes Gnade erlitten und in ihrer ganzen Tiefe zur Offenbarung gebracht [hat]. Sondern er hat viel Größeres erlitten: den gerechten Zorn Gottes gegen die, die seiner Gnade feind sind, der uns treffen musste."[20]

Es ist wahr, dass Menschen ihre Wut und ihren Zorn oft auf sündhafte Weise ausleben. Doch nur, weil etwas missbraucht wird, sollte es nicht gleich aufgegeben werden, sondern stattdessen erlöst werden. Auch das Wort „Liebe" wird von unserer Kultur häufig völlig falsch verwendet, z. B. für Unzucht, Ehebruch und Perversion. Aber die Antwort darauf lautet nicht, die Liebe aufzugeben, sondern sie zu erlösen.

Wir können Dinge nur erlösen und auf ihren ursprünglichen, gottgemeinten Zweck zurückführen, indem wir immer wieder zur Schrift zurückgehen. Dort zeigt Gott uns mit aller Geduld die Wahrheit. Über Wut und Zorn erfahren wir, dass Gottes Ärger über Sünde vollkommen und schön ist, denn er liebt das Wahre, Schöne und Gute, das durch die Sünde bedroht und zerstört wird. Die Schrift offenbart uns auch, dass Gott am Kreuz seinen Zorn nicht nur an Sündern ausgelassen hat, sondern auch an sich selbst, um in Liebe für sie zu leiden und zu sterben. Darin sind Gottes Wut und Zorn wie auch seine Liebe und Gnade zur Erfüllung gekommen und zeigen einen Gott, der alles andere ist als hartherzig.

Warum ist dir das Wort *propitiation* so wichtig?

[…] *Propitiation* ist [im Englischen] ein heute nicht mehr geläufiges Wort. Aber es ist der einzige Begriff, der transportiert, dass in der Übernahme der Schuld Zorn befriedigt wird, der durch die Sünde geweckt worden war. Andere Übersetzungen geben die Stellen mit „sacrifice of atonement" *(New*

International Version, New Revised Standard) oder „sacrifice for sin" wieder *(New Living Translation)*, während das ursprüngliche [frühere englische] Wort „propitiate" lautet.

Schlimmer sind die *Revised Standard Version* und die *New English Bible*, die „expiation" (Reinigung) statt „propitiation" verwenden, denn sie verändern den Sinn des Verses, der dann nicht mehr von Strafe für die Sünde handelt. Reinigung und Zornstillung hängen zusammen, aber sind voneinander klar zu unterscheiden, sonst begeht man einen schweren theologischen Fehler.

Die meisten Varianten, die als Synonyme eingesetzt werden und den Aspekt des Zornes Gottes ausblenden, sind den Durchschnittsamerikanern ebenso wenig geläufig. Deswegen sollten wir den Begriff beibehalten und uns die Zeit nehmen, seine Bedeutung zu erklären. In unserer Kultur verstehen die meisten Menschen leider nicht einmal mehr die grundlegendsten Wörter der Bibel wie *Jesus, Wahrheit* und *Sünde*. Wenn wir damit anfangen, alle Wörter aus der Bibel zu streichen, die die Menschen nicht verstehen, dann landen wir irgendwann bei weißem Papier.

Viele Kulte und Naturreligionen bringen ihren Göttern Opfer, um sie zu besänftigen. Ist das mit Propitiation gemeint?

Es stimmt, was du über die heidnischen Religionen sagst. Ich (Gerry Breshears) war einmal in Taiwan während des Monats des Geistes. Das ist der siebte Monat des Mondkalenders, in dem angeblich die Tore zur Unterwelt geöffnet werden. Nach der Überlieferung ist es dann den Geistern erlaubt, die Welt der Lebenden zu betreten. Das taiwanische Volk veranstaltet Feste, um die Geister zu unterhalten, und stellt riesige, mit Essen beladene Tische unter helle Laternen, um die Geister zum Mahl zu führen. Außerdem kaufen und verbrennen sie einen Haufen Geld, damit sich die Geister in der anderen Welt ein angenehmes Leben mit viel Essen und Geld leisten können.

Sie tun das aus Angst, denn sie meinen, dass die Geister sehr wütend werden, wenn sie nicht gut behandelt werden. Davor fürchten sie sich und vermeiden in dieser Zeit, wo es in ihrer Macht steht, sogar Hochzeiten, Beerdigungen, Geschäftstreffen und Geburten. An einer Wasserstelle zu sein ist in diesem Monat angeblich besonders gefährlich, denn die Geister könnten dich schnappen und hineinwerfen. Um sich Erleichterung zu verschaffen, müssen die Menschen die Geister besänftigen, sonst werden sie schlimme Racheakte über sich ergehen lassen müssen.

Die christliche Vorstellung von Besänftigung dreht sich dagegen um Jesus. Er war Gott und wurde Mensch, um an unserer Stelle zu leiden und zu sterben. Das geschah am Kreuz, wo er den Zorn Gottes über unsere

Sünden von uns abwendete. Es gibt viele Gründe, warum die von Jesus erwirkte Propitiation überhaupt nicht vergleichbar ist mit der Besänftigung von Geistern und Dämonen in anderen Religionen und Kulten:

1. Nicht wir tun etwas, um Gott zu besänftigen, sondern er selbst hat es getan.
2. Gott ist nicht gereizt und böse, sondern liebevoll und gut.
3. Gottes Zorn ist nicht unberechenbar, sondern gerecht.
4. Gott stellt in der Propitiation keine Forderungen an uns, sondern gibt sich selbst.
5. Der Zorn Gottes wurde ein für alle Mal von uns Christen genommen. Wir müssen nicht wie in anderen Religionen und Kulten in der ständigen Angst leben, dass wir doch noch verdammt werden oder noch irgendetwas tun müssen, damit Gott uns friedlich gesonnen ist.

Ich habe den Kommentar zum Römerbrief von C. H. Dodd gelesen, wo er überzeugend argumentiert, dass Gottes Zorn kein persönlicher Akt oder eine Charaktereigenschaft ist, sondern eher ein Strukturprinzip dieser Welt. So wie wir z. B. bei ungeschütztem Sex befürchten müssen, uns eine Geschlechtskrankheit einzuhandeln. Ist dieses Konzept von Ursache und Wirkung nicht besser geeignet, um Gottes Zorn zu verstehen?

Eigentlich nicht. An Bills Geschichte haben wir gesehen, dass persönlicher Zorn auf Sünde im Grunde ziemlich logisch ist. Und es wird noch klarer, wenn wir in die Bibel schauen. 5. Mose 29,18-29 beschreibt Gottes Reaktion auf die Israeliten, die ihn abgelehnt haben und sich stattdessen lieber anderen Göttern zuwandten. Sein Zorn entbrennt über sie, er verflucht sie, löscht ihre Namen aus und schickt Kummer und Leid über sie. Gott reißt die Israeliten aus ihrem Land, weil er so wütend ist, und schickt sie in ein anderes Land. Wenn man einen von diesen Menschen gefragt hätte, ob sich Gottes Zorn für sie „persönlich" anfühle, hätten sie wohl ohne Zweifel mit Ja geantwortet.

Der gleiche Zorn ist auch im Johannesevangelium zu finden, obwohl man es das Evangelium der Liebe nennt. Der berühmte Vers in Johannes 3,16 („*Denn Gott hat der Welt seine Liebe dadurch gezeigt, dass er seinen einzigen Sohn für sie hergab, damit jeder, der an ihn glaubt, das ewige Leben hat und nicht verloren geht*") geht so weiter (V. 18): „*Wer an ihn glaubt, wird nicht verurteilt. Wer aber nicht glaubt, ist damit schon verurteilt; denn der, an dessen Namen er nicht geglaubt hat, ist Gottes eigener Sohn.*" Das Kapitel endet mit V. 36, in dem es heißt: „*Wer dem Sohn nicht gehorcht, wird das Leben nicht sehen; der Zorn Gottes bleibt auf ihm.*"

Gottes Zorn ist genauso persönlich wie seine Liebe. Deswegen ist es falsch, Gottes Liebe persönlich und individuell zu verstehen, aber seinen Zorn nicht.

Viele angesehene Bibelkommentare sagen, dass das griechische Wort für Propitiation nicht diesen Gedanken der Zornstillung enthält, sondern von einem Ausdruck göttlicher Liebe redet. Was macht dich so sicher, dass es wirklich die Besänftigung göttlichen Zornes meint?

Der beste Weg ist, in die Septuaginta zu schauen, die griechische Übersetzung des Alten Testaments. Dort sehen wir, wie dieser Begriff benutzt wird. In 1. Mose 32 lesen wir die Geschichte von Jakobs Rückkehr nach Israel. Er macht sich dabei große Sorgen um den Zorn seines Bruders Esau, den er vor Jahren betrogen hat. Deswegen schickt Jakob einige Sklaven vor sich her, zusammen mit großen Herden des besten Viehs. Jakob denkt: *„Ich will ihn durch das Geschenk, das vor mir herzieht,* **versöhnen***. Erst dann will ich ihm selbst unter die Augen treten. Vielleicht nimmt er mich freundlich auf"* (1. Mose 32,21b). Jakob versucht, den gerechten Zorn seines Bruders mit Geschenken zu besänftigen. Er hofft, dass er dann nicht für die Sünde bestraft wird, die er gegen seinen Bruder begangen hat. Die verschiedenen [deutschen] Übersetzungen übersetzen das Verb mit „versöhnen", „milde stimmen", „günstig stimmen", „freundlich stimmen" oder „beschwichtigen". Wer den Aspekt ausschließt, dass Zorn durch ein Opfer besänftigt wird, stellt sich damit gegen seinen Gebrauch in der antiken jüdischen Bibelübersetzung.

Glaubst du nicht, dass Propitiation auch „Sühne" oder „Reinigung von Sünde und Verschmutzung" bedeuten kann?

Durchaus! Wenn du an Propitiation festhältst, also der Stillung oder Besänftigung von Gottes Zorn, glaubst du auch, dass er mit der Sünde fertigwird. Das umfasst, dass sie bereinigt, der göttliche Zorn befriedet und die Strafe bezahlt wird.

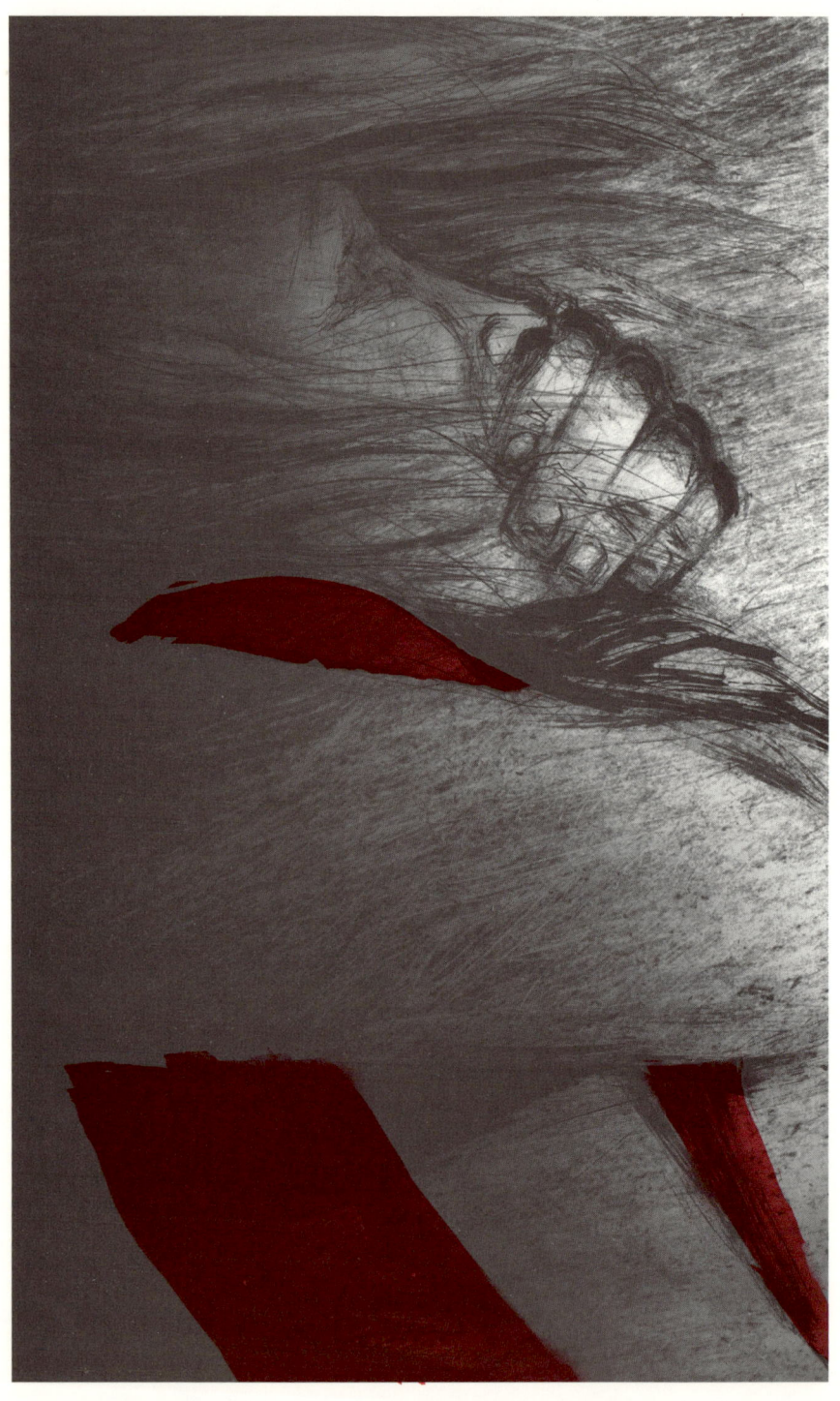

KAPITEL 7

„Er hat mich vergewaltigt!" – Jesus, Marys Reinigung

Wenn wir jedoch im Licht leben, so wie Gott im Licht ist, sind wir miteinander verbunden, und das Blut Jesu, seines Sohnes, reinigt uns von aller Sünde.
1. JOHANNES 1,7

....

Als Mary mir ihre Lebensgeschichte erzählte, brach es mir das Herz. Zum ersten Mal seit vielen Jahren weinte ich hemmungslos. Sie wuchs in einem christlichen Elternhaus auf und lebte treu und fröhlich mit Jesus, bis sie in der Highschool ihren ersten festen Freund hatte.

Ihr erster Freund war ein bisschen älter und seine Familie hatte schwerwiegende Probleme. Sie lernten sich in der Jugendgruppe der Gemeinde kennen. Innerhalb kürzester Zeit gewann er immer mehr Kontrolle über sie. Zuerst schrieb er ihr vor, was sie anziehen sollte, dann bestimmte er auch, mit wem sie sich treffen durfte, und irgendwann fing er sogar an, ihre Zeit einzuteilen. Er kontrollierte, wohin sie gehen und was sie tun durfte. Er wechselte sogar auf ihre Schule, damit er sie beobachten und sichergehen konnte, dass sie sich nicht mit einem anderen Jungen unterhielt oder eine seiner Regeln brach. Im Grund beherrschte er sie wie ein falscher Gott.

Zu allem Übel fing er auch noch an, sie körperlich zu misshandeln. Er stieß sie hart gegen Wände, schloss sie im Auto ein, um sie zu beschimpfen und zu beleidigen, und beraubte sie ihrer Würde. Aus Angst davor, dass er sie körperlich oder emotional verletzen könnte, versuchte sie schließlich mit allen Mitteln zu verhindern, mit ihm allein zu sein. Natürlich fühlte sie sich bei ihm weder sicher noch geliebt oder zu ihm hingezogen. Deshalb wollte sie keinerlei sexuelle Beziehung mit ihm eingehen. Doch davon wollte er nichts wissen und fing schon bald an, sich ihr aufzudrängen.

Sie versuchte, ihm zu entkommen oder ihn mit sexuellen Gefälligkeiten zu besänftigen, um in Ruhe gelassen zu werden. Trotzdem fing er irgendwann an, sie über einen Zeitraum von fast zwei Jahren zu vergewaltigen. Doch Mary wollte sogar vor sich selbst viele Jahre lang nicht zugeben, dass sie sexuell missbraucht worden war. Sie schämte sich noch mehr, als er auch noch auf Jugendfreizeiten und Gemeindeausflügen sexuelle Gefälligkeiten von ihr erzwang. Einmal kam sogar ihre Mutter ins Zimmer, als sie gerade Sex hatten. Das ließ ihre Scham nur noch mehr wachsen.

Die Beziehung verschlimmerte sich und sie lebte in ständiger Panik. Seine körperlichen, emotionalen und sexuellen Misshandlungen eskalierten immer häufiger. Eines Tages sperrte er sie in seinem Wagen ein und sagte, er habe ihr ein Geheimnis zu beichten. Doch sie müsse versprechen, dass sie nicht mit ihm Schluss mache. Sie stimmte zu, also berichtete er ihr, dass er noch mit einem anderen Mädchen geschlafen habe. Als sie von seiner Untreue hörte, entschied sie sich, die Beziehung zu beenden.

Es ist unglaublich, dass die ständigen verbalen, sexuellen und emotionalen Misshandlungen für sie nicht Anlass genug waren, die Beziehung zu beenden, aber irgendwie war erst seine sexuelle Untreue der Auslöser für sie, ihn zu verlassen, nachdem er sie jahrelang misshandelt hatte. Innerhalb weniger Tage sagte sie ihm, dass sie nicht länger mit ihm zusammen sein wolle. Doch das ließ ihn noch brutaler und gefährlicher werden. Er fing an, sie zu verfolgen, lief ihr nach der Schule hinterher oder lauerte ihr spät in der Nacht hinter einem Busch auf, um ihr Angst einzujagen. Außerdem drohte er ihr mit furchtbaren Dingen, wenn sie nicht zu ihm zurückkehrte.

Ungefähr zur selben Zeit freundete sich ein anderer junger Mann aus der Gemeinde mit ihr an. Er stammte aus einer Familie mit einem gewalttätigen Vater. Deswegen hatte er einen besonderen Hass auf Männer, die andere misshandeln, und auch den Mut, sich solchen Männern zu stellen und gegen sie zu kämpfen. Einmal führte der junge Mann sie aus, als der Exfreund auf seinem Motorrad auftauchte und sie fast umfuhr, um sie in Panik zu versetzen. Der neue Mann in ihrem Leben rastete aus und versuchte, den Exfreund vom Motorrad zu reißen. Er wollte ihn zusammenschlagen, doch der floh, so schnell er konnte. Er konnte zwar eine junge Frau schlagen, aber er hatte nicht genug Mumm, um einem anderen jungen Mann Auge in Auge gegenüberzustehen. Von diesem Tag an wollte ihr neuer Freund ihr Beschützer sein, der sie verteidigt. Ihr sollte nie wieder Leid zugefügt werden.

Einige Jahre lang waren sie zusammen und gingen schließlich eine christliche Ehe ein, die allerdings sehr überschattet von Marys Scham war. Sie schämte sich dafür, dass sie vergewaltigt und kontrolliert worden war von einem Kerl, der weder gut aussah noch klug, erfolgreich oder nett war, sondern einfach nur ein Loser, der sie am Ende auch noch mit einem anderen, weniger hübschen Mädchen betrogen hatte. Aus der Beziehung mit dem Betrüger und Loser war sie letztendlich entkommen, auch dank ihres neuen Freundes und zukünftigen Ehemannes, der eingegriffen und sich um sie gekümmert hatte. Doch dann hatte sie ihn betrogen, wofür sie sich wieder furchtbar schämte. Von den Vergewaltigungen und von ihrem

Fremdgehen erzählte sie ihm erst, als sie schon einige Jahre verheiratet waren. Sie wusste, dass er sie nicht geheiratet hätte, wenn er von ihrer Untreue gewusst hätte. Weil sie sich wie eine Frau letzter Klasse fühlte, verbrachte sie die ersten Jahre ihrer Ehe damit, ihre tiefen Geheimnisse zu verbergen und sich von ihrer Scham beherrschen zu lassen.

Sie konnte ihrem Mann nur selten in die Augen sehen, schlief kaum leidenschaftlich mit ihm und redete nur sehr selten von Herz zu Herz. Jeden Tag zerbrach er ein wenig mehr, weil er ihre Lebensgeschichte nicht kannte und nicht verstehen konnte, warum er sie nicht kennen und lieben durfte. Er blieb ihr immer sexuell treu und misshandelte sie nie körperlich, aber irgendwann brach seine Frustration aus ihm heraus und er fing an, sie verbal zu attackieren, was ihre Scham nur noch vergrößerte. Als sie ihm endlich ihre Untreue gestand und von den Vergewaltigungen in ihrer ersten Beziehung erzählte, begann für sie beide ein langer Prozess, in dem sie das Evangelium ganz neu kennenlernen und begreifen mussten, wie es ihr kaputtes Leben heilen konnte. Als ihr Pastor habe ich Mary diesen Brief in der Hoffnung geschrieben, dass das Evangelium ihre Seelenwunden verbindet.

● ● ● ●

Liebe Mary,

seitdem wir uns das letzte Mal unterhalten haben, habe ich viele Stunden gebetet, weil ich von Gott wissen wollte, was ich dir sagen soll und welchen Rat ich dir geben kann. Bevor ich anfange, möchte ich sagen, dass ich dich als dein Pastor sehr liebe. Ich will versuchen, so ehrlich wie möglich zu dir zu sein. Ich bitte dich, meine Worte nicht als weitere Beschämung zu verstehen. Meine Absicht ist nicht, dich noch mehr zu beschämen, sondern dich von der Schande zu säubern. Theologen sprechen von der *Reinigung* [engl. expiation] unserer Seele vom Schmutz der Sünde. Ich bin mir sicher, dass Jesus sich danach sehnt, deine Seele von dem Dreck zu reinigen, der sie verunreinigt hat. Und ich danke ihm, dass er mir die Ehre zuteilwerden lässt, dir zu erklären, wie das in deinem Leben geschehen kann.

Wie so viele Geschichten beginnt auch deine leider mit Unterlassungssünden. Dein Vater hat dich nicht geschützt, als du eine junge Frau warst. Er hat dir nicht erklärt, wie junge Männer ticken, sonst wärst du viel klüger gewesen und im Umgang mit ihnen bewahrt geblieben. Er kannte auch deinen ersten Freund nicht; er hätte verhindern sollen, dass er jemals eine Beziehung zu dir anfängt. Dein Vater hat es versäumt, klare Grenzen für deine Beziehungen zu Jungs aufzustellen und diese entschieden zu verteidigen. Aber sein schlimmstes Versagen liegt darin, dass er keine tiefe, offene und liebevolle Beziehung zu dir aufgebaut hat. Deshalb bist du nie zu ihm gegangen, um um Hilfe zu bitten. Darüber hinaus kannte er dich auch nicht gut genug, um zu erkennen, dass du gelitten hast und ihn als deinen Papa gebraucht hättest.

Mit Tränen in den Augen möchte ich dir einfach nur sagen, dass mir das wirklich zutiefst und schmerzlich leidtut. Als Vater von zwei wunderbaren Töchtern ist mir klar, dass derartige Unterlassungssünden eines Vaters verheerend sein können und die Tür für Tatsünden weit aufreißen. Ich weiß, dass es dir anfangs schwerfiel, das Versagen deines Vaters in der Beziehung zu dir zu sehen, denn du hast gesagt: „Er hat doch nie etwas gemacht!" Das stimmt genau – er hat dich zwar nie misshandelt, doch durch sein Nichtstun hat er gesündigt. Denn eine der schlimmsten Sünden, die ein Vater begehen kann, ist es, einfach nichts zu tun.

Die Unterlassungssünden deines Vaters dir gegenüber ermöglichten es deinem Exfreund, aktiv an dir zu sündigen. Er nahm dir deine Jungfräulichkeit, deine Unschuld, deine Freiheit, deine Würde und deine Freude und sündigte an dir durch Worte und Taten. Er war für dich Vergewaltiger, Schläger und Sadist der schlimmsten Sorte, dem Jesus eines Tages alles schwer heimzahlen wird, wenn er nicht Buße tut. Du hast offen darüber gesprochen, dass du dich wegen der schlimmen Dinge, die er dir angetan hat, schmutzig gefühlt und dich geschämt hast. In 3. Mose ist mehrfach davon die Rede, dass sexuelle Sünden wie diese uns verunreinigen. Du fühlst dich dreckig, obwohl du bei den Vergewaltigungen selbst nichts falsch gemacht hast. Zusätzlich wurdest du noch dadurch gequält, dass er dich in Räumen und Autos einschloss, dich verfolgte und gewaltsam daran hinderte, ihm zu entkommen. Das machte dein Leben zur Qual und ließ deinen Geist zerbrechen; jeder Tag deines Lebens war seither davon geprägt.

Aber ich will, dass du in alledem auch siehst, dass du ebenfalls eine Sünderin bist. Du bist die Beziehung eingegangen, indem du Sex mit diesem Jungen hattest. Das ist natürlich keinerlei Entschuldigung für seinen späteren sexuellen Missbrauch, aber es hat dein Urteil über den Jungen vernebelt, dich von Gott und deiner Familie entfernt und die Grundlage für den Missbrauch gelegt. In der Eheberatung, die du vor der Hochzeit besucht hast, hast du deinen Verlobten und deinen Pastor belogen, indem du ihnen deine Untreue gegenüber deinem Verlobten und die früheren Vergewaltigungen verschwiegen hast.

Ich verstehe sehr gut, dass du dich deswegen sehr geschämt hast, aber es ist nicht zu leugnen, dass du Jahre damit verbracht hast, Geheimnisse zu hüten, dich zu verstecken und zu lügen. Deswegen konntest du auch keine Hilfe bekommen und dein Mann konnte dich nie wirklich kennenlernen.

Dadurch hast du ihm viele Jahre lang dein Herz, deinen Körper und deine Seele vorenthalten und ihn in den Wahnsinn getrieben, weil er dir so sehnlichst nahe sein wollte.

Indem du ihn während eurer Partnerschaft betrogen und deswegen gelogen hast, bis ihr schon verheiratet wart, hast du ihn außerdem um sein Recht gebracht, davon zu wissen und zu entscheiden, ob er dich wirklich heiraten möchte. Folglich hat er nun mit der Tatsache zu kämpfen, dass du ihn angelogen hast, und fühlt sich, als ob du ihn in einer Ehe gefangen und dann nicht richtig geliebt hast. Deine Sünde hat dich, deinen Mann und auch Gott verletzt, der dich liebt und den du liebst.

Ich sage dir das alles, weil ich dir die zerstörerische und todbringende Natur der Sünde deutlich machen will. Die bittere Wahrheit ist, dass wir alle Sünder sind, die anderen Menschen ständig Leid zufügen. Auch du bist eine Sünderin, die ihrem Ehemann Unrecht getan hat. Gleichzeitig werden wir alle auch zu Opfern der Dinge, die uns angetan werden. Du bist ein Opfer der Unterlassungssünden deines Vaters und der Tatsünden deines Exfreundes.

Ein Problem im Umgang mit Sünde liegt darin, dass sich die übliche Darstellung des Evangeliums nur mit den Sünden befasst, für die wir die Verantwortung tragen. Sie konzentriert sich nur auf Dinge, die wir falsch gemacht haben (Tatsünden) oder hätten tun sollen (Unterlassungssünden). Ich will damit sagen, dass die übliche Verkündigung des Evangeliums meistens so abläuft: Wir sind alle Sünder und wenn wir unsere Schuld vor Jesus bekennen, wird er sie vergeben, weil er ein schuldloses Leben führte, stellvertretend für uns in den Tod ging und dann leiblich auferstanden ist.

Das ist natürlich total schriftgemäß, aber dieses Evangelium behandelt nur die Sünden, die du begangen hast (aktive Sünden), und übergeht diejenigen, die du erlitten hast (passive Sünden, an denen du nur als Opfer beteiligt warst). Du kannst nicht dafür Buße tun, dass du zwei Jahre lang vergewaltigt, geschlagen, gequält und misshandelt worden bist.

Gott sei Dank kann dir das Evangelium weiterhelfen. Die Bibel enthält Dutzende Wörter, die beschreiben, dass Sünde unserer Seele schadet, uns verunreinigt und uns schmutzig und unrein macht (z. B. Ps 106,39; Spr 30,11-12; Mk 7,2). Sünde gibt uns ein Gefühl, unsauber zu sein, besonders solche, die *an uns* begangen wird. Ein Vergewaltigungsopfer hat mir erzählt, dass sie hinterher sehr lange geduscht hat, weil sie sich einfach schmutzig fühlte. Doch dieses Gefühl reichte viel tiefer als nur in ihren Körper; durch die Sünde an ihr wurde irgendwie auch ihre Seele beschmutzt.

Darüber hinaus schildert uns die Bibel einige Ursachen für unsere Verunreinigung wie z. B. alle Sünde und Beteiligung an falschen Religionen und/oder okkulten Praktiken (3Mose 19,31; Hes 14,11). Sie erwähnt außerdem Gewalt als eine weitere Ursache (z. B. Klgl 4,14). Als wahrscheinlich häufigste Ursache für Verunreinigung nennt die Bibel sexuelle Sünden. In 1. Mose 34,5 ist von einer jungen Frau namens Dina die Rede, die genau wie du vergewaltigt wurde und deswegen *„geschändet"* war. 1. Chronik 5,1 berichtet vom Inzest einer Stiefmutter mit ihrem erwachsenen Stiefsohn, sodass *„Ruben … seines Vaters Bett entweihte"*. In 4. Mose 5,27 steht, dass eine Frau, die die Ehe bricht, *„unrein ist und sich an ihrem Mann versündigt hat"*. Frauen, die sich prostituieren (was sich Ausziehen ebenso einschließt wie sexuelle Gefälligkeiten), bezeichnet 3. Mose 21,14 als *„Entehrte"*.

Ich möchte dir einfach zeigen, liebe Mary, dass deine Seele durch den Schmutz der Sünden, die du begangen hast und die an dir begangen wurden, verunreinigt und entehrt worden ist. Diese Beschmutzung hat sich nicht nur auf deine Identität ausgewirkt, sondern auf alle anderen Lebensbereiche, und es ist gut, wenn du diese Zusammenhänge verstehen lernst.

Die Bibel erwähnt drei verschiedene Bereiche von Verunreinigung:

1. Orte werden durch Sünde verunreinigt (3Mose 18,24-30; 4Mose 35,34). Ich kenne z. B. eine christliche Familie, die eines Morgens aufwachte und feststellte, dass in der Nacht ein böser Mann in das Zimmer ihrer kleinen Tochter eingebrochen war und sie vergewaltigt und missbraucht hatte. Die Familie war natürlich am Boden zerstört und musste das Haus für einige Tage verlassen, weil es als Tatort eines Verbrechens gesichert werden musste. Während sie in einem Hotel waren, entschied der Vater, dass ihr Haus so besudelt worden war, dass sie niemals wieder dorthin zurückkehren könnten. Deswegen packte ihre Gemeinde alle Sachen und brachte die Familie weg. Sie weigerten sich, es jemals wieder zu betreten.

Dementsprechend möchte ich dich fragen: Welche Orte empfindest du in deiner Vorstellung als verunreinigt? Du hast z. B. gesagt, dass du es vermeidest, mit deinem Mann alleine in einem Raum zu sein. Er ist zwar nicht gefährlich, aber dein Exfreund hat dich immer begrapscht, wenn ihr alleine in einem Zimmer wart, sexuelle Gefälligkeiten von dir verlangt und dich solange eingeschlossen, bis du seinen Forderungen nachgegeben hast.

2. Gegenstände wie ein Ehebett werden durch Sünde verunreinigt (Hebr 13,4). Ich kenne z. B. eine Frau, die schreckliche Panik davor hatte, mit ihrem Mann in einem Bett zu schlafen. Er liebte sie und war ein guter, gottesfürchtiger Mann und verstand nicht, wieso sie so große Angst davor hatte, mit ihm in ihrem gemeinsamen Bett zu liegen. Sie offenbarte ihm, dass sich schon sehr früh Brüste an ihrem Körper ausgebildet hatten und ihr Vater, der oft mit ihr gekuschelt hatte, wenn er ihr Gutenachtgeschichten vorgelesen und mit ihr gebetet hatte, fast jeden Abend anfing ihre Brüste zu streicheln und auf ihrem Bett zu onanieren. Sie fühlte sich davon so angeekelt, dass sie immer wenn er das Zimmer verlassen hatte, ihr Kissen und ihre Puppe nahm und sich zum Schlafen unter das Bett legte, weil es

verunreinigt worden war. Deswegen ließ die Vorstellung, mit ihrem Mann im Bett zu liegen und mit ihm intim zu werden, schreckliche Erinnerungen an die Verunreinigung in ihr wach werden.

Welche Dinge empfindest du als verunreinigt, Mary? Ist dein Körper dreckig, weil dein Exfreund ihn angefasst hat? Vermeidest du es, dich vor den Augen deines Ehemannes auszuziehen oder zu waschen? Soll er deinen nackten Körper lieber nicht sehen, weil er beschmutzt wurde?

3. Menschen werden durch Sünde verunreinigt. Das Alte Testament und die Evangelien berichten häufig von Menschen, die rituell verunreinigt waren. Man sollte sie weder berühren noch mit ihnen in Kontakt treten.

Die Gebote der rituellen Waschungen und ähnliche im Alten Testament sind Hinweise auf die reinigende Kraft des Todes Jesu. Ich habe festgestellt, dass Frauen, die verunreinigt wurden, sich entweder selbst jede Art von sexuellem Genuss verbieten, um von vornherein etwas zu vermeiden, das sie als „schmutzig" empfinden, oder ihr Dreckigsein annehmen und in jedes Bett springen.

Vor einigen Jahren habe ich mal mit so einem Mädchen gesprochen. Sie hatte schon mit so vielen Männern Sex gehabt, dass sie sie nicht mehr zählen konnte, und war in einem Einzelhandelsgeschäft gefeuert worden, weil sie während der Arbeitszeit mit fünf Männern gleichzeitig Sex gehabt hatte. Als ich sie fragte, warum sie sich so schlampig verhielt, erzählte sie mir, dass sie von Jugend an von vielen Männern missbraucht worden war. Weil sie ein schmutziges Mädchen war, hatte sie entschieden, dass es ihr Ding sei, immer schmutzige Dinge zu tun.

Bei dir, liebe Mary, hat die Verunreinigung dazu geführt, dass du deinen eigenen Körper verachtest. Weil es einige wenige Momente während des sexuellen Missbrauchs gab, an denen du ein wenig Lust verspürt hast, betrachtest du deinen Körper als einen Feind, der deinen Exfreund erregt und dich in Schwierigkeiten gebracht hat. Außerdem hat er dich getäuscht, indem er dich in dem Moment, in dem du vergewaltigt wurdest, ein wenig Genuss verspüren ließ. Seit dieser Zeit hast du deine Sehnsüchte unter Verschluss gehalten und deinen Körper verhüllt, um deinen Mann davon abzuhalten, dich zu begehren, und dich selbst davon abzuhalten, Freude und Vergnügen zu erleben, wenn ihr zwei eure Sexualität erlebt. Siehst du, wie du dich selbst als schmutzig ansiehst?

Die natürliche Folge von Verunreinigung ist Scham, gepaart mit der Angst, bloßgestellt und erkannt zu werden. Niemand darf unser tiefes, dunkles Geheimnis herausfinden. Dieses Muster ist schon seit der ersten Sünde unserer ersten Eltern in 1. Mose 3 fest in uns verankert. Am Ende von 1. Mose 2 hat Gott unsere ersten Eltern dazu geschaffen, als verheiratetes Paar nackt zusammenzuleben, was zeigt, dass sie ohne jede Scham vollkommen intim und eins waren und sich vollständig kannten. Doch als die Sünde einmal in diese Welt gekommen war – durch Evas aktive Handlung, sich zu nehmen, was Gott verboten hatte, und Adams feige Unterlassung, untätig danebenzustehen, während der Teufel seine Frau verführte–, wurde alles anders.

Voller Scham bedeckten unsere ersten Eltern sich mit Feigenblättern, um sich voreinander zu verstecken. Sie versteckten sich auch vor Gott und rannten vor Scham in Isolation und Tod, weg von Intimität und Liebe. Sie hatten große Angst, entlarvt zu werden als das, was sie wirklich waren: dreckige Sünder. Ich habe schon erlebt, dass Menschen, die sich schämen, einem anderen nicht in die Augen sehen können; Scham scheint sich in den Augen auszudrücken. Genau das meinte dein Mann, als er sagte, dass du ihn niemals richtig ansiehst und ihm nie in die Augen guckst.

Ich will aber deutlich sagen, dass Scham nicht immer schlecht ist. Viele Therapeuten, auch christliche Seelsorger, sind der Meinung, dass Scham generell schädlich wäre, doch da bin ich anderer Ansicht. Scham existiert überall, wo Sünde ist; also ist es natürlich und gesund, sich zu schämen, wenn Sünde im Spiel ist. Ein Sünder, der sich nicht schämt, hat ein gestörtes Gewissen und ist auf dem besten Wege, ein unmoralischer Soziopath zu werden. Deswegen ist Scham an sich nichts Schlechtes. Aber wenn die Sünde nicht bereinigt wird, bleibt die Scham und hat verheerende Auswirkungen.

Dieses Muster (Sünde, Verunreinigung, Scham, Verstecken) zieht sich durch vier verschiedene Rollen, die verunreinigte Menschen annehmen können. Diese Rollen sind die Feigenblätter, hinter denen sie sich und ihr Geheimnis verstecken, wie einige mir bekannte Fachleute für sexuellen Missbrauch sagen. Diese verschiedenen Rollen will ich dir jetzt erklären. Ich wünsche mir, liebe Mary, dass du ehrlich wirst bezüglich des Feigenblattes, das du trägst. Welche Rolle spielst du, welche Person gibst du vor zu sein? Dann kannst du nicht nur für deine Taten Buße tun, sondern auch für das, was in Römer 1,18 steht: Du hast versucht, die Wahrheit zu unterdrücken über das, was du getan hast und was dir angetan wurde, und dich damit tiefer in die Sünde hineinmanövriert.

Das 1. Feigenblatt: Es wird von dem *braven Mädchen* getragen. Das gute Mädchen ist erfolgreich, lieb und zuverlässig. Ein Freund beschrieb mir seine Frau einmal als See ohne Wellen. Das ist ein guter Vergleich. Wenn überhaupt wird das brave Mädchen nur sehr selten wütend; sie entschuldigt sich dafür, wenn etwas falsch läuft, ganz egal ob es ihre Schuld war oder nicht. Anderen Menschen dient sie und versucht, sie glücklich zu machen, auch auf Kosten ihrer eigenen Gesundheit und ihres eigenen Wohlergehens. Das brave Mädchen ist im Grunde genommen tot, ohne jegliche Leidenschaft und nur damit beschäftigt, zu lächeln, brav zu sein und das Richtige zu tun. Sie hofft, dass sie alle davon überzeugen kann, dass es ihr gut geht, auch wenn in ihrem Inneren alles kaputt und verwüstet ist. Das brave Mädchen hat Angst vor Konflikten und will Frieden um jeden Preis, selbst wenn das bedeutet, dass sich jemand an ihr vergeht oder sie selbst sich so verhalten muss, um alle glücklich zu machen.

Das 2. Feigenblatt: Es wird von dem *harten Mädchen* getragen. Das harte Mädchen wurde verletzt und zeigt der Welt nun ihr Selbstvertrauen, ihre Wut und ihre Härte, damit sich niemand traut, ihr wieder wehzutun. Das harte Mädchen wird von vielen Menschen respektiert, aber nur sehr wenige kennen und lieben sie. Dabei sehnt sie sich in Wirklichkeit nach Liebe und Intimität, doch sie hat solche Angst davor, wieder verletzt zu werden, dass sie sich eine harte Schale zugelegt hat, die alle Menschen abweist. So kann sie sicher sein, nicht verletzt zu werden, wird aber auch in Ruhe gelassen und ist schrecklich einsam.

Das harte Mädchen wünscht sich, nicht immer hart sein zu müssen, doch ihre Unfähigkeit, anderen zu vertrauen oder sich in einer Beziehung wirklich sicher zu fühlen, führt dazu, dass sie ihren Selbstschutz wenn überhaupt nur sehr selten ablegt. Das harte Mädchen verteidigt auch sehr oft die Schwachen und Verletzten. Sie achtet eifrig auf andere Verwundete und versteht sich selbst als ihre Fürsprecherin und Verteidigerin. Doch in Wirklichkeit ist sie gar nicht so hart, wie sie scheint, und leidet oft unter Wut und Verzweiflung, weil sie nicht weiß, wie sie ihrer Rolle als hartes Mädchen entkommen kann. Sie fühlt sich in ihrer eigenen Persönlichkeit gefangen, die sie nicht nur vor Verletzung schützt, sondern auch vor Liebe.

Das 3. Feigenblatt: Es wird von dem *Partygirl* getragen. Sie ist das Herz jeder Party, steht im Mittelpunkt und es macht richtig Spaß, mit ihr zusammen zu sein. Sie neigt dazu, sich mit Drogen, Essen und Alkohol vollzustopfen, und hat gelernt, ihren Schmerz hinter lautem Lachen zu verstecken. Sie ist gut darin, sogar über die schlimmsten Erlebnisse ihres Lebens Witze zu machen. Wenn sie sich also wirklich jemandem offenbart, geschieht es auf eine Art, die jeden zum Lachen bringt und dazu führt, dass die schmerzhaften Verletzungen, unter denen sie leidet, übersehen werden.

Das Partygirl zeigt seine Wut normalerweise nicht offen, sondern lebt sie dadurch aus, dass sie andere mit bissigem Sarkasmus und Ironie überzieht, was nichts anderes ist als Gewalt durch Komik. Sie ist von Menschen umgeben, doch die Massen verdecken nur ihre Einsamkeit. Wenn überhaupt wissen nur sehr wenige Menschen wirklich, wer sie ist und wie es ihr geht, weil sie so überzeugend vorgibt, ein glückliches Leben zu führen und von vielen Menschen umgeben zu sein, denen sie wichtig ist. Leider ist das alles eine Illusion.

Das 4. Feigenblatt: Es wird vom *frommen Mädchen* getragen. Sie versteckt sich hinter ihrer Religiosität, ihrer Mitarbeit in der Gemeinde und ihrer ausgefeilten Theologie. Das fromme Mädchen liest Bücher und eignet sich geistliche Erkenntnisse an, um anderen damit zu helfen, aber sie benutzt sie nur selten für die Heilung ihrer eigenen Wunden. Das fromme Mädchen liebt es, sich für andere verletzte Menschen zu engagieren. So bekommt sie Sorgen und Trauer nur indirekt zu spüren und wird nicht mit ihrem eigenen Schmerz konfrontiert. Außerdem neigt das fromme Mädchen zu strengem Moralismus und Gesetzlichkeit, urteilt über andere und fühlt sich verletzt, wenn man ihr nicht dankbar ist für alles, was sie tut.

Das fromme Mädchen nutzt oft selbst einfache Unterhaltungen dazu, andere streng zu verurteilen, diskutiert über irgendwelche theologischen Feinheiten und macht buchstäblich aus allem eine tiefe geistliche Erörterung mit jeder Menge Bibelversen, um von den Fragen ihres Herzens abzulenken. Oft ist sie aufgesetzt optimistisch. Und obwohl sie über die Allmacht Gottes, den Sieg Jesu am Kreuz und die Kraft des Heiligen Geistes spricht und alles mit einer ganzen Armee von Bibelversen belegt, behandelt sie die Bibel eigentlich wie heidnische Mantras, die ihre Probleme lösen, wenn sie sie nur oft genug und voller Glauben wiederholt.

Vermutlich trägst du gerne das Feigenblatt des braven und des frommen Mädchens. Und wenn du über dein Leben nachdenkst, gab es wahrscheinlich auch ein paar Augenblicke, in denen du dich mit bestimmten Freunden wie das Partymädchen verhalten hast, das zum Trinken und Tanzen ausgeht.

Liebe Mary, ich kann mir vorstellen, dass du dich jetzt bloßgestellt fühlst. Ich habe dir die Feigenblätter abgerissen und jetzt stehst du wie nackt und ertappt da. Aber ich will dich nicht beschämen, sondern dich ganz neu mit der Gerechtigkeit von Jesus Christus einkleiden. Denn es steht nichts weniger als deine Identität auf dem Spiel und damit dein ganzes Leben, das du auf dieser Grundlage lebst. Lass dich nicht länger davon bestimmen, dass du deinen Verlobten betrogen, ihn und deinen Pastor angelogen und deinem Mann so viele Jahre lang Liebe und Intimität vorenthalten hast. Und genauso wenig davon, was dir durch das Versagen deines Vaters, die Vergewaltigungen deines Exfreunds oder die wütenden Worte deines verbitterten Ehemanns angetan wurde.

Liebe Mary, wenn ich dir das hier mündlich predigen würde, dann würde ich an dieser Stelle laut rufen. So bitte ich dich, höre auf das, was ich deiner beschmutzten Seele zurufe. Deine Identität soll nur davon geprägt sein, was Jesus für dich getan hat, und nicht länger von dem, was du getan hast oder was dir angetan wurde. Die Bibel erklärt das mit Worten wie „Sühne", „Reinigung" und einer reinigenden Quelle, die allen unseren Schmutz abwäscht. Die folgenden Verse machen sehr deutlich, dass dies möglich ist:

An diesem Tag wird für eure Sünden Sühne geleistet und eure Unreinheit wird von euch genommen; ihr werdet wieder rein vor dem Herrn. (3Mose 16,30)

Ich werde den Leuten von Juda und den Leuten von Israel die Schuld vergeben, die sie auf sich geladen haben, ihren Ungehorsam, ihre Vergehen und ihre Auflehnung gegen mich! (Jer 33,8)

Zu jener Zeit wird in Jerusalem eine Quelle entspringen, die die Nachkommen Davids und die Bewohner der Stadt von der Befleckung durch Schuld und Ungehorsam reinigt. (Sach 13,1)

Am Kreuz hat Jesus sich deiner Sünde angenommen, die deine Seele beschmutzt hat. Er hat sie dort vergeben und dich von dem gereinigt, was du getan hast und was dir angetan wurde. Diese Sünden haben in dir viel Scham hervorgerufen, doch auch darum hat sich Jesus am Kreuz gekümmert. Es ist leider auch eine Auswirkung der Sünde, dass du nur Verachtung und Geringschätzung für dich selbst übrig hast und dich für eine verabscheuenswerte Person hältst, die unwürdig ist, Liebe, Intimität und Freude zu empfangen. Dabei trägst du doch das Ebenbild Gottes in dir! Durch das Kreuz hat Jesus deine Schuld und Scham für immer weggenommen.

Diese wunderbare Wahrheit wird vielleicht am besten durch den Großen Versöhnungstag Jom Kippur im Alten Testament verdeutlicht, den heiligsten Tag des Jahres. An diesem Tag ging es um das Problem der Sünde in der Beziehung zwischen den Menschen und Gott.

Als Spiegel der Sündlosigkeit Jesu, der als das perfekte, stellvertretende Opfer kam, wurden zwei makellose Ziegenböcke ausgewählt. Der erste Bock wurde als Sündopfer geschlachtet, ein Hinweis auf die Propitiation (Zornstillung) am Kreuz, wo die Strafe für Sünde vollzogen und damit der gerechte Zorn Gottes gestillt wurde. Danach nahm der Hohepriester, der das Volk repräsentierte und zwischen dem sündigen Volk und ihrem heiligen Gott vermittelte, den zweiten Bock und bekannte, während er seine Hände auf das Tier legte, die Sünden des Volkes. Dieser Bock (der „Sündenbock") wurde dann fortgeschickt. Er sollte in die Wüste laufen und symbolisch die Sünden des Volkes mit sich fortnehmen. Theologisch nennt man das die Lehre von der Reinigung *(expiation)*, bei der unsere Sünde abgewaschen wird. So werden wir durch Jesus, unseren Sündenbock, wieder sauber.

Jesus ging nicht nur ans Kreuz, um für dich zu sterben, sondern auch um deine Schande „gering zu achten":

Darum auch wir: Weil wir eine solche Wolke von Zeugen um uns haben, lasst uns … aufsehen zu Jesus, dem Anfänger und Vollender des Glaubens, der, obwohl er hätte Freude haben können, das Kreuz erduldete und die Schande gering achtete und sich gesetzt hat zur Rechten des Thrones Gottes. (Hebr 12,1–3; Luther)

Jesus ist der einzige Weg, der dich aus dem Scherbenhaufen deines Lebens und deiner Ehe führt. Jesus identifiziert sich mit deiner Schande, Scham und Unreinheit. Auch Jesus wurde wie du von jemandem betrogen, den er liebte und als Freund bezeichnete. Seine Freunde haben ihm im Moment seiner größten Not nicht geholfen, genauso wie deine wertlosen Freunde. Seine Familie hat ihm letztlich den Rücken zugewandt, genau wie deine Familie es bei dir getan hat. Er wurde entwürdigt und gedemütigt und wie du in aller Öffentlichkeit nackt ausgezogen und noch schlimmer geschlagen als du. Als er Qualen litt, wurde er wie du dafür noch verspottet. Sein Bart wurde ihm ausgerissen, was zu jener Zeit die gleiche Schande für einen Mann war wie eine Vergewaltigung für eine Frau.

Genau wie du wurde er gegen seinen Willen festgehalten, gequält und entehrt. Jesus versteht dich in deiner Schwachheit, wie es in Hebräer 4,15 steht. Und nicht nur das: Jesus hat deine Schande für nichts geachtet! Er pfeift drauf! Und wenn Jesus das tut, dann kannst auch du deine Schande mit der gleichen Verachtung belegen, wie sie es mit dir gemacht hat.

Im Sühnewerk Jesus wurden deine Schuld und Scham für immer und vollständig von dir genommen. Deshalb kannst du mit den Deinen im Licht leben. Ich weiß, dass du dich nach Nähe mit deinem Mann und deinen christlichen Freunden sehnst. Aber deine Scham hat dich davon abgehalten, dich zu öffnen, sodass niemand dich wirklich kennen konnte. In 1. Johannes 1,7-9 steht dazu:

Wenn wir jedoch im Licht leben, so wie Gott im Licht ist, sind wir miteinander verbunden, und das Blut Jesu, seines Sohnes, reinigt uns von aller Sünde. Wenn wir behaupten, ohne Sünde zu sein, betrügen wir uns selbst und verschließen uns der Wahrheit. Doch wenn wir unsere Sünden bekennen, erweist Gott sich als treu und gerecht: Er vergibt uns unsere Sünden und reinigt uns von allem Unrecht, das wir begangen haben.

Als Erstes ist Bekennen angesagt. Das bedeutet ganz einfach, dass du anfängst, mit Jesus, deinem Mann, vertrauenswürdigen Freundinnen und einem vertrauenswürdigen Pastor oder biblischen Seelsorger darüber zu sprechen, was du getan hast und was dir angetan wurde. Schreibe sie am besten auf, um sie beim Namen zu nennen. Das könnte einige Zeit in Anspruch nehmen, weil du wahrscheinlich mit aller Kraft versucht hast, aus Scham manche Erinnerungen zu verdrängen und zu vergessen. Die Geheimnisse, von denen du nicht möchtest, dass jemand sie kennt, solltest du Jesus, deinem Ehemann und einem guten Pastor oder christlichen Seelsorger erzählen.

Das bedeutet, im Licht zu wandeln. Wenn wir uns für Scham und gegen Jesus entscheiden, verstecken wir uns wie unsere ersten Vorfahren. Aus Angst, erkannt zu werden, gehen wir an der Einsamkeit zugrunde wie Kinder, die sich im Dunkeln zusammenkauern. Wenn wir aber unsere Schuld und Schande bekennen, wenn wir sie für andere sichtbar ans Licht bringen und uns nicht mehr hinter unseren Feigenblättern verstecken, können wir endlich ernsthafte, tiefe Freundschaften von Herz zu Herz haben. Diese Art von Freundschaft meint die Bibel, wenn sie von Gemeinschaft redet. So eine Beziehung solltest du vor allem zu Jesus und zu deinem Mann aufbauen, aber auch zu einigen gläubigen Frauen aus deiner Gemeinde, die ebenfalls auf ihre Schande pfeifen und sich mit dir treffen können, um in der Bibel zu lesen und von dem Werk Jesu in eurem Leben zu erzählen.

Ich bin mir bewusst, dass du deine Taten und was dir angetan wurde als zu widerlich und abstoßend empfindest, um es anderen Menschen zu erzählen. Aber Johannes, der beste Freund von Jesus, versichert uns, dass Jesus uns *„von aller Schuld"* reinigen kann und wird. Wenn wir also behaupten, dass wir über unsere Sünde hinweg sind, weil sie in unserer Vergangenheit liegt, oder sie herunterspielen, weil es uns doch gut geht, dann täuschen wir uns genau wie der Teufel. Dann sind auch wir Lügner und leben im Aufstand gegen Gott, nicht anders als die Dämonen, die rebellisch sind und nicht einsehen wollen, dass sie auf dem falschen Weg sind. Wenn wir aber unsere Schuld und Schande beim Namen nennen und rein werden, kommen wir in den Genuss von zwei erstaunlichen Errungenschaften, die Jesus für uns am Kreuz erworben hat.

1. Jesus *„vergibt uns unsere Sünden"*. Das gilt auch für den Sex, den du mit deinem Exfreund hattest, bevor er dich missbraucht hat, genauso wie dass du deinen Verlobten betrogen hast, ihm Intimität und Liebe in der Ehe vorenthalten und ihn und deinen Pastor angelogen hast. Jesus vergibt dir auch, dass du vorgegeben hast, eine fromme Frau zu sein, obwohl du anderen aus egoistischen Motiven heraus gedient und sie von oben herab verurteilt hast, wenn sie das Evangelium gebraucht hätten. Dir kann und wird das alles vergeben werden, wenn du es vor Jesus und deinem Mann ehrlich gestehst und bereust.

Durch dein Geständnis kannst du dir deine Vergebung allerdings nicht *verdienen*, wie 1. Johannes 2,1-2 zeigt: *„Wenn jemand doch eine Sünde begeht, haben wir einen Anwalt, der beim Vater für uns eintritt: Jesus Christus, den Gerechten. Er, der nie etwas Unrechtes getan hat, ist durch seinen Tod zum Sühneopfer für unsere Sünden geworden."*

Jesus hat am Kreuz bereits alles getan, damit du Versöhnung und Vergebung finden kannst. Es gibt keine Sünde, für die sein Werk nicht gilt; nichts, aber auch gar nichts kannst du seinem Werk hinzufügen. *„Es ist vollbracht."* Durch deine Beichte öffnest du dich lediglich für die Kraft seines Werkes.

2. Jesus *„reinigt uns von allem Unrecht".* Liebe Mary, das bedeutet, dass der Schmutz deiner Seele, der vom Versagen deines Vaters, der Brutalität deines Exfreundes und den wütenden Worten deines Ehemanns herrührt, gereinigt, gesäubert und abgewaschen werden kann und wird. Jesus hat sein Blut für dich vergossen, um deine Sünden zu vergeben und dich reinzuwaschen. Niemand ist ihm gleich und niemand kann das vollbringen, was er für dich getan hat. Wie Johannes sagt: Nur Jesus ist treu und wird sich nicht an dir versündigen, sondern dir immer helfen. Nur er allein ist gerecht und wird es nicht zulassen, dass auch nur eine einzige Sünde, die du getan hast oder die dir angetan wurde, unbearbeitet bleibt. Deshalb wird auch dein Vergewaltiger, sollte er nicht zum Glauben an Jesus kommen und für seine Sünde Buße tun, die Ewigkeit in ähnlichen Höllenqualen verbringen, die er dir zugefügt hat.

Die Schönheit dieses Reinigungswerkes Jesu kommt in mehreren symbolischen Handlungen in der Bibel poetisch zum Ausdruck. Ich vertraue sie dir als Bilder an, mit denen du dich beschäftigen kannst, damit der Heilige Geist sie dir erschließt und du dich in ihnen wiederfinden kannst.

1. Gott wäscht uns rein; das ist die gleiche Wirkung auf unsere Seele, die ein Bad auf unseren Körper hat. In 2. Mose 19,10 heißt es: *„Weiter sagte der Herr: ‚Geh zum Volk und sorge dafür, dass sie sich heute und morgen auf die Begegnung mit mir vorbereiten. Sie sollen alles meiden, was unrein macht, und sollen ihre Kleider waschen.‘"*
   Liebe Mary, von heute an kannst du jedes Mal, wenn du Wäsche wäschst oder dir saubere Kleidung anziehst, an das reinigende Werk Jesu für dich denken. Nutze solche Gelegenheiten, um dich visuell daran erinnern zu lassen.

2. Durch die Taufe identifizieren wir uns mit der Grablegung und Auferstehung Jesu und werden dadurch gereinigt, wie Wasser uns von Schmutz reinigt. In Apostelgeschichte 22,16 heißt es: *„Steh auf und lass dich taufen! Rufe dabei im Gebet den Namen Jesu an! Dann wirst du von deinen Sünden reingewaschen werden."*
   Ich weiß, dass du schon getauft bist, aber du könntest von heute an jedes Bad, das du nimmst, als Gelegenheit nutzen, dich daran zu erinnern, wie Jesus deine Seele gereinigt hat. Lass dich von dem Wasser, das sauber macht, an die Säuberung deiner Seele durch Jesus erinnern.

3. Lass dich an Jesus erinnern, wenn du weiße Kleidung trägst. Offenbarung 19,7-8 spricht von der Hochzeit Jesu mit seiner Braut, der Gemeinde: *„Lasst uns jubeln vor Freude und ihm die Ehre geben, denn jetzt wird die Hochzeit des Lammes gefeiert! Seine Braut hat sich für das Fest bereitgemacht; sie durfte sich in reines, strahlend weißes Leinen kleiden. "* Es ist offensichtlich, dass die Gemeinde sich nicht deshalb in Weiß kleidet, weil sie selbst sündlos und rein wäre, sondern weil Jesus ihr vergeben und sie von allem Schmutz reingewaschen hat.

Zum Schluss möchte ich dir eine Geschichte erzählen. Einer meiner Freunde war mit einer Frau verheiratet, die er viele Jahre lang sehr liebte. Aber sie waren sich nie so nah, wie er es sich gewünscht hätte, und er hatte keine Ahnung, woran es lag. Der Grund war, dass seine Frau sich genau wie du unheimlich schämte. Als Mädchen wurde sie missbraucht, als junge Frau vergewaltigt und als Teenager wechselte sie häufig ihre Partner. Sie betrog sogar ihren Ehemann während ihrer Verlobungszeit und erzählte ihm niemals von diesen dunklen Geheimnissen. Viele Jahre später offenbarte sie ihm schließlich, wer sie wirklich war, was sie wirklich getan hatte und was ihr angetan worden war.

Die Wahrheit erschütterte ihn zutiefst. Er hätte sie niemals geheiratet, wenn er von ihrer Untreue während ihrer Verlobungszeit gewusst hätte, und sie vielleicht verlassen, wenn er gewusst hätte, wie oft sie missbraucht und vergewaltigt worden war und als Teenager ihre Partner gewechselt hatte. Nun hatte sie schreckliche Angst, dass ihr Mann sie verlassen und nichts mit ihr zu tun haben wollen würde. Dann tat er das Undenkbare: Er verließ das gemeinsame Haus und ließ sie im Ungewissen darüber, wohin er ging und ob er jemals wieder zurückkommen würde.

Doch weil er die Gute Nachricht von Jesus Christus kannte, ging er in einen Laden und kaufte ein neues, sauberes, weißes Nachthemd für sie. Dann ging er wieder nach Hause und bat sie, sich vor ihm auszuziehen und sich in Weiß zu kleiden. Als sie das getan hatte, sagte er: „Ich habe mich entschieden, in dir nicht das zu sehen, was du getan hast oder was dir angetan wurde. Ich möchte in dir nur das sehen, was Jesus für dich getan hat, um deine Sünde zu vergeben und deinen Schmutz reinzuwaschen!" Dann umarmte er sie und betete für sie. Sie weinte Tränen, die ihre Seele reinigten, weil ihre Schande für nichts geachtet wurde durch die Liebe, die Jesus und ihr vom Geist erfüllter Ehemann ihr schenkten.

Genau das wünscht sich Gott der Vater auch für dich, seine Tochter. Dein Mann wird dich schon bald auch so sehen, weil Jesus in ihm wirkt. Er wird lernen, in dir nicht mehr das zu sehen, was du getan hast oder was dir angetan wurde, sondern nur noch das, was Jesus für dich getan hat. Nimm es als einen Akt der Anbetung und denke jedes Mal, wenn du weiße Kleidung trägst, an das Werk Jesu, mit dem er dich reingewaschen hat.

Rückfragen zum Thema „Reinigung"

Ich habe davon gehört, dass liberale Christen von Reinigung (*expiation*) sprechen statt von Zornstillung (*propitiation*). Hat die Revised Standard Version [eine neuere englischsprachige Bibelübersetzung] nicht das Evangelium dadurch verzerrt, dass sie das Wort für *propitiation* mit *expiation* („Reinigung") übersetzt hat?

Das Wort *propitiation* (Zornstillung, vgl. Kap. 6) mit „Reinigung" zu übersetzen ist ein ernst zu nehmender Fehler, der zu theologischen Problemen führt. Manche leugnen z. B., dass am Kreuz auch der Zorn Gottes befriedigt wurde (indem Gott ihn über Jesus ergoss). Damit leugnen sie einen der wichtigsten Aspekte des Evangeliums, sodass man sie nur als Irrlehrer bezeichnen kann. Aber die Bibel macht genauso deutlich, dass Jesus am Kreuz auch reinigt. Das meint *expiation*. Wer diesen Aspekt leugnet – meistens als Reaktion auf den Fehler, der in der liberalen Theologie gemacht wird –, beschneidet das Evangelium genauso.

Wenn wir uns den Versöhnungstag in 3. Mose 16 ansehen, finden wir zwei Ziegenböcke. Der eine ist das zornstillende Opfer und der andere (der „Sündenbock") das Reinigungsopfer, das die Sünden und Verunreinigungen wegnimmt. Wenn wir also das Sühnewerk vollständig verstehen wollen, brauchen wir beide Böcke!

P. T. Forsyth hat dazu gesagt:

> *Das Blut Christi steht nicht einfach nur für den Stachel der Sünde gegen Gott, sondern auch für die Peitsche Gottes gegen die Sünde. Es zeigt, dass Gott nicht nur traurig über die Sünde ist, sondern zornig auf sie.[21]*

Geht es beim Kreuz nicht um Vergebung und darum, in den Himmel zu kommen?

Ja, das stimmt. Aber es geht auch noch um viel mehr, wie z. B. Reinigung und neues Leben. Was Gott durch Jesus Christus am Kreuz getan hat, ist sowohl objektiv (juristisch und äußerlich) als auch subjektiv (persönlich und innerlich). Die Bibel macht sehr deutlich, dass Jesus Christus *„uns durch sein Blut von unseren Sünden erlöst hat, ihm, der uns zu Mitherrschern* *in seinem Reich und zu Priestern für seinen Gott und Vater gemacht hat"* (Offb 1,5-6). An einer anderen Stelle heißt es: *„Deshalb reinigt uns sein Blut bis in unser Innerstes; es befreit unser Gewissen von der Belastung durch Taten, die letztlich zum Tod führen"* (Hebr 9,14).

Wir Christen sollten uns niemals nur mit einem Teil von dem zufrieden geben, was Jesus für uns erwirkt hat. Ewiges Leben ist ein neues Leben, das in Beziehung mit Jesus gelebt wird und in diesem Leben beginnt, immer weiter wächst und in der Ewigkeit im Himmel seine Vollendung finden wird.

KAPITEL 8

„Mein Papa ist Pastor!" – Jesus, Gideons unbegrenzt-begrenzte Sühne

Er, der nie etwas Unrechtes getan hat, ist durch seinen Tod zum Sühneopfer für unsere Sünden geworden, und nicht nur für unsere Sünden, sondern für die der ganzen Welt.
1. JOHANNES 2,1-2

Gideon Joseph ist das jüngste meiner fünf Kinder. Er war gerade eineinhalb Jahre alt, als ich dieses Kapitel schrieb. Er hat blondes Haar und blaue Augen wie seine Mama und breite Schultern und kräftige Knochen wie sein Papa.

Gideon ist unglaublich süß und es macht riesig Spaß, mit ihm Zeit zu verbringen. Eines seiner ersten Worte war „Ball" und er liebt es, seinen Baseballhandschuh anzuziehen und mit seinen beiden älteren Brüdern Zacharias Blaise und Calvin Martin und der ganzen Familie im Garten zu spielen. Er kann schon von einer Markierung abschlagen und sein Schlag mit der Rechten ist schon ganz ordentlich, nur an seiner Verteidigung hapert es noch. Seine großen Brüder sind beide schon Christen. Sie lieben ihn von ganzem Herzen und sind wirklich nett zu ihrem kleinen Bruder. Um es mit ihren Worten auszudrücken: Gideon gehört zu ihren „Driscoll-Boys".

Gideons ältester Bruder „Buddy Zac" hat mit noch nicht einmal zwei Jahren angefangen, selbstständig zu beten, und wurde mit vier Jahren getauft. Dafür hat er sich mit einem der Pastoren getroffen und musste die gleichen Lehrfragen beantworten und seine Bekehrung schildern wie jeder andere, der getauft werden will. Jetzt ist er sieben Jahre alt und hat verschiedene Bibelübersetzungen im Regal über seinem Bett, weil er sich in der ersten Klasse entschieden hat, die Bibel ganz durchzulesen.

Im Bett unter Zac schläft „Buddy Calvin", der gerade fünf Jahre alt ist. An Zacs siebtem Geburtstag hat er mit Calvin mitten in der Nacht ein Übergabegebet gesprochen, als sie eigentlich lange schon in ihren Betten lagen. Zac hatte Jesus nämlich heimlich um ein Geburtstagsgeschenk gebeten: Er wollte, dass sein Bruder gerettet wird. Jeden Abend beten Gideons ältere Brüder für seine Errettung und tagsüber kümmern sie sich rührend um ihn. Er darf dabei sein, wenn sie gemeinsam Chips essen, Ringkampf spielen, Burgen bauen, in den Garten pieseln und Baseballtricks ausprobieren.

Gideon hat auch zwei süße, ältere Schwestern, die alles lieben, was Mädchen so mögen: Schuhe und alles Kreative von Kochen über Musik bis zu Kunst. Die dreijährige Alexie Grace liebt es, mit der Familie zusammen zu sein, durch das Haus zu wirbeln und in verschiedenen Prinzessinnenkostümen zu singen. Außerdem liebt sie ihren Bruder Gideon und hat ihm (warum auch immer!) den Spitznamen „Pooka" gegeben. Sie achtet darauf, dass er jeden Tag genug zu naschen hat und genug Küsschen bekommt.

Gideons älteste Schwester ist unsere Erstgeborene Ashley; sie ist neun Jahre alt. Sie liebt Jesus von ganzem Herzen und liest regelmäßig in der Bibel. Oft schreibt sie auf, was Jesus ihr abends in ihrer Gebetszeit vorm Einschlafen zeigt. Die Mädchen beten auch jeden Abend für „Giddy" und sind zuckersüß zu ihm.

Meine Frau Grace und ich lieben Gideon und danken Gott oft für ihn. Meine Frau ist eher klein und ich habe einen riesigen Kopf, deswegen wurde bei jeder Geburt unserer Kinder ein Kaiserschnitt nötig und Grace hatte schon mit weiteren Kinderwünschen abgeschlossen. Aber ich war noch nicht bereit, Gott davon abzuhalten, uns Kinder zu schenken. Deswegen haben wir es einfach Gott überlassen und er hat uns Gideon gegeben. Ich nenne ihn gerne Guppy, weil er der Jüngste ist, oder Flipflop, weil er in seinen jungen Jahren schon entschieden hat, den Rest seines Lebens nur noch Flipflops zu tragen – und zwar jeweils am falschen Fuß. Grace umarmt mich oft und dankt mir, dass wir nicht bei vier Kindern aufgehört haben, denn Gideon ist ein absoluter Segen und eine große Freude für unsere Familie.

Grace und ich sind uns mit siebzehn Jahren auf der Highschool zum ersten Mal begegnet. Durch Gottes Gnade hat Jesus mich mit neunzehn Jahren gerettet und mich zum Christen gemacht. Schon mit einundzwanzig waren Grace und ich verheiratet. Ich glaube nicht, dass ich vor meiner Rettung ein guter Vater geworden wäre, denn ich hatte oft Tobsuchtsanfälle.

In meiner Jugend habe ich Gewalt erlebt. Das führte dazu, dass ich früher selbst Wut und Gewalt ausgelebt habe, weil sie mich als Kind umgeben haben. Ich bin sicher, dass ich nicht so eine wunderbare gläubige Frau wie Grace geheiratet hätte, wenn Jesus mich nicht vor mir selbst, vor Satan, Sünde und Tod gerettet hätte. Ich bin sicher, dass ich ohne das Kreuz nicht so eine dauerhafte und gute Ehe hätte, immer noch leicht solche Tobsuchtsanfälle bekäme und meine Kinder wahrscheinlich oft verprügeln würde. Aber die Gnade Jesu Christi hat Kraft und verändert Menschen. Deswegen ist Gideons Vater Christ und lebt in einer Ehe, in der das Evangelium an jedem Tag wirkt.

Ich bin nicht länger brutal und wütend, sondern kann ein Vater sein, der seine Liebe auch körperlich ausdrückt, indem er mit seinen Kindern herumtobt und schmust. Das mache ich natürlich auch mit Gideon. Wir sind uns so nahe, dass er tatsächlich jeden Moment des Tages mit mir verbringen will. Sogar wenn ich nur eine Minute aus dem Haus gehe, um etwas aus dem Auto zu holen, bricht er zusammen, heult bitterlich und drückt sein Gesicht an der Glasscheibe unserer Tür platt, als ob ich in den Krieg ziehen würde und es nur wenig Hoffnung gäbe, dass ich jemals zurückkehre.

Beide Seiten unserer Verwandtschaft wohnen sehr nahe, in der weiteren Umgebung von Seattle, und sehen Gideon sehr häufig. Sein Großvater mütterlicherseits war Pastor, ungefähr fünfzig Jahre lang, und seine Großmutter war fast ihr ganzes Leben lang Christ. Auch die Tanten und Onkels auf Graces Seite sind alle lebendige, engagierte Christen und total lieb zu Gideon.

Mein Vater, Gideons Großvater (von dem er seinen mittleren Namen hat, Joseph), ist vor einigen Jahren auch Christ geworden. Er und meine Mutter, die schon seit vielen Jahren Christ ist, sind wirklich wunderbare Großeltern, die Gideon mit Liebe und Aufmerksamkeit überschütten. Auch meine vier Geschwister sind supernett zu ihm. Er wird wirklich von allen geliebt und ist so auch selbst ein sehr liebevoller Junge geworden.

Außerdem ist Gideon immer umgeben von unserer Gemeindefamilie bei Mars Hill, wo ich als Pastor arbeite. Dort nehmen viele Familien an seinem Leben teil; er bekommt von mehr Menschen Liebe, Ermutigung und Gebet, als wir jemals mit Namen nennen könnten. Zudem ist unser Haus oft voll mit christlichen Leitern aus allen möglichen Bereichen, von denen meine Kinder eine Menge über Jesus mitbekommen.

So ist Gideons Leben also voller Auswirkungen von Gottes Gnade. Aber während er älter wird, habe ich Sorge, dass er all diese Geschenke als selbstverständlich ansieht, mit denen Jesus dieses Umfeld geschaffen hat, in das er hineingeboren wurde. Diesen Brief habe ich an meinen Sohn Gideon geschrieben, damit er, wenn er einmal älter ist, verstehen und akzeptieren kann, dass das Kreuz Jesu die Quelle dieses reichen Segens ist, den er heute erlebt.

● ● ● ●

Lieber Gideon,

es gibt nichts Perfektes, weil die Sünde in die Welt gekommen ist. Es gibt keine perfekten Eltern, keine perfekten Geschwister und keine perfekten Familien. Aber weil Jesus für die Sünde gestorben ist, können wir sie begraben und ein neues Leben führen. Durch die Kraft des Heiligen Geistes wird dann unser Leben seinem immer ähnlicher. Deswegen hast du Eltern und Geschwister, die zwar nicht perfekt sind, aber doch sehr viel besser, als es ohne Jesus je möglich wäre.

Ich war z. B. tief verstrickt in sexuelle Sünden, bevor ich Jesus begegnet bin. Schon vor meiner Ehe war ich sexuell sehr aktiv und habe zeitweise auch Pornografie konsumiert. Aber Jesus ist dafür gestorben und hat mich davon erlöst, deswegen konnte ich sie in mir „töten". Und so bist du in eine Familie hineingeboren, in der deine Mutter und ich uns wirklich lieben und uns echt treu sind. Wir wissen, dass die Sünde unsere Ehe zerstört hätte, wenn Jesus nicht für sie gestorben wäre. Und du wärst entweder von einer alleinerziehenden Mutter großgezogen worden oder in einem Haus voller Schuld und Bitterkeit gefangen, in dem deine Eltern feindschaftlich miteinander umgegangen und nie aneinander zur Ruhe gekommen wären, wenn Jesus nicht für uns am Kreuz gestorben wäre.

Außerdem bist du wirklich beschenkt durch das Verhalten deiner Geschwister dir gegenüber. Jesus hat auch an ihnen schon sehr gearbeitet; sie haben sich dir gegenüber nie versündigt und man kann an ihrem Verhalten deutlich sehen, wie Jesus in ihnen am Werk ist. Wenn du, als du noch sehr klein warst, z. B. eins ihrer Spielzeuge kaputt gemacht oder in die Toilette geworfen hast oder ein Bild vollgekrakelt hast, an dem sie gerade gemalt haben, haben sie dich jedes Mal ganz liebevoll zurechtgewiesen, anstatt dich zu verprügeln, wie es große Brüder normalerweise tun. Auch deine Schwestern danken Jesus immer wieder laut, dass er dich in ihr Leben gebracht hat. Gerade gestern kam ich dazu, wie deine dreijährige Schwester ihre Hand auf deinen kleinen Kopf legte und Jesus für „meinen kleinen Pooka" dankte.

Jesus hat auch in deiner erweiterten Familie gewirkt. Dein Großpapa Joseph, von dem du deinen mittleren Namen bekommen hast, wurde von Gott dazu gebraucht, den gesamten Weg unserer Familie zu ändern. Seine Familiengeschichte ist voller Trunkenheit und häuslicher Gewalt. Aber Jesus ist dafür gestorben, was er getan hat und was ihm angetan wurde; so konnte er die Sünden töten, die die Männer in unserer Familie seit vielen Generationen geplagt haben. Dein Großvater ist in vielerlei Hinsicht so etwas wie der Patriarch unserer Familie; was Jesus an ihm in den letzten Jahren gearbeitet hat, hat unserer ganzen Familiengeschichte eine großartige Wendung gegeben.

Ohne Jesus wären die unheilvollen Kräfte noch am Werk, die seit Generationen in unserer Familie herrschten. Ich wäre wahrscheinlich ein brutaler Vater geworden, vor dem du Angst hättest, und du selbst wärst genauso zu einem Mann voller Wut und Bitterkeit herangewachsen, der den Teufelskreislauf von Sünde und Tod mit seiner eigenen Familie wiederholt hätte. Doch Jesus ist gestorben, damit wir ein anderes Leben führen können.

1. Petrus 1,18-19 erklärt sehr schön, was sein Tod für dich bedeutet: *„Ihr wisst doch, dass ihr freigekauft worden seid von dem sinn- und ziellosen Leben, das schon eure Vorfahren geführt hatten."* Weil ich selbst nicht mit christlichen Eltern oder als Christ aufgewachsen bin, ist mir der Unterschied zutiefst bewusst, den Jesus in unserer Familie macht, und wie gesegnet du bist, in eine Familie hineingeboren zu sein, in der Gott schon so viel getan hat, Sünde zu vergeben und zu bereinigen.

Meine Sorge ist nun, dass du zu wenig wertschätzen oder überhaupt wahrnehmen könntest, was Tod und Auferstehung Jesu dir geschenkt haben, weil du nur eine Familie kennst, in der Jesus schon da war. Ich schreibe dir dies jetzt, wo dein Glaube noch sehr klein ist, damit Jesus dir eines Tages, wenn du alt genug bist, dadurch hilft, in deiner Liebe und Wertschätzung für Jesus und sein Werk zu wachsen.

Mein Kernpunkt ist dabei die gewaltige Frage, für wen Jesus gestorben ist. Wie kaum eine andere hat diese Frage zu den hitzigsten Debatten und kontroversesten Antworten in der Kirchengeschichte geführt. Ich habe eine Übersicht aufgestellt, um dir die verschiedenen Ansätze zu erklären. (Was dich nicht überraschen wird, denn du kennst deinen Papa als theologischen Ordnungsfreak.)

	Irrlehre des „christlichen" Universalismus (Allversöhnung)	Irrlehre des modernen Pelagianismus	Unbegrenzte Sühne	Begrenzte Sühne	Unbegrenzt-begrenzte Sühne
Wie wird Sünde gesehen?	Wir werden als Sünder geboren, sind aber nur schuldig für unsere eigenen Sünden, nicht für die von Adam.	Wir werden sündlos geboren wie Adam, aber folgen seinem schlechten Beispiel.	Wir werden als Sünder geboren, sind aber nur schuldig für unsere eigenen Sünden, nicht für die von Adam.	Wir werden als Sünder geboren, die in Adam schuldig sind.	Wir werden als Sünder geboren, die in Adam schuldig sind.

	Irrlehre des „christlichen" Universalismus (Allversöhnung)	Irrlehre des modernen Pelagianismus	Unbegrenzte Sühne	Begrenzte Sühne	Unbegrenzt-begrenzte Sühne
Für wen starb Jesus?	Jesus hat alle Sünde und alles Leid der Welt auf sich genommen.	Jesu Leben und Tod sind nur ein Vorbild für Sünder.	Jesus ist gestorben, um für die Sünde aller Menschen zu bezahlen.	Jesus ist gestorben, um für die Erwählten volle Sühne zu erwirken.	Jesus ist gestorben, um für die Sünde aller Menschen zu bezahlen, doch erlöst werden dadurch nur die Erwählten.
Wie wird die Sühne wirksam?	Gottes mächtige Liebe in Jesus wird alle Sünde überwinden.	Jeder kann dem Beispiel Jesu folgen und ein gutes Leben führen.	Gott wird das Lösegeld denen anrechnen, die an Jesus glauben.	Gott hat die Sühne extra für die Erwählten bestimmt.	Gott will alle Menschen retten, rechnet das Lösegeld aber nur den Erwählten an, die er zur Erlösung erwählt hat.
Himmel und Hölle	Jeder wird gerettet und kommt in den Himmel. Es gibt keine ewige Hölle.	Wer wie Jesus lebt, kommt in den Himmel. Wer das Gute ablehnt, kommt in die Hölle.	Wer das Geschenk annimmt, kommt in den Himmel. Alle anderen bekommen ihren Willen und haben sich für die Hölle entschieden.	Gott muss niemanden vor der Hölle retten, aber entscheidet sich, einige zu retten.	Gott muss niemanden vor der Hölle retten, aber entscheidet sich, einige zu retten.

Bevor wir die letzten drei Antworten dazu betrachten, für wen Jesus gestorben ist, muss ich die ersten beiden schon einmal ausschließen. Sie sind nicht biblisch, nicht hilfreich und somit unakzeptabel. Ich bete oft dafür, dass du und deine Geschwister nicht zu Allversöhnern (Universalisten) oder Pelagianern werden, die von der klaren Lehre der Bibel abrücken und dem folgen, was die Bibel falsche Lehre nennt. Während ich dies schreibe, muss ich an ein paar bekannte Kinder von Predigern denken, die von der Wahrheit abgekommen sind und nun Allversöhnung und Pelagianismus verbreiten. Sie bekommen Gehör geschenkt, weil sie den Einfluss von ihren Vätern geerbt haben.

Du sollst wissen, dass ich dich unglaublich lieb habe und mein Leben für dich lassen würde. Aber wenn du irgendwann solche falschen Lehren vertrittst, würde ich dir mit aller Kraft und mit Tränen in den Augen entgegentreten. Weil ich Jesus mehr liebe als dich und nichts Besseres für dich tun kann, als an ihm dranzubleiben. Du wurdest in eine Familie hineingeboren, die Jesus mit Freuden dient. Ich erwarte nicht, dass du Pastor wirst, und werde dich in keinster Weise drängen, in meine Fußstapfen zu treten, aber ich wünsche mir von ganzem Herzen, dass du ein treuer Christ wird – und das schließt Allversöhnung und Pelagianismus aus.

Lass mich so beginnen: Das Kreuz wird für dich keinen Sinn oder Wert haben, wenn du nicht anerkennst, dass du einen Heiland brauchst. Jesus ist an Sünder statt gestorben, damit sie Vergebung und Erlösung von Sünde, Tod und Teufel finden. Deswegen ist die Erkenntnis deiner eigenen Sündhaftigkeit lebensnotwendig. Die Schrift sagt immer wieder, dass du von Natur aus wie auch aus eigener Entscheidung Sünder bist (Ps 51,5-7; 58,4; Röm 3,23; Ps 53,4; Jes 53,6; 64,6; 1Joh 1,18). Trotz deiner Verderbtheit hast du noch die Würde als Ebenbild Gottes bewahrt, doch dieses Bild ist durch die Sünde schwer beschädigt. Allversöhnung (Universalismus) leugnet das klare Zeugnis der Bibel, dass der Mensch Sünder ist und es eine Hölle gibt (vgl. z.B. Dan 12,2; Mt 5,29-30; 10,28; 18,9; 23,23; 25,46). Wenn du diese Lehre irgendwann unterschreiben solltest, wirst du mir das Herz brechen, als Nichtchrist weiterleben, der bestenfalls irgendwie spirituell angehaucht ist, und nach deinem Tod die Ewigkeit in der Hölle verbringen, denn das ist die Konsequenz, wenn man die Gnade ausschlägt, die Jesus am Kreuz erworben hat.

Pelagianer verleugnen ebenfalls die menschliche Sündhaftigkeit. Der Pelagianismus ist nach dem asketischen Mönch Pelagius benannt, der im fünften Jahrhundert gelebt hat. Pelagius lehrte, dass die Menschen ihr Leben wie Adam moralisch gut beginnen und aus eigener Entscheidung ein heiliges Leben führen können, für das Gott sie mit dem Himmel belohnen muss. Pelagius wurde beim Konzil von Karthago 418 n.Chr. als Irrlehrer aus der Kirche ausgeschlossen, auch dank seines größten Gegners Augustin, der die menschliche Sündhaftigkeit und die Rettung allein aus Gnaden lehrte. Deshalb flehe ich dich genauso an, nicht zum Pelagianer zu werden, denn diese Lehre hilft dir kein bisschen dabei, Sünde zu überwinden, und wird dir dein jetziges Leben genauso zerstören wie das kommende.

Bleiben also drei Optionen für Christen auf die Frage, für wen Jesus gestorben sei. Ich würde mich freuen, wenn du einen dieser drei Standpunkte einnimmst, denn sie sind alle bibeltreu und im Rahmen evangelikaler Theologie. Aber ich hoffe, dich von der dritten Option überzeugen zu können, denn dein Papa meint, dass sie dem Gesamtzeugnis der Bibel am nächsten kommt.

1. Manche Christen (z.B. die *Kirche des Nazareners*, die *Assemblies of God* [dt.: Pfingstgemeinden], die *Foursquare Gospel Church* [amerik. Pfingstdenomination], die *Calvary Chapel*, die Methodisten und die Mennoniten) glauben, dass Jesus für die Sünde aller Menschen gestorben ist. Diese Position nennt man Arminianismus (benannt nach Jakob Arminius), Wesleyanismus (benannt nach John Wesley) oder unbegrenzte Sühne. Nebenbei bemerkt war Jakob Arminius der Schwiegersohn Johannes Calvins und ich schätze diesen sehr. Calvins Schriften hielt er für die gewinnbringendsten

nach der Bibel selbst. Die Schärfe, die oft zwischen diesen beiden Lagern aufflammt, wäre also unnötig, wenn die Anhänger von Calvin und Arminius ihren Vorbildern folgen würden.

Arminianer beziehen sich auf Bibelstellen, die davon sprechen, dass Jesus für alle Menschen gestorben ist (2Kor 5,14-15; 1Tim 2,1-6; 4,10; Tit 2,11), für die ganze Welt (Joh 1,29; 3,16-17; 1Joh 2,2; 4,14; Offb 5,9) bzw. für alle (Jes 53,6; Hebr 2,9) und nicht will, dass jemand verloren geht (1Tim 2,4; 2Petr 3,9). Außerdem lehren sie, dass man eine Entscheidung treffen muss, den Sühnetod Jesu für sich in Anspruch zu nehmen und Nachfolger Jesu zu werden. Jeder könne diese Entscheidung treffen, sei es aus freiem Willen (Arminianer) oder durch Gottes allgemeine, „vorauslaufende" Gnade (Wesleyaner). Christen sind Gottes Erwählte, weil Gott schon vor Grundlegung der Welt entschieden hat, seine geistlichen Segnungen allen denen zu geben, von denen er vorher wusste, dass sie sein freies Geschenk annehmen würden. Gott zwingt also niemanden durch einen „unwiderstehlichen Ruf" oder indem er Menschen wiedergeboren lassen würde, bevor sie selbst sich zu Buße und Glauben entschlossen hätten, und hängt auch nicht an Menschen, die sich willentlich von Jesus abwenden. Außerdem lehren sie, dass Menschen, die Jesus nicht annehmen, für die Schuld ihrer Sünden die gerechte Verdammnis erleiden werden.

2. Andere Christen (z. B. Reformierte, die dem Westminster Bekenntnis folgen, *Reformed Baptists* und Teile der *Independent Bible Church)* glauben, dass Jesus nur für die Sünden der Erwählten gestorben ist. Erwählung [auf Dt. meist „Prädestination" genannt] meint, dass Gott vor Grundlegung der Welt einzelne Menschen dazu auserwählt hat, ewiges Leben zu bekommen. Die einzige Grundlage ist dabei seine Gnade und Entscheidung, keine menschlichen Taten oder Verdienste. Sein Ruf zeigt Wirkung, denn er tut alles Nötige, um diese Menschen zu Buße und Glauben zu führen (Jes 55,11; Joh 6,44; Röm 8,30; 11,29; 1Kor 1,23-29; 2Tim 1,9). Dieser Standpunkt wird gewöhnlich „Fünf-Punkte-Calvinismus" genannt, „Reformierte Theologie" oder auch „begrenzte Sühne" (bzw. „besondere Erlösung").

Diese Calvinisten beziehen sich gewöhnlich auf solche Stellen in der Bibel, die davon reden, dass Jesus für manche Menschen stirbt, nicht für alle (Mt 1,21; 20,28; 26,28; Röm 5,12-19), für seine Schafe (Joh 10,11.15.26-27), seine Gemeinde (Apg 20,28; Eph 5,25), die Erwählten (Röm 8,32-35), sein Volk (Mt 1,21), seine Freunde (Joh 15,13) oder für alle Christen (2Kor 5,15; Tit 2,14).

Ihr Argument gegen die unbeschränkte Sühne ist, dass wenn Jesus für alle Menschen gestorben ist, auch alle gerettet werden müssten – was die Irrlehre der Allversöhnung wäre. Da Jesus mit seinem Tod den heiligen Zorn Gottes gestillt hat, müsste universale Sühne bedeuten, dass aller Zorn Gottes über Jesus ausgeschüttet worden wäre. Dagegen betonen sie die

Souveränität der Gnade Gottes. Gott hat sich festgelegt, sich dadurch zu verherrlichen, dass die Erlösung völlig auf Gnade beruht und sich nur auf die bezieht, die er einzig zu seinem Ziel erwählt hat. Die menschliche Verdorbenheit und Unfähigkeit [zum Heil] reicht so weit, dass Menschen tot in ihrer Sünde und völlig außerstande sind, auf das Evangelium zu reagieren. Und weil Gottes Wille nicht durchkreuzt werden kann, glauben sie, dass die erwählten Heiligen für immer ihres Heils sicher sind.

Es wäre zu kompliziert, hier auf alle Aspekte dieser Sichtweisen einzugehen. Ein wesentlicher Punkt ist die Absicht Jesu am Kreuz: Wollte er das Lösegeld für alle Sünden aller Menschen bezahlen und die Tür zur Erlösung für alle öffnen? Das wäre unbeschränkte Sühne bzw. der Standpunkt der Wesleyaner und Arminianer. Nehmen wir Paulus wörtlich, wenn er in 1. Timotheus 2,6 sagt, dass Jesus *„sein Leben als Lösegeld für alle gegeben"* hat?

Oder ist Jesus gestorben, um unseren Loskauf abschließend zu vollziehen? [Der sich dann nur auf die tatsächlich Erretteten beziehen könnte – *Anm. d. Übers.]* Das wäre die Position der begrenzten Sühne bzw. des Fünf-Punkte-Calvinismus. Nehmen wir Jesus wörtlich, wenn er am Kreuz sagt: *„Es ist vollbracht"* (Joh 19,30)?

Auf den ersten Blick stehen unbegrenzte und begrenzte Sühne unvereinbar nebeneinander. Aber das Dilemma lässt sich auf zweifache Weise auflösen. Erstens widersprechen sich beide Ansichten nicht komplett, denn die Sühne für alle schließt die für die Erwählten mit ein. Zweitens erwirkt der Tod Jesu für alle nicht das Gleiche wie sein Tod für die Erwählten. Das klingt kompliziert, steht aber so in der Schrift. 1. Timotheus 4,10 unterscheidet z. B. zwischen dem Tod Jesu für alle und dem für die Erwählten im besonderen Sinne: *„Denn wir haben unsere Hoffnung auf den lebendigen Gott gesetzt, und er ist der Helfer und Retter aller Menschen – in besonderer Weise derer, die an ihn glauben."*

2. Petrus 2,1 spricht von Menschen, für die Jesus gestorben ist, die aber nicht von Irrlehre und Verdammnis gerettet sind: *„Genauso werden auch unter euch falsche Lehrer auftreten … und werden sich damit von dem Herrn und Herrscher lossagen, der sie sich zum Eigentum erkauft hat. Auf diese Weise ziehen sie sich selbst ein schnelles Verderben zu."*

Jesus hat sich alle Menschen zum Eigentum erworben, doch er rechnet seine Vergebung aus Gnade nur den Erwählten an, die in Christus sind, während er den Nichterwählten, die Christus ablehnen, seinen Zorn zukommen lässt. Objektiv gesehen war sein Tod also ausreichend, um alle zu retten, aber subjektiv wird er nur für die wirksam, die umkehren und ihm vertrauen. Das ist unbegrenzt-begrenzte Sühne bzw. modifizierter Calvinismus. (Oder, wie es dein Daddy nennt, biblisch.)

Auf der einen Seite dieser oftmals hitzigen Debatte stehen also bibeltreue, Jesus liebende Arminianer mit einem Haufen von Bibelstellen, dass Jesus nicht nur für die Erwählten gestorben ist. Und auf der anderen Seite stehen die ebenso bibeltreuen, Jesus liebenden Calvinisten mit einem Haufen Bibelstellen, dass Jesu Tod tatsächlich Sünde vergeben und Menschen errettet hat, was sich nicht auf alle Menschen beziehen kann, da die Sünder, die nicht umkehren und nicht erwählt sind, in die Hölle kommen – ein Fakt, von dem Jesus selbst öfter als alle anderen in der Bibel spricht.

Um nun beiden Stapeln von Versen gleichermaßen gerecht zu werden, solltest du beide Ansichten übernehmen und jeweils über sie hinausgehen. Damit befindest du dich in guter Gesellschaft, denn das ist meiner Meinung nach die Position, die Johannes Calvin als ein überaus fähiger Bibelausleger (und Namensgeber deines Bruders Calvin Martin Driscoll) selbst vertreten hat:

- In seinem Kommentar zu Galater 5,12 schreibt Calvin: *„Es ist der Wille Gottes, dass wir die Errettung aller Menschen erstreben sollten, ohne Ausnahme, denn Christus hat für die ganze Welt gelitten."*
- In seinem Kommentar zu Kolosser 1,14 schreibt er: *„Durch das Opfer seines Todes wurden alle Sünden der Welt gereinigt."*
- In seinem Kommentar zu Römer 5,18 schreibt er: *„Auch wenn Christus für die Sünden der ganzen Welt gelitten hat und aufgrund der Güte Gottes allen ohne Unterschied angeboten wird, so empfangen ihn dennoch nicht alle."*[22]
- Ähnlich sagt Calvin: *„Das Wort ‚viele' wird oft als Äquivalent für ‚alle' benutzt. Unser Herr Jesus wurde aller Welt geopfert. Es geht nämlich nicht nur um drei oder vier Menschen, wenn es heißt: ‚So sehr hat Gott die Welt geliebt, dass er seinen einzigen Sohn gab ..."* Jesus hat für alle gelitten und weder Große noch Kleine haben heute eine Entschuldigung, denn wir können Erlösung in ihm finden. Ungläubige, die sich von ihm abwenden und sich ihm entziehen durch ihre Bosheit, sind heute doppelt schuldig, denn wie wollen sie ihren Undank entschuldigen, dass sie den Segen nicht empfangen haben, an dem sie im Glauben teilhaben könnten?"*
- In seinem Kommentar zum Hebräerbrief schreibt er außerdem: *„Die Sünde zu tragen' bedeutet, die Sünder durch seine Rechtfertigung von ihrer Schuld zu befreien. Er sagt dabei ‚viele' und meint ‚alle', wie in Römer 5,15. Natürlich genießen nicht alle die Früchte des Todes Christi, aber das geschieht, weil ihr Unglaube sie daran hindert."*

- Und noch ein letztes Zitat von ihm: *„Durch seine Vermittlung ist Gott zufrieden und besänftigt, denn er hat die ganze Schlechtigkeit aller Sünden der Welt getragen."[23]*

Ich will es noch einmal anders anpacken, um dir die verschiedenen Ebenen des Kreuzes zu erklären:

1. Jesus starb, um die Erlösung seines Eigentums, der Erwählten, zu sichern. Das ist die Absicht, die die Fünf-Punkte-Calvinisten zu Recht herausstellen.

2. Jesus starb, um das Lösegeld für alle Sünden der Welt bereitzustellen. Das ist die Universalität, die die Arminianer zu Recht betonen. Wenn die Fünf-Punkte-Calvinisten recht haben und es keine Bezahlung für die Nichterwählten gibt, wie kann Gott dann die Welt wirklich lieben und sich wünschen, dass alle Menschen gerettet werden?

3. Die Tür zur Erlösung steht wirklich jedem offen, der an Jesus glaubt. So wird die Ablehnung des Evangeliums umso unentschuldbarer. Wer könnte Gott seinen heiligen Zorn gegen die vorwerfen, die dieses so unendlich leidvolle Opfer missachten, das Vater und Sohn aushalten mussten, um ihre Rettung möglich zu machen?

4. Dieses „Sowohl-als-auch" der unbegrenzt-begrenzten Sühne erklärt die biblischen Aussagen, dass Jesu Tod alle Dinge mit Gott versöhnen sollte. Paulus schreibt z. B. in Kolosser 1,18-20 über Jesus: *„Ja, Gott hat beschlossen, mit der ganzen Fülle seines Wesens in ihm zu wohnen und durch ihn das ganze Universum mit sich zu versöhnen. Dadurch, dass Christus am Kreuz sein Blut vergoss, hat Gott Frieden geschaffen. Die Versöhnung durch Christus umfasst alles, was auf der Erde, und alles, was im Himmel ist."*

Die sündige Natur der Gläubigen wird vom Blut des Lammes bedeckt und sie werden Gemeinschaft mit dem dreieinigen Gott in seinem ewigen Reich haben. Aber nichts Unreines wird jemals den Himmel betreten.

Johannes sagt uns: *„Die Feigen aber und Ungläubigen und Frevler und Mörder und Unzüchtigen und Zauberer und Götzendiener und alle Lügner, deren Teil wird im Pfuhl sein, der mit Feuer und Schwefel brennt; das ist der zweite Tod"* (Offb 21,8).

Gott wird jede Rebellion durch das Blut Jesu überwinden; das ist der Sieg des Lammes, das der Löwe ist [Offb 5,5-6]. In diesem Sinne werden alle in der Hölle „versöhnt" mit Gott sein, der Streit wird beigelegt sein[24], aber nicht im rettenden Sinne, wie die Universalisten (Allversöhner) fälschlicherweise lehren. In der Hölle sind die Sünder nicht länger Rebellen und ihre Missachtung Gottes ist beendet. In diesem Punkt hat ein Freund namens Bruce Ware deinem Papa und seinem Freund Gerry Breshears geholfen, zu einer Lösung zu kommen.

Zusammengefasst lässt sich sagen, dass Calvin selbst davon ausgegangen ist, dass Jesus für alle Menschen gestorben ist, damit sie einen allgemeinen Nutzen daraus ziehen können, während er im Besonderen für die Erwählten gestorben ist, die als Erlöste zusätzlich profitieren. Du weißt, dass dein Papa ein großer Fan des reformierten Predigers C. H. Spurgeon ist. Wie so oft finde ich, dass er es gut ausdrückt, wenn er in seiner Predigt „Allgemein und doch besonders" sagt:

> *Es gibt einen allgemeinen guten Einfluss, der aus dem Opfer Christi als unserem Vermittler fließt, und doch ist sein besonderer Plan und sein besonderes Ziel, dass alle, die der Vater ihm gegeben hat, ewiges Leben erhalten.*[25]

Jesu Leben, Tod und Auferstehung haben die Menschheitsgeschichte so radikal verändert, dass die ganze Welt tatsächlich in einem ganz realen Sinn von seinem Werk profitiert. Auch du hast unter dieser allgemeinen Gnade gelebt, mit der Jesus die Welt überschüttet hat. Durch Jesus und seine Lehre wurdest du in ein Volk hineingeboren, die Religionsfreiheit schätzt, menschliche Würde achtet, dich mit ihren Gesetzen vor tyrannischer Macht schützt und Bildung für alle ermöglicht.

Dazu hast du gesehen, wie die Kirche die Stadt Seattle positiv beeinflusst hat. Die Mars-Hill-Gemeinde ist eine Stadt in der Stadt; wir wollen die Stadt lieben, wie Jesus sie liebt. Es ist auch Jesus zu verdanken, dass du die Freiheit hast, ihn anzubeten; du wirst mit Würde behandelt, vom Gesetz geschützt und von uns erzogen, sodass du darin wachsen kannst, Gott zu erkennen und die Welt zu verstehen, die Gott geschaffen hat, damit du dich an ihr freuen und sie mitverwalten kannst.

Jesus ist aber auch in rettender Weise gestorben, für die Erwählten. Der allgemeine Nutzen seines Todes ist allen Menschen geschenkt, doch er endet mit diesem Leben, wenn der Mensch nicht persönlich umkehrt und dem Werk Jesu am Kreuz glaubt, um Vergebung zu bekommen. Das heißt, dass das Leben für Christen nicht schlechter werden kann, weil sie noch der Himmel erwartet, während es für Nichtchristen nicht besser werden kann, weil auf sie die Hölle wartet.

Lieber Gideon, deine Mutter und ich lieben dich von ganzem Herzen. Als wir frisch verheiratet darüber sprachen, wie groß unsere Familie werden sollte, beschlossen wir, ein Kind nach dem anderen zu nehmen und zu sehen, wie alles sich entwickeln würde. Tief drinnen wünschten wir uns beide eine große Familie, doch als unter unseren Geschwistern die Unfruchtbarkeit umging, wussten wir nicht, wie viele Kinder wir empfangen könnten. Deine Mutter hatte schon als kleines Mädchen immer von vier Kindern geträumt. Nach einer Fehlgeburt, die mir immer noch die Tränen in die Augen treibt, segnete uns Gott mit vier gesunden, süßen Kindern.

Ich war sicher, dass Ashley ein Junge würde. Als ich sie das erste Mal im Arm hielt, war ich tief erschüttert. Ich betete, dass sie sich von der Sünde abwenden und ihr Vertrauen in das vollbrachte Werk Jesu am Kreuz setzen würde, was sie auch schon sehr früh tat.

Als ich deinen ältesten Bruder Zac zum ersten Mal im Arm hielt und das Gleiche für ihn betete, kackte er mir erst mal auf meine Füße, die nur in offenen Sandalen steckten. Auch er stieg schon sehr jung in eine echte, rettende Beziehung mit Jesus ein.

Als dein Bruder Calvin geboren wurde, betete ich dieses Gebet. An Zacs siebtem Geburtstag gab er sein Leben Jesus. Zac führte ihn dahin, als sie nachts unter ihren Bettdecken lagen, denn Zacs eigentlicher Geburtstagswunsch war, dass sein Bruder gerettet würde.

Ebenso betete ich für Alexie, als ich sie zum ersten Mal im Arm hielt. Seit sie noch ganz klein war, singt sie mit brennendem Herzen Lobpreislieder für Jesus. Ihre Verbindung zu Jesus scheint zum Großteil über Lobpreis zu laufen.

Nach diesen vier Kindern dachten wir, dass es nun genug wäre, zumal deine Mutter bei jeder Geburt einen schmerzhaften Kaiserschnitt über sich ergehen lassen musste und wir uns Sorgen um ihre Gesundheit machten. Doch im Gebet hatte ich den Eindruck, dass in unserer Familie noch jemand fehlte. Deine Mutter betete viel und vertraute mir als Leiter der Familie. Aus unserer Liebe bist du entstanden. Wir freuten uns beide riesig, weil wir glaubten, dass Gott dich zum Segen in unserer Familie und irgendwie auch in der Welt setzen würde. Während der Schwangerschaft haben deine Mutter, ich und deine Geschwister jeden Tag für deine physische, geistige, emotionale und geistliche Gesundheit gebetet.

Als ich dich das erste Mal im Arm hielt, dankte ich Jesus für all das Gute, was durch seinen Tod und seine Auferstehung in dein und mein Leben gekommen ist. Seitdem bete ich jeden Tag dafür, dass du dein Vertrauen auf Jesus setzt und dir auch sein rettendes Werk am Kreuz zukommt. Ich bete, dass du in seiner Auferstehungskraft lebst, mit dem neuen Herzen und allem Neuen, das es mit sich bringt. Ich bete, dass du nicht nur *mein* Sohn bist, sondern auch zu Gottes Sohn wirst, mit dem ich beten, in der Bibel lesen und Jesus mit Freuden dienen kann. Dazu musst du als Christ unter der Herrschaft Jesu leben, denn den Weg in den Himmel muss jeder allein einschlagen.

Deine Mutter und ich gehen diesen Weg des Glaubens mit Jesus zum ewigen Leben und wünschen uns nichts mehr, als dass jedes unserer Kinder diesen Weg mit uns geht und persönlich mit Jesus lebt. Deshalb flehe ich dich als dein Pastor und Papa an, Jesus und sein Werk nicht für selbstverständlich zu nehmen und nicht nur seine allgemeinen Segnungen mitzunehmen, sondern auch seine Erlösung. Übernimm nicht einfach den

Glauben deiner Familie, sondern glaube selbst! Ich kann nicht zwischen dir und Gott vermitteln, aber Jesus kann es. Er kann und wird dir vergeben und ein neues Herz und Wesen geben, das sich nach Heiligkeit sehnt, und er wird dich nicht nur in diesem Leben segnen, sondern auch im kommenden.

Einer dieser Segen wäre für mich, wenn ich dich in diesem Leben taufen dürfte – sehen, wie du vom Tod aufstehst, um mit Jesus zu leben, für immer frei von Sünde und ihren Folgen, sodass du noch im Himmel mit deinen Brüdern den Ball durch die Gegend schleudern kannst.

Die Familie und das Land, in die du hineingeboren wurdest, haben einiges gemeinsam mit dem Volk Israel im Alten Testament. Dort war der heiligste Tag des Jahres der Große Versöhnungstag, der auf den Tod Jesu am Kreuz hinwies. An diesem Tag wurde das ganze Volk dazu aufgerufen, von Sünden umzukehren und auf Gottes Erlösung zu vertrauen. Jeder Einzelne war schon sehr gesegnet dadurch, Teil eines Volkes zu sein, das Gott anbetete. Doch zusätzlich dazu war die Erwartung, dass jeder für sich seine persönlichen Sünden bekennen und seinen eigenen Glauben an Gott haben würde. So war der Versöhnungstag für alle ein allgemeiner Segen und zusätzlich ein besonderer Segen für die, die persönliche Buße und Glauben aufbrachten.

Als ein Mitglied unserer Familie, unserer Gemeinde und unserer Nation wurdest du in ein sehr gesegnetes Umfeld hineingeboren. Christus und das Christentum haben ihre Spuren hinterlassen, ähnlich wie es bei den Israeliten war. Aber diese Segnungen sind nichts wert, wenn du nur Teil einer christlichen Familie und Gemeinde bist, ohne selbst Christ zu sein, der den Tod Jesu als Quelle seines Lebens angenommen hat.

Giddy, du weißt, dass dein Papa dich von ganzem Herzen liebt. Aber du musst wissen, dass Jesus dich noch viel mehr liebt und es am Kreuz gezeigt hat. Im Licht dieser klaren Wahrheit musst du leben, die alles erhellt, verändert und ermöglicht.

Rückfragen zum Thema „unbegrenzt-begrenzte Sühne"

Muss man nicht, wenn man an Erwählung (Prädestination) glaubt, logischerweise auch an begrenzte Sühne (oder besondere Erlösung) glauben? Wenn Gott bestimmte Individuen zur Errettung auserwählt hat, muss man dann nicht aus der Einheit in der Dreieinigkeit schließen, dass Jesus am Kreuz nur für diese gestorben ist?

Das ist eine scharfsinnige Frage! Es gibt ein paar entscheidende Klärungen, die dir verstehen helfen, wo wir hier stehen.

Erstens: Jeder Christ, der Jesus liebt, glaubt an göttliche Erwählung. Sowohl Arminianer und Wesleyaner als auch Calvinisten lesen Epheser 1,2-4 dahingehend, dass Gott vor Grundlegung der Welt entschieden hat, seinen ganzen geistlichen Segen denen zukommen zu lassen, die in Christus sind. Diese Erwählung ist individuell, d. h. Gott hat Individuen erkannt, geliebt und dazu erwählt, immer mehr wie Christus zu werden, damit wir etwas zu seiner Ehre seien. Außerdem hat er jeden Einzelnen von uns in die Gemeinschaft der Erwählten gerufen, den Leib Christi, und in die Gemeinschaft des Heiligen Geistes, damit wir zusammen als Gemeinde seinem kostbaren Sohn eine makellose Braut sind.

Der große Unterschied liegt darin, *wie* wir dahin kommen, „in Christus" zu sein. Wesleyaner und Arminianer glauben, dass wir eine Entscheidung treffen. Gott wusste zwar, wer sich dafür entscheiden würde, das Heil ganz aus Gnaden anzunehmen, doch dieses Wissen bestimmt nicht unsere Wahl vorher.

Calvinisten glauben dagegen, dass es Gott in seiner Allmacht ist, der uns in Christus hineinstellt. Wenn die Errettung von unserer eigenen Entscheidung abhinge, würden wir alle in der Hölle enden, weil nach Römer 3,11 *„niemand nach Gott fragt"*. Andere evangelikale Christen glauben, dass in manchen Fällen Gott die Entscheidung trifft, wie bei Saulus (Paulus) auf der Straße nach Damaskus (Apg 9,15), während in anderen Fällen die Menschen selbst entscheiden, nachdem sie von der Gnade dazu befähigt wurden, z. B. der Kämmerer aus Äthiopien oder Lydia (Apg 8,27-39; 16,13-16). Gott arbeitet also an verschiedenen Menschen auf unterschiedliche Weise, aber immer allein aus Gnade, allein in Christus.

Wenn du an eine Form von Erwählung glaubst, die sich von der calvinistischen unterscheidet, glaubst du vielleicht nicht, dass Gott entscheidet, welcher spezifische Einzelmensch gerettet wird. In nicht calvinistischen Sichtweisen will Gott eigentlich, dass alle Menschen gerettet werden. Jesus starb, um Sühne für alle zu erwirken, was sie in die Lage versetzt hat, Gottes Gnadengeschenk anzunehmen – allein aus Gnaden, allein durch den Glauben.

Zweitens: Viele, die die calvinistische Prädestinationslehre vertreten, glauben auch, dass Jesus für alle Menschen gesühnt hat. Diese Sicht nennt man Vier-Punkt-Calvinismus. Sie glauben, dass Jesu Tod am Kreuz dem Muster des Großen Versöhnungstages folgt (3Mose 16): An dem Tag sollte der Hohepriester das sühnende Blut des ersten Bocks darbringen, *„das Sündopfer, das für das Volk bestimmt ist ... Auf diese Weise erwirke er Sühne für das Heiligtum wegen der Unreinheiten der Israeliten und ihrer Vergehen, mit denen sie sich versündigt haben"* (3Mose 16,15-16).

Die beiden Böcke erwirkten Sühne (Propitiation/Zornstillung und Reinigung) für das ganze Volk, obwohl der Gewinn nur Gottes Erwählten übertragen wurde, dem „Überrest" innerhalb der größeren Gruppe.

Drittens: Rationalität und Logik sind kostbare Geschenke Gottes, ein zentraler Aspekt unserer Ebenbildlichkeit, die uns besonders dabei helfen, die Bibel auszulegen, unsere höchste Autorität. Logik funktioniert aber nur, wenn wir alle Möglichkeiten in Betracht ziehen können. Nun erinnert uns die Bibel aber daran, dass wir nicht alles über Gott wissen (5Mose 29,29; 1Kor 13,12). Deswegen sollten wir vorsichtig und bescheiden sein, wenn wir Logik dazu einsetzen, über Gottes Selbstoffenbarung hinauszugehen, und noch zurückhaltender, wenn wir uns dabei ertappen, die natürliche Bedeutung eines Textes wegzudiskutieren. Wenn wir also etwas „Unlogisches" in der Bibel finden, kann es manchmal einfach sein, dass wir nicht das Gesamtbild der Bibel beachten.

Diese Debatte regt mich wirklich auf. Es bringt doch nur den Leib Christi auseinander. Warum müssen wir darüber streiten?

Du hast absolut recht, dass wir uns über so etwas nicht streiten sollten. Paulus warnt uns:

> *Mit törichten Spekulationen hingegen, die nur von Unverstand zeugen, gib dich nicht ab. Du weißt ja, dass sie zu nichts anderem führen als zu Streitigkeiten. Und wer ein Diener des Herrn sein will, darf nicht streiten, sondern soll zu allen freundlich sein. Er … muss es gelassen ertragen können, wenn ihm Unrecht zugefügt wird, und soll denen, die sich gegen das Evangelium stellen, geduldig den rechten Weg zeigen. (2Tim 2,23–25)*

Wenn Christen mit solchen Themen ringen, sollten wir einander zuhören, statt als Sieger aus dem Gefecht hervorgehen zu wollen. Unser Ziel sollte immer sein, Gottes Wahrheit zu erkennen, indem wir uns gemeinsam heranarbeiten, statt unsere persönlichen Ansichten zu verteidigen. Diese Diskussionen finden unter gläubigen Christen statt, deshalb sollten wir sie mit der aufgeschlagenen Bibel und einem freundlichen Gesicht führen, immer auf der Suche nach vertiefter Erkenntnis. Wenn Menschen ihre Bibel zuschlagen und bloß noch ihre persönlichen Ansichten mit ihren Lieblingsversen verteidigen, dann sollten wir die Diskussion beenden und lieber in aller Demut ins Gebet gehen.

Andererseits fallen heutzutage die meisten Menschen auf der anderen Seite vom Pferd, indem sie sich gar nicht erst die Arbeit machen, um Gottes Offenbarung wirklich zu verstehen. Sie geben sich mit Babybrei zufrieden, wo Gott doch ein ganzes Festessen voller Wahrheit für uns bereit hält (1Kor 3,1-3; Hebr 5,12-13). Ihr Mantra ist „Keep it simple" („halte es einfach"). Um es mit P. T. Forsyth zu sagen:

> *Dieser faule Schrei nach Einfachheit ist eine große Gefahr. Er zeigt eine Geisteshaltung, die vor den großen Dingen Gottes zurückschreckt, und einen senilen Glauben, der Angst hat vor den hohen Dingen.*[26]

In Diskussionen gilt es, das Gleichgewicht zu halten zwischen Ringen und Nachgeben.[27] Die Bibel sagt es so: *„Was verborgen ist, ist des Herrn, unseres Gottes; was aber offenbart ist, das gilt uns und unseren Kindern ewiglich, dass wir tun sollen alle Worte dieses Gesetzes"* (5Mose 29,28).

Wer sind bekanntere Vertreter der Positionen in diesem Kapitel?

Manchmal ist es hilfreich, im Verstehensprozess einer Lehre ein paar ihrer Vertreter zu kennen. Um also die Gruppen besser verstehen zu können, nennen wir hier ein paar Vertreter zu den einzelnen Ansätzen, die wir zu diesem Thema diskutiert haben. Solche Schubladen sind allerdings nicht besonders präzise, sondern es gibt verschiedene Schattierungen innerhalb der groben Kategorien.

- Zu denen, die sich zum „christlichen" Universalismus (Allversöhnung) halten, gehören Doug Pagitt, Brian McLaren und Spencer Burke, die alle mit dem Emergent-Village-Projekt verbunden sind [ein amerikanisches Kolloquium von Vordenkern der liberaleren Schiene der Emerging-Church-Bewegung – *Anm. d. Übers.*].
- Zu denen, die sich an die Irrlehre des modernen Pelagianismus halten, gehören viele Lehrer und Prediger der großen liberalen Denominationen.
- Vertreter der unbegrenzten Sühne sind u. a. Jack Cottrell und Kenneth Grider [aber auch Norman Geisler, Chuck Smith, Greg Laurie und viele andere – *Anm. d. Übers.*].
- Vertreter einer begrenzten Sühne sind z. B. Wayne Grudem, John Piper und R. C. Sproul.
- Der bekannteste Vertreter der unbegrenzt-begrenzten Sühne ist wohl Bruce Ware [Professor für systematische Theologie am Southern Baptist Theological Seminary in Louisville – *Anm. d. Übers.*].

KAPITEL 9

„Ich werde in die Hölle wandern!" – Jesus, Hanks Lösegeld

Es gibt nämlich nur einen Gott, und es gibt auch nur einen Vermittler zwischen Gott und den Menschen – den, der selbst ein Mensch geworden ist, Jesus Christus. Er hat sein Leben als Lösegeld für alle gegeben und hat damit zu der von Gott bestimmten Zeit den Beweis erbracht, dass Gott alle retten will.

1. TIMOTHEUS 2,5-6

Auf den ersten Blick ist er ein stämmiger Hüne, der einen glatt einschüchtern kann mit seinen ungefähr 140 Kilo und knapp zwei Metern Körpergröße. Die Jahre haben ihm nicht gutgetan. Er ist in den Sechzigern, könnte aber problemlos als älter durchgehen mit den riesigen Tränensäcken unter seinen Augen und seiner schweren Atmung nach jahrzehntelangem Kettenrauchen. Die verblassten Tattoos auf seinem Arm erinnern stets an seine Zeit als junger Mann in der Armee, als sein starker Alkoholkonsum, sein Leben am Limit und die ständigen Schlägereien ihren Höhepunkt erreichten.

Als wir uns trafen, fing er an, von ernsten finanziellen Problemen zu sprechen. Grund dafür waren die ausufernden Rechnungen für seine medizinische Versorgung und seine Unfähigkeit, regelmäßig Geld zu verdienen. Während er sprach, hatte ich den Eindruck, als würde er um den heißen Brei herumreden. Er offenbarte mir nicht die nackte Wahrheit, warum er eigentlich Hilfe brauchte, und drohte meine Zeit zu vergeuden. In der Annahme, dass ein so rauer, maskuliner Kerl wie er damit umgehen könnte, unterbrach ich ihn und sagte, ich hätte das Gefühl, dass er ein Feigling wäre, der meine Zeit verschwendete, und dass er doch endlich zum Punkt kommen sollte.

Das tat er auch – und es war erschreckend. Er hatte schon als Teenager angefangen, mit Frauen zu schlafen, und längst aufgehört, all die Frauen zu zählen, mit denen er über die Jahre zusammen gewesen war, eingeschlossen eine lange Liste von Prostituierten. Die meiste Zeit seines Lebens war er entweder in der Armee gewesen oder hatte harte körperliche Arbeit ver-

richtet, die seinen Körper kaputt gemacht hatte. Weil er die meiste Zeit
seines Lebens betrunken gewesen war, gab es auch ein paar Lücken in seiner Erinnerung.

Woran er sich aber erinnerte war, dass er einige Male mit jüngeren,
schwächeren Frauen verheiratet war, die er oft verbal, physisch und sexuell misshandelte, bis sie ihn verließen. Er erinnerte sich auch daran, dass
er mehrere Kinder mit verschiedenen Frauen hatte und ein schrecklicher
Vater gewesen war. Seine Söhne schlug er regelmäßig, um sie (mit seinen
Worten) „stärker zu machen". Aber es machte nur ihre Seele kaputt und
nahm ihnen ihre Würde. Von der Mittelstufe an versuchten sie sich mit
Drogen und Alkohol selbst zu therapieren und versuchten mehrfach, sich
umzubringen, um von ihrem Vater wegzukommen. Noch schlimmer war,
dass Hank seine kleinen Töchter zwang, ihn oral zu befriedigen, wenn er
betrunken war. Sobald ihre Körper anfingen, sich zu entwickeln, fing er
an, sie zu begrapschen und zu vergewaltigen. Das Leben dieser Mädchen
endete in brutalen Beziehungen, in denen sie von vielen Männern genauso
behandelt wurden, wie sie es von ihrem Vater gewöhnt waren.

Ganz ehrlich: Alles in mir wollte diesen alten Sack beschimpfen und
ihm die Tracht Prügel seines Lebens verpassen. Ich weiß, dass die Bibel
sagt, dass Jesus gestorben ist, um Sündern zu vergeben, aber es war eine
riesige Herausforderung für mich, diesem Kerl das Evangelium zu vermitteln, denn ehrlich gesagt wollte ich, dass Jesus über ihn zu Gericht sitzt. Ich
hätte diesen Mann lieber verdroschen, wie Jesus es mit den Geldwechslern
gemacht hatte, als ihm irgendetwas über die Gnade Gottes zu erzählen,
die durch den Tod Jesu ausgegossen ist. Trotzdem tat ich meinen Job und
entschied mich, diesen alten Mann mit Worten zu bestürmen statt mit
Fäusten. Ich nannte ihn einen Säufer, Schläger, Vergewaltiger, Hurenbock,
Ehebrecher, Kinderschänder, Lügner, Frauenmisshandler und einiges mehr,
was ich hier nicht schreiben möchte, weil manche frommen Christen damit
nicht umgehen könnten. Dann sagte ich ihm, dass er der jämmerlichste
und schlechteste Mensch war, den ich kannte, und er für mich, der ich
selbst Vater von fünf Kindern bin, das Recht verspielt hatte, auch nur zu
atmen.

Ich hatte vermutet, dass er mich beschimpfen und auf immer verschwinden würde, was mir sehr recht gewesen wäre. Aber er fing an zu
heulen wie ein Kleinkind, was mich nur noch wütender machte. Dieser ka-
putte alte Mann wollte, dass ich Mitleid mit ihm hatte, aber da hatte er sich
geschnitten. Ich sagte ihm, dass er aufhören sollte zu heulen, denn wenn ich
für irgendwen Mitleid empfinden würde, dann für seine Opfer. Er riss sich
zusammen und sagte: „Erwischt. Ich bin ein verkommener Mensch und

verdiene es, zu sterben und in die Hölle zu wandern. Ich weiß, dass das der Ort ist, an den ich gehe. Sagen Sie mir, wie ich alles zurückzahlen kann, damit ich nicht in die Hölle muss!"

Dieser erbärmliche alte Mann hatte irgendeine schräge Vorstellung von Karma und keine Ahnung von Gnade, deshalb wollte er sich nun seine Erlösung verdienen, indem er den kurzen Rest seines Lebens damit verbrachte, die Hölle wieder geradezubiegen, die er anderen angetan hatte. Er war ein einziges übles Wrack und glaubte doch immer noch, dass genug Gutes in ihm sei, um mit seinen letzten Atemzügen die bösen Taten eines ganzen Lebens wiedergutzumachen.

Wenn es um Sünde geht, sind die Menschen sehr einfallsreich. Wir sind geschickt darin, unsere Sünde zu bekennen, aber dann nicht davon umzukehren. Menschen sagen im Allgemeinen, dass sie Fehler gemacht haben, und bedauern das auch, aber ihnen fehlt die tiefe Reue darüber, wer sie sind. Der alte Kerl war bei einem Geständnis angekommen, aber noch nicht dabei, Buße zu tun, sich zu verachten und zu wünschen, ein neuer Mensch zu werden – nicht der gleiche alte Mensch, der nun halt versucht, gute, neue Dinge zu tun. So musste er eine Weile in seiner eigenen Scheiße sitzen, bis sie roch.

Um ihn an diesen Punkt zu bekommen, sagte ich ihm, dass er sich einen Notizblock nehmen und auf jeder Seite zwei Spalten anlegen sollte. Seine Aufgabe war es, diesen Block ein paar Wochen mit sich zu tragen und in die linke Spalte alle schlechten Dinge zu schreiben, die er jemals gedacht, gesagt oder getan hatte; alles, woran er sich erinnern konnte. Ich würde ihn anrufen, um mich zu erkundigen, wie es lief.

Einige Wochen später rief ich ihn an und war überrascht zu hören, dass er es tatsächlich getan und einen kompletten Notizblock vollgeschrieben hatte. Er fragte mich, was er nun tun solle. Ich trug ihm auf, die Liste durchzugehen und in der rechten Spalte jeweils aufzuschreiben, wie er den Schaden angemessen wiedergutmachen könnte.

Einige Wochen später rief ich ihn wieder an. Da erzählte er mir, dass er in staatlichen Pflegezentren gewesen war, weil es mit seiner Gesundheit weiterhin steil bergab ging und er keinen Penny mehr in der Tasche hatte. Er hörte sich schrecklich an und stand offensichtlich kurz vor seinem Tod.

Ich fragte ihn, wie der Stand seiner Liste war.

„Ich kann nicht jedem, den ich bestohlen oder betrogen habe, alles zurückzahlen", antwortete er, „weil ich kein Geld habe. Ich kann die Dinge, die ich getan habe, nicht wiedergutmachen. Dafür ist es einfach zu spät. Ich kann nicht einmal die Leute anrufen, die ich verletzt habe, um mich zu entschuldigen, weil ich nicht einmal weiß, wo sie heute wohnen, und einige von ihnen schon tot sind. Ich habe versucht, meine Töchter anzurufen, aber sie wollten nicht einmal mit mir reden. Ich bin so krank, dass ich nicht einmal mein Bett verlassen kann. Wie soll ich da versuchen, irgendetwas wieder in Ordnung zu bringen?"

Ich fragte ihn: „Also was glaubst du, wo du hinkommst, wenn du stirbst?"

„Ich komme in die Hölle", antwortete er.

„Das wirst du", sagte ich zu ihm, „und dort wirst du Jesus begegnen und er wird dich bezahlen lassen für alles, was du getan oder versäumt hast. Und weil du das nicht kannst, wirst du dort bleiben."

Er schwieg. Langsam drangen die Worte in seine Seele ein und das Telefon blieb still. Dann dankte er mir für meine Zeit und wollte auflegen. Doch nun fing ich an, ihm den Stellvertretertod Jesu anhand des Begriffs des Lösegeldes zu erklären. Im folgenden Brief fasse ich zusammen, was ich ihm damals gesagt habe.

● ● ● ●

Lieber Hank,

als wir uns das erste Mal unterhalten haben, hast du mir erzählt, dass du wegen deiner ganzen Sünde und Dummheit in großen finanziellen Schwierigkeiten steckst. Du hast zugegeben, dass deine finanziellen Schulden riesig sind und du niemals in der Lage sein wirst, sie zurückzuzahlen. Du hast berichtet, dass du jeden Monat Briefe von deinen Gläubigern bekommst. Sie haben schon dein Haus versteigert und nahezu alles von Wert, was du jemals besessen hast. Trotzdem fordern sie noch mehr, weil deine Schulden durch Zinsen weiter wachsen, jeden Tag, jede Minute. Es ist verständlich, dass dich das in Panik versetzt.

Aber ich habe noch schlechtere Nachrichten für dich. Wie die meisten Menschen bist du dir der Schulden gar nicht bewusst, die du bei Gott hast. Du hast zwar ein Auge auf deine finanzielle Misere, aber du hast dich nie mit deinen geistlichen Schulden auseinandergesetzt. Gott hat dich dazu geschaffen, ihn mit Gedanken, Worten und Taten zu lieben, zu ehren und ihm zu gehorchen. Jedes Mal, wenn du nicht nach dieser Bestimmung gelebt hast, hast du bei Gott Schulden angehäuft. Halte einen Moment inne und frage dich: Wie viele Schulden hast du bei Gott? Stell dir vor, dass für jede Sünde deines Lebens (in Gedanken, Worten und Taten) ein Stein auf einen Haufen kommt. Wie hoch wäre dieser Haufen heute? Wäre es ein richtiger Berg?

Weißt du, Hank, Sünde passiert immer dann, wenn wir etwas denken, glauben, sagen oder tun, was wir nicht sollten, oder etwas unterlassen, was wir eigentlich tun sollten. Stell dir den Berg von geistlichen Schulden vor, den du bei Gott angehäuft hast, wenn du dich betrunken und brutal verhalten hast, wenn du gestohlen oder sexuelle Sünden begangen hast. Jetzt füge noch die Situationen hinzu, in denen du böse Gedanken hattest, von Lust über Neid bis zu Gewalt, und dann noch jedes Wort, das du niemals hättest sagen sollen, deine Lügen, Flüche und Grausamkeiten. Und dann frag dich selbst, wie groß dein Schuldenberg vor Gott wohl ist.

Packe jetzt noch jede Sekunde obendrauf, in der du nicht das getan hast, was du hättest tun sollen. Wirf einen Stein auf deinen Schuldenberg für jedes Spiel deiner Söhne, zu dem du nicht gegangen bist, weil du dich in einer Bar betrunken hast; einen Stein für jede Mahlzeit, die du mit deiner Familie hättest essen sollen, während du im Stripclub gesessen hast; einen Stein für jedes Mal, wo du deine Kinder und deine Frau einfach ignoriert hast, wenn sie mit dir geredet haben; einen Stein für jede Gelegenheit, bei der du deine Töchter hättest umarmen und deine Söhne ermutigen sollen und es nicht getan hast – und dann frag dich, wie groß dein Schuldenberg vor Gott wohl ist.

Jede Sünde geht nicht nur gegen Menschen, sondern auch gegen Gott. Als du deine Liste geschrieben hast, musstest du erkennen, dass es für dich keine Möglichkeit gibt, jedem alles zurückzuzahlen. Aber was ist mit Gott?

Du hast Zeit deines Lebens gegen Gott gesündigt und bist auch ihm gegenüber schuldig. So wie die Dinge jetzt stehen, bist du auf dem sicheren Weg in die Hölle, die das ewige Gefängnis für geistliche Schuldner wie dich ist, die Gott betrogen haben, indem sie völlig an ihm vorbeigelebt haben. Ein guter, heiliger und gerechter Gott kann dein erbärmliches Leben niemals gutheißen oder ignorieren.

Doch es gibt gute Nachrichten. Deine geistlichen Schulden hast du bei jemandem, der viel gnädiger, freundlicher und barmherziger ist als die Leute, bei denen du finanziell in der Kreide stehst. Die Kreditkartenunternehmen und Schuldeneintreiber werden immer weiter hinter dir herjagen, bis du alle Schulden vollständig beglichen hast. Aber Jesus ist bereit, deine komplette geistliche Schuld an Gott den Vater zurückzuzahlen.

Damit sie vergeben werden kann, brauchst du dreierlei:

1. Du brauchst einen Vermittler, der zwischen dir und Gott steht, der deine gesamte Schuld ermittelt und sich eine Lösung einfallen lässt, die für Gott den Vater, deinen Gläubiger, akzeptabel ist.
2. Du brauchst einen Erlöser, der bereit ist, für dich einzutreten und deine Schuld bei Gott dem Vater zu bezahlen.
3. Du brauchst ein Lösegeld, das hoch genug ist, um deine Schulden bei Gott dem Vater zu begleichen.

Dein Vermittler muss eine Art Mediator sein, der mit dir und Gott eine gemeinsame Lösung entwickelt. Seine Rolle ist in etwa vergleichbar mit der eines Schlichters aus unserem Rechtssystem, der einen Konflikt zwischen zwei Parteien entschärft. Man könnte ihn auch mit einem Insolvenzverwalter vergleichen, der zwischen den Schuldner und die Firma tritt, der er etwas schuldet, und einen Rückzahlungsplan aufstellt. Oder mit einem Berater für Beziehungsprobleme. Diese Person muss unparteiisch sein, denn er sollte sowohl Gott als auch dich fair vertreten.

In der Bibel sehnt sich ein Mann namens Hiob nach einem solchen Vermittler und klagt: *„Denn er ist nicht ein Mensch wie ich, dass ich ihm antworten könnte und wir gingen miteinander vor Gericht. Kein Schlichter vermittelt zwischen uns und legt seine Hand auf uns beide"* (Hiob 9,32-33).

Hiob hatte verstanden, dass er wie du einen Vermittler brauchte, der sowohl Gott als auch Mensch ist, damit er beide Seiten des Konflikts angemessen vertreten kann oder, wie Hiob es nennt, *„seine Hand auf uns beide legt"*, um beide Seiten zusammenzubringen.

Jesus Christus ist die erstaunliche Antwort auf Hiobs Sehnsucht und deine Not. Er ist Gott, der Mensch wurde. Nur Jesus allein kann zwischen dir und Gott dem Vater vermitteln und beide Seiten gerecht vertreten, weil er der Einzige ist, der sowohl Gott als auch Mensch ist. Deshalb spricht die Bibel immer wieder von Jesus als unserem einzigen Vermittler: *„Es gibt nämlich nur einen Gott, und es gibt auch nur einen Vermittler zwischen Gott und den Menschen – den, der selbst ein Mensch geworden ist, Jesus Christus"* (1Tim 2,5; vgl. Hebr 9,15; 12,24).

Die Worte der Bibel sind hier klar und gewichtig. Deine geistliche Schuld besteht gegenüber Gott und es gibt nur einen Vermittler zwischen dir und ihm, der dich aus deiner gefährlichen Lage befreien kann. Keine Religion kann dir hier weiterhelfen, nur das Christentum. Manche werden sagen, dass du ins Fegefeuer musst, um deine Schulden bei Gott mit Leiden zu begleichen. Andere erzählen dir von Reinkarnation, sodass du Gott im nächsten Leben durch Leiden auszahlen kannst. Beides ist falsch. Du kannst Gott deine Schulden nicht zurückzahlen, ganz egal was du tust. Ein weiteres Leben würde deinen Schuldenberg nur vergrößern, weil du auch im nächsten Leben das Ruder nicht komplett herumreißen könntest.

Bald wirst du sterben. Weil du Sünder bist. In 1. Mose 2,16 verheißt Gott unseren ersten Vorfahren Adam und Eva den Tod, wenn sie in Sünde fallen würden. Römer 6,23 drückt es so aus: *„Der Lohn, den die Sünde zahlt, ist der Tod."* In Römer 5,12 steht auch: *„Der Tod [ist] zu allen Menschen gekommen, denn alle haben gesündigt."* Es liegt also an der Sünde, dass jede Stunde mehr als 6300 Menschen sterben. (Diese Zahl stand in einem Bericht, den ich neulich gelesen habe.) Schon bald wirst du ein Teil von ihnen sein.

Du solltest dir ernsthafte Gedanken darüber machen, was mit dir passieren wird. Ich befürchte, dass du zu leichtgläubig bist und glaubst, dass jeder auf der Gewinnerseite stehen wird oder noch eine Chance dazu bekommt. Allversöhnung lehrt, dass im Grunde jeder Mensch nach seinem Tod in den Himmel kommt. Annihilation lehrt, dass jeder, der stirbt, einfach aufhört zu existieren. Aber Daniel 12,2 widerlegt diese beiden Alternativen deutlich und sagt, dass jeden Sterbenden eins von zwei Schicksalen ereilen wird: *„die einen zum ewigen Leben und die anderen zur Schande, zur ewigen Abscheu".* Du wirst sterben und dann ewig existieren – die Frage ist nur, wo. Wirst du in den Himmel kommen und dort ewige Freude erleben oder in die Hölle und dort ewig leiden? Jesus sagt, dass an diesem Ort „Heulen und Zähneklappern" und endlose Qual herrschen.

Ich befürchte, dass du so naiv bist zu glauben, dass Gott dir nach dem Tod eine zweite Chance geben wird. Reinkarnation lehrt, dass du einen weiteren Versuch bekommst und Gott alles zurückzahlen kannst, wenn du dieses Leben vergeudet hast. Die Lehre vom Fegefeuer ist dem ganz ähnlich. Sie besagt, dass du nach dem Tod für eine gewisse Zeit zu leiden hast, um Gott damit alles zurückzuzahlen und den Himmel zu verdienen, als ob du damit das bewältigen könntest, was du vorher falsch gemacht hast. Hank, du hast schon krauses Zeug in deinem Leben geglaubt, aber bitte gehe nicht auch noch der leeren Hoffnung auf Reinkarnation oder das Fegefeuer auf den Leim! Die Bibel lehnt beide Möglichkeiten von einer zweiten Chance entschieden ab, wenn es heißt: *„Sterben müssen alle Menschen; aber sie sterben nur einmal, und darauf folgt das Gericht"* (Hebr 9,27).

Gott hat einen Zeitpunkt für deinen Tod bestimmt, an dem sich deine immaterielle Seele von deinem physischen Körper lösen und an einen Ort kommen wird, den die Bibel Hades nennt. Dort wirst du schreckliche Qualen erleben, wie Lukas 16,19-31 es eindrücklich beschreibt. Einige Zeit später wirst du vor Jesus zu einem letzten, ewigen Gericht kommen (Offb 20,13-14). An diesem Tag wirst du zu den vielen Menschen gehören, die sich, *„weil Jesus diesen Namen trägt, ... alle vor ihm auf die Knie werfen, alle, die im Himmel, auf der Erde und unter der Erde sind. Alle werden anerkennen, dass Jesus Christus der Herr ist, und werden damit Gott, dem Vater, die Ehre geben"* (Phil 2,10-11).

Hank, du wirst vor Jesus stehen und ihm die Ehre geben. Die Frage ist nur, ob das schon heute geschieht und du dadurch gerettet wirst, oder ob es an jenem Tag in der Zukunft sein wird und damit deine Verdammnis eingeläutet wird. Wird es heute geschehen auf deinem Weg in den Himmel oder morgen auf deinem Weg zur Hölle?

An diesem letzten Tag wird Jesus (der mehr als jeder andere in der Bibel von der Hölle spricht) dich erst richten und dann in die Hölle schicken, wenn du nicht Buße tust und daran glaubst, dass er dein Lösegeld ist. Zwölf Mal wird die Hölle in der Bibel auch *Gehenna* genannt, elf Mal davon von Jesus. An diesem Ort vor Jerusalem hatten Menschen sogar Menschenopfer gebracht; sie töteten sogar ihre eigenen Kinder, um ihre falschen, dämonischen Götter zu verehren. Für Gottes Volk war dieser Ort deswegen unrein. Sie nutzten ihn als städtische Müllhalde für Abfall und verwesende Leichen; Würmer fraßen sich dort satt und es brannten unaufhörlich Feuer.

Dieses Bild benutzt die Bibel, um die Hölle zu beschreiben, die auf dich wartet, wenn du heute ohne den Glauben an Jesus Christus stirbst. In Offenbarung 14,10 sehen wir, dass Jesus selbst darüber wacht, dass seine vollkommene Gerechtigkeit vollzogen wird, auch die Verdammnis im Jenseits an den Nichtchristen. Hank, du wirst die Ewigkeit mit Jesus verbringen, entweder als dein Freund oder als dein Feind!

Seit ich deinen schweren Atem am Telefon gehört habe, bin ich sicher, dass dein Tod mit Tempo auf dich zurast. An dem Tag wirst du vor Jesus in seiner ganzen Herrlichkeit stehen. Das Buch Offenbarung sagt uns, dass Jesus heute als mächtiger König des Weltalls im Himmel auf einem Thron sitzt, seinen Namen auf sein Bein tätowiert. Er hält sein Schwert in der Hand und wartet darauf, Männer wie dich gerecht zu richten. In der Bibel steht, dass es dir gegeben ist, einmal zu sterben. Es gibt keine Allversöhnung und keine Annihilation, kein Fegefeuer und keine Reinkarnation, nur jeden Tag den Thron Jesu.

Aber die Schrift hat gute Nachricht für dich! In Hebräer 9,27-28 steht: *„Wie den Menschen bestimmt ist, ‚einmal' zu sterben, danach aber das Gericht: So ist auch Christus ‚einmal' geopfert worden, die Sünden vieler wegzunehmen, zum zweiten Mal wird er nicht der Sünde wegen erscheinen, sondern denen, die auf ihn warten, zum Heil"* (Luther).

Hank, Jesus ist das Opfer, der Vermittler und der Erlöser. Als Erlöser löst er die Schuld eines anderen aus. Hiob sehnte sich nach diesem Erlöser, der zu seinen Lebzeiten noch nicht in die Welt gekommen war: *„Doch ich weiß, dass mein Erlöser lebt, er steht am Schluss über dem Tod"* (Hiob 19,25). Er wusste, dass sein Erlöser schon damals, mehrere Tausend Jahre vor der Geburt Jesu Christi, als ewiger Gott lebendig war und nur auf sein Eintreten in die Menschheitsgeschichte wartete.

Paulus spricht von dem *„Erscheinen unseres großen Gottes ..., der sich selbst für uns hingegeben hat, um uns von einem Leben der Auflehnung gegen Gottes Ordnungen loszukaufen"* (Tit 2,13-14). An anderer Stelle schreibt er, dass *„Christus ... uns vom Fluch des Gesetzes losgekauft [hat], indem er an unserer Stelle den Fluch getragen hat"* (Gal 3,13).

Weil Jesus ein fehlerloses Leben führte, an unserer Stelle gestorben ist und durch seine Auferstehung den Sieg über Sünde und Tod errungen hat, kann er allein Sünden vergeben. Ein Beispiel dafür finden wir in Markus 2,5, wo Jesus zu einem Gelähmten sagt: *„Mein Sohn, deine Sünden sind dir vergeben!"* Weil sich deine Sünden gegen Gott richten, Hank, kann auch nur Gott deine Schuld vergeben. Jesus ist Gott und hat deine Schuld am Kreuz bezahlt, um dir Vergebung zu geben. Das unterscheidet ihn von jeder anderen Religion und Philosophie!

Sünde ist *das* Problem der Menschheit. Jesus ist Gott; er kam vom Himmel herab und lebte ohne Sünde, damit er deine Sünden vergeben und dich mit in den Himmel nehmen kann (Mt 26,63-65; Mk 2,5; Joh 6,41-58; 8,46; 8,58-59; 10,30-33; 11,25; 14,6; 14,8-9; 16,28). Hank, keine andere Religion nimmt so etwas für sich in Anspruch. Ihre Gründer waren nur Menschen. Sie sagten den Leuten, was sie tun müssten, um zu besseren Menschen zu werden, aber ihre Hoffnung war vergeblich. Nur Jesus ist wirklich mit der Sünde fertiggeworden.

Jesus ist also dein Vermittler und Erlöser. Aber du brauchst immer noch das Lösegeld für deine geistliche Schuld an Gott. Gott ist vollkommen gerecht und heilig, deswegen ist es auch der Preis, den du zu zahlen hast. Menschen sind alle Sünder, deswegen können sie das Lösegeld nicht ausrichten, sondern müssen ihre eigene Schuld mit dem Tod bezahlen. Wie in Psalm 49,8-9 steht: *„Und doch vermag kein Bruder den anderen zu erlösen; er kann Gott das Lösegeld nicht geben – zu teuer ist die Erlösung ihrer Seelen, er muss davon abstehen auf ewig!"* (Schlachter).

Die Geschichte von Jesus heißt „Evangelium", weil sie „Gute Nachricht" ist [vom griech. *euangelion,* „gute Botschaft"]. Jesus ist deine gute Nachricht! Du kannst dein Lösegeld an Gott nicht bezahlen (außer durch deinen eigenen Tod in der Hölle) und kein anderes menschliches Wesen wird es jemals für dich tun können, aber Jesus kann es! Jesus *„ist heilig, an ihm ist nichts Verwerfliches, er hat keinen Fehler. Er ist ganz anders als wir sündigen Menschen und wurde über alle Himmel erhoben. Er muss nicht wie die Obersten Priester vor ihm täglich zuerst für die eigenen Sünden … opfern"* (Hebr 7,26-27; Gute Nachricht). Dass er als Gott für dich sterben musste, zeigt dir, wie hoch du verschuldet bist.

Jesus sagt in Markus 10,45 über sich selbst: *„Denn auch der Menschensohn ist nicht gekommen, um sich dienen zu lassen, sondern um zu dienen und sein Leben als Lösegeld für viele hinzugeben."* Und auch Paulus spricht von dem, *„der selbst ein Mensch geworden ist, Jesus Christus. Er hat sein Leben als Lösegeld für alle gegeben und hat damit zu der von Gott bestimmten Zeit den Beweis erbracht, dass Gott alle retten will"* (1Tim 2,5-6).

Hank, du verdienst es, zu sterben und in die Hölle zu gehen. Für all das Leid, dass du über andere gebracht hast, sollte Jesus dich bezahlen lassen. Mit den Schreien, die deine kleinen Töchter geschrien haben, als du sie verletzt hast. Mit den Schmerzen, die deine Söhne hatten, als du sie verprügelt hast. Gott hat dich mit Würde geschaffen, aber du bist so tief gesunken, dass dein Leben kaum mehr als eine tragische Schande ist.

Doch Jesus will dein Vermittler, dein Erlöser und dein Lösegeld sein. Es gibt keinen Grund dafür, so viel Schlechtes, wie du getan hast. Jesus ist in allem völlig anders als du; er ist sündlos, gnädig, liebevoll, barmherzig und freundlich. Und obwohl er stärker ist als du, hat er niemals die geschlagen, die schwach und verletzlich waren, sondern lieber von üblen Schlägern wie dir Kloppe für sie eingesteckt. Er hat nicht wie ein Baby geheult wie du in meinem Büro, sondern die Schläge wie ein Mann getragen und seine Würde behalten, weil er dabei an andere gedacht hat – auch an dich.

Durch Leben, Tod und Auferstehung hat Jesus verdorbene Menschen wie dich und mich von der Macht der Finsternis gerettet, weil er zu unserem Lösegeld wurde (Kol 1,13-14): *„Er [Gott] hat uns aus der Gewalt der Finsternis befreit und hat uns in das Reich versetzt, in dem sein geliebter Sohn regiert. Durch ihn, Jesus Christus, sind wir erlöst; durch ihn sind uns unsere Sünden vergeben."*

Das ist Gnade. Gnade ist ein wunderbares Geschenk für unwürdige Menschen wie dich und mich. Es mag dich erschrecken, aber ich glaube, dass du Gott am meisten dadurch beleidigst, dass du dich immer noch für gut genug hältst, ihn mit ein paar Tränen, Entschuldigungen, Geldscheinen und netten Gesten abzufinden.

Stell dich endlich ehrlich deiner hoffnungslosen Situation. Was kannst du überhaupt tun, um den Missbrauch deiner Töchter rückgängig zu machen? Wie willst du die Vergewaltigungen deiner Exfrauen und die Gewalt an deinen Söhnen ungeschehen machen? Glaubst du wirklich, dass ein paar Tränen, Entschuldigungen und Wohltaten deinerseits Gott und die Menschen, denen du so viel schuldig geblieben bist, auszahlen können?

Selbst wenn du für den Rest deines Lebens nie wieder sündigen würdest (was völlig unmöglich ist), würdest du nur tun, wozu du eigentlich bestimmt bist. Dann würdest du zwar keine weiteren Schulden anhäufen, aber immer noch nichts tun, um den Berg abzutragen, den du schon angehäuft hast. Es macht mich krank, wie du davon redest, Gott „auszuzahlen", „ihm alles zurückzahlen" zu wollen; als ob du ihm irgendetwas zu geben hättest! Du bist und bleibst der kranke Typ, der so stolz und arrogant ist, dass er mit Gott einen Deal machen will. Ich versichere dir: Du hast keinen blassen Schimmer, mit wem du es zu tun hast, wie problematisch deine Lage ist und wie wenig Zeit dir noch bleibt.

Jesus wusste, in welcher Scheiße du enden würdest. Als er am Kreuz hing, betete er, dass deine Sünden dir vergeben werden mögen, und starb gleich darauf, um das Gebet zu erhören (Lk 23,34). Er hat deine Schulden bezahlt und will dir aus Gnade die Summe auf dein Konto überweisen, wenn du im Glauben die Worte der Reue betest, die er dich [im Vaterunser] lehrt: „Vergib mir meine Schuld!" (Mt 6,12).

Jesus hat das Undenkbare und Skandalöse getan und ist bereit, dir das zu geben, was du nie anderen gegeben hast: Gnade. Epheser 1,7 sagt es so: *„In ihm haben wir die Erlösung durch sein Blut, die Vergebung der Sünden, nach dem Reichtum seiner Gnade."*

Hank, letztlich geht es um dich und Jesus. Entweder zahlst du Gott in der Hölle alles zurück oder Jesus bezahlt deine Schuld, schenkt dir Vergebung und ewiges Leben mit ihm. Er wird dir ein neues Herz geben und seinen Heiligen Geist, damit du den kurzen Rest deines Lebens durch seine Kraft und deinen erneuerten Willen so leben kannst wie er (Phil 2,12-13; Tit 3,4-8). Jesus hat dir am Kreuz den Ausweg geschaffen; nun ist es an dir, dich ihm zuzuwenden und von deinen Sünden abzulassen. Fackel nicht lange, denn schon bald wirst du vor Jesus auf den Knien sein und deine Schuld wird bezahlt werden – so oder so.

Wenn du als Nichtchrist stirbst, war dieses Leben alles an Himmlischem, was du hattest, denn auf dich wartet die Hölle. Wenn du aber als Christ stirbst, war dieses Leben alles an Hölle, was du erleben musstest, denn auf dich wartet der Himmel! Deswegen kann Paulus in Philipper 1,21 schreiben, dass für Christen *„Sterben ein Gewinn"* ist.

Anstatt mit Jesus darüber zu diskutieren, ob es grausam von ihm ist, dich gerecht zu quälen, danke ihm lieber für sein Leiden, das dir deines abnimmt. Lauf zu ihm als Freund, bevor deine Zeit zu Ende ist und du dich auf Knien vor ihm wiederfindest als deinem Feind.

Rückfragen zum Thema „Lösegeld"

Ein Lösegeld zahlt man Entführern. Hat Gott dem Teufel Lösegeld gezahlt, weil der uns entführt hat?

Es gibt diese Ansicht, dass Jesus am Kreuz ein Lösegeld für den Teufel bezahlt hat. Danach sind wir durch die Sünde im Besitz des Teufels und Gott konnte uns nur dadurch befreien, dass er dem Teufel den vollen Preis bezahlte und so die Menschen von dessen legitimen Besitzansprüchen befreite. Also hat Gott diesen Preis mit dem Leben Jesu bezahlt und der Teufel hat den Preis akzeptiert, weil er so weise war, den Gottessohn der ganzen

Menschheit vorzuziehen. Doch der Teufel hat nicht damit gerechnet, dass Jesus nicht im Grab gehalten werden konnte, sondern auferstand. Der Gerechtigkeit war nun Genüge getan und die Menschen frei vom Griff des Teufels.

Man hört oft, dass dies die Sicht der Alten Kirche gewesen sein soll. Doch die meisten ersten Theologen vertraten die Triumphtheologie, nach der Gott in Christus die Kraft des Teufels durch das Kreuz zerstört hat (vgl. Kol 2,15). Kein Preis wurde an den Teufel gezahlt, denn das hätte dessen Ansprüche legitimiert.

Wir lehnen diese Art der Lösegeldtheorie ab. Wir glauben nicht, dass Jesus an Satan gezahlt hat. Satan herrscht nicht über Jesus und Jesus schuldet ihm nichts und würde ihn niemals abfinden und damit dessen falsche Ansprüche gutheißen. Jesus hat ihm nichts für unsere Erlösung gezahlt.

Origenes (185–254 n. Chr.) hat übrigens diese Sicht von Lösegeld vertreten. Er argumentierte einfallsreich, dass Gott seine Göttlichkeit unter einem Mantel der Menschlichkeit versteckt gehalten habe, um den Teufel zu täuschen. Der Teufel habe den Köder der Menschlichkeit Jesu geschluckt und sei damit seiner Göttlichkeit an den Haken gegangen. So sei er von seinem eigenen Größenwahn getäuscht worden wie die Narzissten unserer Tage.

Besitzt der Teufel tatsächlich diejenigen, die nicht an Jesus glauben?

Ja. In Kolosser 1,13-14 steht z. B.: *„Denn er [der Vater] hat uns aus der Gewalt der Finsternis befreit und hat uns in das Reich versetzt, in dem sein geliebter Sohn regiert."* Das macht ziemlich deutlich, dass bevor wir zu Jesus kommen, wir im Herrschaftsbereich der Finsternis sind, was das Reich des Teufels ist. Jesus sagt in Matthäus 12,29: *„Oder wie kann jemand in das Haus eines Starken eindringen und ihm seinen Besitz rauben, wenn er den Starken nicht vorher fesselt? Dann allerdings kann er sein Haus ausrauben."* Durch Jesus werden Sünder aus dem Haus des Starken (des Teufels) *„geraubt",* mitgenommen und befreit.

Lösegeld wird an jemanden gezahlt. Wer ist es hier nun?

Die Bibel spricht tatsächlich von einem Preis. In Matthäus 20,28 und Markus 10,45 heißt es: *„Denn auch der Menschensohn ist nicht gekommen, um sich dienen zu lassen, sondern um zu dienen und sein Leben als Lösegeld für viele hinzugeben."* Jesus bezeichnet sein Leben als Lösegeld. (Was für ein unglaublich hoher Preis!) Verblüffenderweise sagt die Bibel aber an keiner Stelle, an wen dieser Preis eigentlich gezahlt wurde. Es ist weder der Teufel noch Gott oder sonst jemand. Es heißt einfach, dass unsere Erlösung extrem teuer war.

Die Theologen versuchen dann, die Analogie zu vervollständigen, indem sie einen Empfänger einführen. Die meisten beziehen sich auf die Propitiation (Zornstillung) und sagen, dass der Preis an Gott gezahlt wird. Das könnte sein, aber die Bibel hält das Bild offen, wenn sie vom Lösegeld spricht. Es geht einfach um die Höhe des Preises: *„Ihr wisst doch, … was der Preis für diesen Loskauf war: nicht etwas Vergängliches wie Silber oder Gold, sondern das kostbare Blut eines Opferlammes, an dem nicht der geringste Fehler oder Makel war – das Blut von Christus"* (1Petr 1,18-19). Was wir mit wirklicher Sicherheit sagen können ist also nur, dass Jesus den Preis für unsere Erlösung am Kreuz bezahlt hat.

Zeigt dieser Preis unseren Wert an?

Manche lehren leider, dass der Tod Jesu zeigt, wie unglaublich wertvoll wir sind. Als Ebenbild Gottes haben wir zwar einen besonderen Wert, aber der Tod Jesu sollte uns nicht mit Stolz erfüllen, dass wir so wertvoll sind, sondern mit Schrecken, dass unsere Sünde so schrecklich ist, dass sein Tod nötig war, um für sie zu sühnen. So sollen wir am Kreuz die Schwere der Sünde sehen und unseren Erlöser lieben, sodass wir klein werden und er groß.

KAPITEL 10

„Meine Frau hat einen Gehirntumor!" – Jesus, Calebs Vorbild (Christus Exemplar)

Christus hat für euch gelitten und hat euch damit ein Beispiel hinterlassen. Tretet in seine Fußstapfen und folgt ihm auf dem Weg, den er euch vorangegangen ist.
1. PETRUS 2,21

....

Es ist mehr als ein Jahrzehnt her, dass ich Caleb zum ersten Mal begegnete. Damals bestand unsere Gemeinde bloß aus der kleinen Kerngruppe, die einmal zur Mars Hill Church in Seattle werden sollte. Caleb war der Frontsänger einer coolen Band, die am Wochenende in den Klubs der Stadt für Stimmung sorgte, nachdem er unter der Woche an einem normalen Arbeitsplatz geschuftet hatte. Seine Freizeit verbrachte er mit Videospielen und Pornos. Irgendwann heiratete er, aber es lief furchtbar schief und sie waren bald schon wieder geschieden.

Caleb hatte keinerlei Interesse an Jesus. Sein Bruder war Christ geworden und ging in eine andere Gemeinde, wo er als Lobpreisleiter auch aktiv mitarbeitete. Aber wie sehr er es auch versuchte, sein Bruder ließ sich nicht dazu bewegen, sich für irgendetwas Geistliches zu interessieren. Einige von Calebs Freunden gehörten zu unserer Gemeinde, aber auch ihre Versuche, ihn zu Jesus und zur Gemeinde zu führen, blieben vollkommen fruchtlos.

Eine der wenigen Ausnahmen war ein wirklich cooles Mädchen, das er kennengelernt hatte und ins Bett kriegen wollte, weil seine Scheidung endgültig war. Doch es stellte sich heraus, dass sie Christin war und nicht mit ihm schlafen wollte, sondern wollte, dass er mit in die Gemeinde ging. In der Hoffnung, doch noch einen Weg in ihr Bett zu finden, ging er mit. Doch hier fand er nur seine Befürchtungen bestätigt, dass sie total auf Jesus stand und entschlossen war, mit niemandem zu schlafen als irgendwann mit ihrem Ehemann. So schob er sie vorsichtig in die „Freundschaftsecke", wie er es nannte, und wollte so weitermachen wie vorher und anderen Frauen hinterhersteigen, um Sex und „Spaß" zu haben.

Manchmal betete ich für Caleb, dass er Christ würde, aber über die Jahre wurden meine Gebete immer seltener. Doch Jesus vollbrachte mit seinem perfekten Timing und seiner vollkommenen Treue das Wunder und machte Caleb zum Christen. Er nahm sein altes, hartes Herz voll Stolz und Selbstsucht weg und gab ihm ein neues, das weich war für Jesus und andere Menschen. Er nahm sein altes, rebellisches Wesen und ersetzte es durch den tiefen Wunsch, Gott mit einem heiligen Leben zu ehren. Es war eine glatte 180-Grad-Wende.

Kurz nachdem Caleb Christ geworden war, begann er, regelmäßig in unsere Gemeinde zu kommen. Die ihn kannten, waren hin und weg angesichts seiner rasanten Lebensveränderung. Dann wurde er im Gottesdienst getauft, nachdem er über tausend Besuchern seine Geschichte erzählt hatte. Außerdem fing er an, mit Begeisterung in der Bibel zu lesen, hörte jeden Morgen beim Joggen Predigten und Bibelarbeiten auf seinem iPod und las sich schnell durch einen Haufen christlicher theologischer Bücher. Bei allem sprach er sehr offen über seinen alten Lebensstil und wie begeistert er nun von Jesus war. Seine leidenschaftliche Liebe zu Jesus, verbunden mit seiner Kontaktfreudigkeit, seinem fröhlichen Wesen und seiner brutalen Ehrlichkeit machte ihn zum geborenen Evangelisten.

Es dauerte nicht lange, bis er zu einem Leiter in unserer Gemeinde wurde, der Jesus hinterherrannte, ohne zurückzublicken. Das Mädchen, das er vorsichtig in die Freundschaftsecke geschoben hatte, wurde seine Verlobte und dann seine Frau. Gemeinsam dienen sie in der Gemeindeleitung, wo sie zu Schlüsselfiguren geworden sind. Für mich und meine Frau Grace sind sie zu Freunden geworden, an denen wir unsere helle Freude haben. Ab und zu haben sie sogar auf unsere Kinder aufgepasst. Die lieben Caleb, weil er, wie meine Söhne berichten, als ehemaliger Frontmann einer Rockband Musik laut aufdreht und ihnen die besten Rockstarbewegungen beibringt, mit denen man obercool aussieht.

Der eine schwierige Punkt in ihrem Leben ist die Gesundheit seiner Frau. Schon als er sie heiratete, wusste er, dass sie schon lange mit einem Gehirntumor kämpfte und vielleicht keine Kinder oder kein langes Leben haben würde. Doch er liebte diese Frau so sehr und fand sie so toll, dass er beschloss, sie trotzdem zu heiraten. Er vertraute auf Gott, dass er ihn befähigt, sie zu lieben und für sie zu sorgen, was die Zukunft auch bringen mag. In diesem Brief schreibe ich meinem Freund von dem Vorbild, das Jesus ihm in seinem Tod am Kreuz gegeben hat.

• • • •

Lieber Caleb,

ich möchte dir dafür danken, dass du so ehrlich zu mir und anderen bist über deinen Weg mit Jesus. Vielleicht bist du dir gar nicht bewusst, welch eine Ermutigung du bist und wie viel frischen Wind du bringst mit deiner schonungslosen Ehrlichkeit und schier endloser Leidenschaft.

Ich weiß, dass du jetzt als Christ die Sehnsucht hast, dein Leben an Jesus auszurichten. Du möchtest schon in diesem Leben wie er sein und dann mit ihm die Ewigkeit verbringen. Von ganzem Herzen kann ich dich nur ermutigen, weiter auf Jesus zu schauen, denn er allein hat in allem ohne Sünde gelebt, deshalb ist er das richtige Vorbild für dich.

Aus seinem irdischen Leben ließe sich unendlich viel Weisheit ableiten, z. B. darüber, wie wir aus der Schrift lernen, mit Frauen umgehen, uns im Beruf verhalten oder Versuchungen widerstehen können. Aber in diesem Brief möchte ich dir zeigen, wie Jesus in seinem Tod am Kreuz ein Beispiel dafür gegeben hat, wie du in den schwierigsten und schmerzhaftesten Momenten leben sollst, besonders im Hinblick auf deine großartige Frau.

Die wahre Persönlichkeit eines Menschen zeigt sich oft in den harten Zeiten, wenn Leid, Verlust, Ungerechtigkeit und Schmerz am größten sind. In diesen dunklen Zeiten kommt für alle sichtbar an die Oberfläche, wer wir wirklich tief in unserem Herzen sind. Im Leben Jesu war diese dunkle Stunde der Offenbarung seine barbarische, mörderische Kreuzigung. Um am besten von seinem Charakter zu lernen, musst du also ganz tief damit vertraut werden, wie Jesus auf Leid, Verlust, Ungerechtigkeit und Schmerz reagiert hat. Leider fallen viele Bücher und Predigten, die dir unterkommen mögen, unter drei Kategorien von Denkfehlern. Du musst also unterscheiden lernen.

1. Nichtchristen sehen Jesus als großen Menschen an (was er natürlich ist), aber unterschlagen, dass am Kreuz mehr passiert ist, als dass ein großer Mensch tragische Ungerechtigkeit mit großem Mut und großer Würde erträgt. Der Hindu Gandhi hat dazu tragischerweise gesagt: „Der Tod am Kreuz war ein großartiges Vorbild für die Welt, aber dass darin etwas Geheimnisvolles oder Wunderhaftes liegen soll, kann mein Herz nicht akzeptieren." Bevor ich also Jesus als unser Vorbild darstellen möchte, will ich klarstellen, dass Jesus weit mehr ist als einer der großen Menschen, von denen wir uns im Leben inspirieren lassen. Vergiss nie, dass Jesus auch Gott ist. In einer Reihe von christlichen theologischen Konzilien hat sich die Alte Kirche mit der Verwirrung über das Verhältnis von Göttlichem und Menschlichem

in Jesus auseinandergesetzt, angefangen von Nizäa (325 n. Chr.) über Konstantinopel (381 n. Chr.) und Ephesus (431 n. Chr.) bis hin zu Chalcedon (451 n. Chr.). Ihre Überlegungen gipfelten im *Chalcedonense*, dem Bekenntnis von Chalcedon, das viele Irrlehren klärte, die die Menschlichkeit und Göttlichkeit von Jesus falsch gefasst hatten. Im Kern besagt es, dass Jesus eine Person mit zwei Naturen ist (menschlich und göttlich), ganz Mensch und ganz Gott.

In der Theologie nennt man diese Wesenseinheit zweier Naturen in der einen, konkreten, historischen Person namens Jesus Christus *hypostatische Union* (vom griech. Wort *hypostasis* für „Person"). Ich führe das an, damit du daran denkst, dass Jesus mehr als ein großer Mensch ist, auch wenn es um ihn als ein Vorbild geht. Er ist wahrer Mensch *und* wahrer Gott, den wir nicht nur nachahmen, sondern auch anbeten sollen.

2. Fundamentaler eingestellte Christen machen manchmal den gegenteiligen Fehler und überspringen die Selbstentäußerung des Gottessohnes. Aus Angst, einer Irrlehre das Wort zu reden, betonen sie so sehr die Göttlichkeit Jesu, dass sie leicht seine Menschlichkeit übersehen oder unterschätzen. Stellen wie die Versuchung Jesu, seine große Angst im Garten Gethsemane oder auch sein Leid am Kreuz werden dann fast als Vortäuschung empfunden, als ob solche scheinbaren Härten anders als bei normalen Menschen ihm nicht wirklich etwas ausmachen konnten. Damit hat ihr Zerrbild von Jesus mehr mit Superman gemeinsam als mit dem „God-man" (wahrer Mensch und wahrer Gott).

In der Praxis bedeutet das, dass man sich im Leid nicht an Jesus orientieren kann. Wenn er in schwierigen Zeiten nicht wirklich menschlich war, sondern nur so tat als ob, kann er letztlich nicht mit uns mitfühlen. Dann sind wir allein und ohne Beispiel dafür, wie wir mit Krisen und dunklen Stunden umgehen können. Doch Hebräer 4,15-16 sagt:

Jesus ist ja nicht ein Hohepriester, der uns in unserer Schwachheit nicht verstehen könnte. Vielmehr war er – genau wie wir – Versuchungen aller Art ausgesetzt, allerdings mit dem entscheidenden Unterschied, dass er ohne Sünde blieb. Wir wollen also voll Zuversicht vor den Thron unseres gnädigen Gottes treten, damit er uns sein Erbarmen schenkt und uns seine Gnade erfahren lässt und wir zur rechten Zeit die Hilfe bekommen, die wir brauchen.

3. Eher liberal eingestellte Christen betonen oftmals die Menschlichkeit Jesu so sehr, dass sie leicht seine Göttlichkeit übersehen
und unterschätzen. Sie reden gerne davon, wie Jesus den Hungrigen zu essen gibt, Nackten Kleidung schenkt und Randgrup-
pen verteidigt, während sie die volle Bedeutung seines Todes
nicht wirklich erfassen.

Am Kreuz ist Jesus an unsere Stelle getreten. Doch liberalere
Christen sehen nichts Objektives, das am Kreuz geschehen wäre,
wie Vergebung der Sünde oder Erlösung. Jesus am Kreuz ist ein
bloßes Vorbild, um uns zu einem demütigen, sanften und to-
leranten Leben zu inspirieren. Er ist einfach nur ein weiteres
hilfloses Opfer, das unter den Reichen und Mächtigen zu leiden
hatte. Das Problem mit dieser Ansicht ist, dass sie wie so viele
falsche Lehre eine Halbwahrheit ist. Jesus ist unser Vorbild am
Kreuz, aber er blutete und starb auch zu unserer Erlösung.

Wenn Jesus nur als Beispiel für uns gestorben wäre, hätten wir
nichts von ihm. Wir würden an ihm sehen, wie wir leben sollten,
aber er könnte uns nicht dazu befähigen. Doch weil er unser
Stellvertreter wurde und den Tod besiegt hat, haben wir nun
eine neue Identität (in Christus, der uns neues Leben gegeben
hat), neue Ressourcen (größer als unsere Erfahrung, Weisheit
und Kraft) und stehen in einem anderen Prozess (anhaltende
persönliche Veränderung, auch Heiligung genannt). Auch wenn
uns vergeben ist, erleben wir das, was die Puritaner „heilige Frustration" nannten: Wir können uns nicht mehr mit etwas zufrie-
dengeben, was unter dem bleibt, was Jesus für uns vorgesehen
hat. Er ist für unsere Sünden gestorben, damit wir sie in den Tod
geben können.

Auf diesem Weg mit Jesus bist du schon unterwegs. Denke daran:
Dein Ziel ist, Gott zu verherrlichen, die Kraft dazu bekommst
du vom Heiligen Geist, dein Umfeld dafür ist unsere Gemeinde und das Mittel dazu Leiden in Demut. Einige verstorbene
Autoren haben darüber geschrieben wie die Puritaner oder andere, die sie gelesen haben, z.B. mein Held C.H. Spurgeon und
mein Freund John Piper, aber ansonsten wirst du darüber auf
dem aktuellen Büchermarkt ziemlich wenig finden. Wir leben
in einer Zeit von Christsein light, in der das Kreuz ausgeblendet
wird und die Menschen nach einem Christsein suchen, das das
Selbst verherrlicht und auf Selbstbestimmung, Selbstwertgefühl
und ein siegreiches und angenehmes Leben setzt. Das ergibt ein
falsches Evangelium, das keine Hilfe zu bieten hat, wenn dunkle
Phasen über uns kommen.

Der große Reformator Martin Luther hat zwischen der „Theologie der Herrlichkeit“ *[theologia gloriae]* eines Christseins light und der „Theologie des Kreuzes“ *[theologia crucis]* unterschieden.

- Die Theologie der Herrlichkeit feiert, was Menschen mit Vision, Selbstdisziplin und harter Arbeit erreichen können, während die Theologie des Kreuzes feiert, was nur Jesus für uns, durch uns, mit uns und trotz uns tun kann.
- Die Theologie der Herrlichkeit will Gott direkt in seiner Macht, Weisheit und Herrlichkeit erkennen, während die Theologie des Kreuzes Gott in der scheinbaren Schwäche, Dummheit, Niederlage und Schande des Gekreuzigten zu erkennen sucht.
- Die Theologie der Herrlichkeit will Gott dazu einsetzen, um Leid, Not, Schmerz, Scham, Verlust und Niederlagen zu vermeiden, während die Theologie des Kreuzes diese Dinge als Chancen begreift, Christus tiefer zu erkennen und schätzen zu lernen und noch mehr in seine Fußstapfen zu treten.
- Nach der Theologie der Herrlichkeit soll Gott uns Gesundheit und Wohlstand beschaffen, während die Theologie des Kreuzes Jesus sucht, selbst wenn das bedeutet, Armut und Schmerzen zu erleiden wie er.

Caleb, ich will nicht barsch werden, aber die große Mehrheit an christlichen Büchern und Predigten, die ich gelesen oder gehört habe, verbreitet eine Theologie der Herrlichkeit. Als jüngerer Christ musst du darauf achten, welche Lehren du glaubst, denn nicht alles, was sich christlich schimpft, ist es wirklich. Schau auf Jesus als dein Vorbild *und* deinen Erlöser, um einen klaren Kopf zu behalten, damit du Gott nicht mit einer Theologie der Herrlichkeit verehrst, sondern mit der Theologie des Kreuzes.

Ich will dir erklären, warum die Theologie des Kreuzes „herrlicher“ ist als die Theologie der Herrlichkeit. Ich fange damit an, wer Gott nach der Bibel eigentlich ist: Gott ist herrlich (2Mose 15,11; Ps 145,5). Herrlichkeit ist eines der Megathemen in der Schrift; der Begriff taucht in den meisten englischen Übersetzungen fast 300 Mal auf, allein in den Psalmen etwa 50 Mal [auf Deutsch über 200 Mal „Herrlichkeit“ und über 300 Mal „herrlich“, in den Psalmen über 40 Mal – *Anm. d. Übers.]* Doch seine Bedeutung ist gar nicht leicht auf den Punkt zu bringen. In ihm schwingen Pracht, Schönheit, Großartigkeit, Glanz, Entzücken, Gewichtigkeit, Erhabenheit, Heiligkeit, Ehre, Exzellenz und Majestät mit.

Die grundlegendste Bedeutung ist so etwas wie „leuchten“. Wenn du z. B. einen Schürhaken ins Feuer legst und ihn einige Zeit später wieder herausholst, dann wirst du merken, dass er buchstäblich leuchtet (oder glüht) oder „herrlich ist". Die „Herrlichkeit" im Schürhaken ist die Hitze des Feuers, die er aufgenommen hat. Der Schürhaken wird so lange glühen, wie die Hitze in ihm steckt.

Mit Mose war es ganz ähnlich: Als er in der Gegenwart Gottes war, wurde er mit der Herrlichkeit oder dem Feuer Gottes erfüllt, sodass er tatsächlich leuchtete (2Mose 34,29-35; 2Kor 3,7). Genauso schien die Herrlichkeit Gottes am Berg der Verklärung für einen Moment aus Jesus heraus (Lk 9,29-31).

Wenn Menschen in der Bibel der Herrlichkeit Gottes begegnen, reagieren sie darauf mit Angst, Ehrfurcht, Erstaunen, Anbetung und Furcht, sowie Sündenerkenntnis, Buße und Demut. Als im Alten Testament der Berg Sinai glühte, zitterten die Menschen und blieben ihm fern, weil sie fürchteten, sterben zu müssen (2Mose 19,16; 20,18-19). Als Mose durch die Herrlichkeit Gottes zu leuchten begann, wagten sich die Leute nicht in seine Nähe (2Mose 34,30), und als Jesus verklärt wurde, gerieten die Jünger in Panik (Mk 9,6).

In der Offenbarung tritt Jesus in seiner jetzigen strahlenden Herrlichkeit auf, sodass selbst Johannes, der im Abendmahl so vertraut mit ihm war, zu seinen Füßen wie tot niederfällt (Joh 13,23-25; Offb 1,17).

Im Neuen Testament wird die Herrlichkeit Gottes immer wieder mit Jesus in Verbindung gebracht:

Er ist das vollkommene Abbild von Gottes Herrlichkeit. (Hebr 1,3)

Er, der das Wort ist, wurde ein Mensch von Fleisch und Blut und lebte unter uns. Wir sahen seine Herrlichkeit, eine Herrlichkeit voller Gnade und Wahrheit, wie nur er als der einzige Sohn sie besitzt, er, der vom Vater kommt. (Joh 1,14)

Nein, was wir verkünden, ist Gottes Weisheit. Wir verkünden ein Geheimnis: den Plan, den Gott schon vor der Erschaffung der Welt gefasst hat und nach dem er uns Anteil an seiner Herrlichkeit geben will … Keiner von den Machthabern dieser Welt hat etwas von dem Plan gewusst … Sonst hätten sie den Herrn der Herrlichkeit nicht kreuzigen lassen. (1Kor 2,7-8)

Denn derselbe Gott, der gesagt hat: „Aus der Finsternis soll Licht hervorstrahlen!", der hat es auch in unseren Herzen hell werden lassen, sodass wir in der Person von Jesus Christus den vollen Glanz von Gottes Herrlichkeit erkennen. (2Kor 4,6)

Jesus hat immer wieder gesagt, dass sein Ziel auf der Erde sei, den Vater zu verherrlichen. Er wollte das Wesen des Vaters sichtbar machen. Diese Verherrlichung des Vaters erstreckte sich auch auf seinen Tod am Kreuz. Das lässt sich gut an manchen seiner Aussagen ablesen, die er in der Karwoche gemacht hat, als es auf seinen Tod zuging. Darin bringt er seinen Tod in Verbindung mit der Herrlichkeit des Vaters:

> *Die Zeit ist gekommen, wo der Menschensohn in seiner Herrlichkeit offenbart wird ... Mein Herz ist jetzt voll Angst und Unruhe. Soll ich sagen: Vater, rette mich vor dem, was auf mich zukommt? Nein, denn jetzt ist die Zeit da; jetzt geschieht das, wofür ich gekommen bin. Vater, offenbare die Herrlichkeit deines Namens! (Joh 12,23.27-28)*

> *Als Judas das Brot gegessen hatte, ging er sofort hinaus. Es war Nacht. Nachdem Judas hinausgegangen war, sagte Jesus: „Jetzt wird der Menschensohn in seiner Herrlichkeit offenbart, und durch ihn wird Gott selbst in seiner Herrlichkeit offenbart. Wenn der Menschensohn die Herrlichkeit Gottes offenbart hat, dann wird auch Gott die Herrlichkeit des Menschensohnes offenbaren, und das wird bald geschehen." (Joh 13,30-32)*

> *Nachdem Jesus so zu seinen Jüngern gesprochen hatte, blickte er zum Himmel auf und betete: „Vater, die Zeit ist jetzt da. Offenbare die Herrlichkeit deines Sohnes, damit der Sohn deine Herrlichkeit offenbart." (Joh 17,1)*

Jesus ist also nicht nur unser Vorbild, sondern auch unser Retter und Erlöser. Was hat nun die Theologie des Kreuzes mit deinem Leben zu tun? Dazu fünf Punkte:

- Du wurdest zu Gottes Herrlichkeit und Ehre erschaffen (Jes 43,6-7).
- Alles in deinem Leben ist eine Gelegenheit, Gott zu verherrlichen (1Kor 10,31).
- Statt Gott zu ehren wirst du die Neigung haben, das zu tun, was dich glücklich machen soll. Das wird dich am Ende in Sünde führen (Röm 3,23).
- Wenn du dein Glück über Gottes Ehre stellst, wirst du nie anhaltende Freude finden, sondern damit enden, anderen Dingen hinterherzurennen (dem Leben, deinen Freunden, Luxus, Genuss – ironischerweise eigentlich alles Geschenke Gottes).

- Nur in Gott kannst du wahre Freude finden. Wenn Gott verherrlicht wird, wird dich das froh und zufrieden machen. Wie mein guter Freund John Piper es in seinem Buch *Sehnsucht nach Gott* ausgedrückt hat, das du gerne gelesen hast:
  Des Menschen Hauptziel ist es, Gott zu verherrlichen, indem er sich für immer an ihm erfreut ... Gott wird am meisten in mir verherrlicht, wenn ich zutiefst zufrieden bin in ihm. („God is most glorified in me when I am most satisfied in Him.")[28]

Das bedeutet, dass Freude nicht nur in Erfolg und angenehmen Dingen zu finden ist, sondern wie bei Jesus auch in Leid und Not. Hebräer 12,1-6 ist ein wahrer Anker für deine Seele, den du dir für schlechte Zeiten einprägen solltest, wenn die Stürme des Lebens dich überrollen und du in Tränen versinkst:

Wir sind also von einer großen Schar von Zeugen umgeben, deren Leben uns zeigt, dass es durch den Glauben möglich ist, den uns aufgetragenen Kampf zu bestehen. Deshalb wollen auch wir – wie Läufer bei einem Wettkampf – mit aller Ausdauer dem Ziel entgegenlaufen. Wir wollen alles ablegen, was uns beim Laufen hindert, uns von der Sünde trennen, die uns so leicht gefangen nimmt, und unseren Blick auf Jesus richten, den Wegbereiter des Glaubens, der uns ans Ziel vorausgegangen ist. Weil Jesus wusste, welche Freude auf ihn wartete, nahm er den Tod am Kreuz auf sich, und auch die Schande, die damit verbunden war, konnte ihn nicht abschrecken. Deshalb sitzt er jetzt auf dem Thron im Himmel an Gottes rechter Seite. Wenn ihr also in der Gefahr steht, müde zu werden, dann denkt an Jesus! Wie sehr wurde er von sündigen Menschen angefeindet, und wie geduldig hat er alles ertragen! Wenn ihr euch das vor Augen haltet, werdet ihr nicht den Mut verlieren. Bisher habt ihr in dem Kampf gegen die Sünde, den wir alle zu führen haben und in dem auch ihr steht, noch nicht das Leben lassen müssen. Außerdem dürft ihr jenes ermutigende Wort in der Schrift nicht vergessen, das an euch als Gottes Kinder gerichtet ist. „Mein Sohn", heißt es dort, „lehne dich nicht dagegen auf, wenn der Herr dich mit strenger Hand erzieht! Lass dich nicht entmutigen, wenn er dich zurechtweist! Denn wen der Herr liebt, den erzieht er mit der nötigen Strenge; jeden, den er als seinen Sohn annimmt, lässt er auch seine strafende Hand spüren.

Wenn du leidest, lieber Caleb, dann kannst du wie Jesus durch Not und Tränen gehen, denn auf der anderen Seite jedes Kreuzes, das du tragen musst, wartet Freude auf dich. Wir alle müssen irgendwann leiden. Die entscheidende Frage dabei ist, ob wir es in einer Weise tun, die sinnvoll oder sinnlos ist. Ihr habt unter dem Kampf mit dem Gehirntumor deiner Frau zu leiden. Vergeudet nicht etwas so Kostbares! Der Preis, den es euch kostet, ist zu hoch, um diese Gabe einfach wegzuwerfen. Seht euer Leiden als wertvoll an, für das ihr teuer bezahlt habt, dann könnt ihr in guter Weise leiden und Freude dabei erleben, weil es nicht sinnlos ist.

Es liegt Freude darin, dass Gott durch Leid an dir arbeitet, um dich zu heiligen und Jesus ähnlicher zu machen. Durch das Leid ist Gott am Werk und benutzt dein Leben als Zeugnis dafür, welchen Unterschied Jesus in deinem Leben macht. Du lebst einfach anders, besonders in den schwierigsten Bereichen. In seiner Einleitung zum Philipperbrief verspricht Paulus, dass das Zeugnis „rechten" Leidens andere Christen stärken und Nichtchristen zum Glauben führen wird.

Ein Zitat, auf das ich hierbei gerne zurückgreife, stammt von E. Stanley Jones, einem amerikanischen Indienmissionar:

> *Ertrage die Schwierigkeiten nicht einfach, nutze sie! Nimm, was immer passiert – Gerechtigkeit oder Ungerechtigkeit, Vergnügen oder Schmerz, Komplimente oder Kritik –, mit hinein in deinen Lebensplan und mach etwas daraus! Mach es zu einem Zeugnis!*

Die Freude, die dich antreibt, ist die Herrlichkeit Gottes in allen Dingen und die Freude, die dich im Angesicht Jesu erwartet, wenn er sagen wird: *„Recht so, du tüchtiger und treuer Knecht!"* (Mt 52,21.23; Lk 19,17).

Am Kreuz lernen wir, dass Sein wie Jesus bedeutet, unser Kreuz auf uns zu nehmen und ihm zu folgen, wie er es aufgetragen hat (Mt 16,24). Praktisch gesehen heißt das, dass wir Gott verherrlichen, indem wir zulassen, dass Not, Schmerz und Verlust uns Jesus ähnlicher machen dürfen. Die falsche Lehre eines amerikanischen Christseins light ist, dass Komfort eine Tugend und Leid ein Laster ist. Als Christen laufen wir dem Leid weder hinterher, wie es die frühen asketischen Mönche getan haben, noch laufen wir davor weg, wie es moderne amerikanische Christen machen, sondern nehmen es an, wenn es als Chance Gottes daherkommt, etwas Gutes in uns und durch uns zu tun. Wir freuen uns nicht am Schmerz, sondern an dem, was er für das Evangelium erreichen kann.

Ich glaube, dass das Leid deiner Frau, das du mit ihr teilst, einen Sinn hat und in euch und durch euch geistliches Wachstum bringen wird. Denkt immer an Jesus Christus, von dem die Schrift sagt:

> *Als Christus hier auf der Erde war – ein Mensch von Fleisch und Blut –, hat er mit lautem Schreien und unter Tränen gebetet und zu dem gefleht, der ihn aus der Gewalt des Todes befreien konnte, und weil er sich seinem Willen in Ehrfurcht unterstellte, wurde sein Gebet erhört. Allerdings blieb es selbst ihm, dem Sohn Gottes, nicht erspart, durch Leiden zu lernen, was es bedeutet, gehorsam zu*

sein. Doch jetzt, wo er durch sein Leiden vollkommen gemacht ist, kann er die retten, die ihm gehorsam sind; ihm verdanken sie alle ihr ewiges Heil. (Hebr 5,7-9; vgl. Mt 16,21; Hebr 2,9-10; 12,2; 13,12; Offb 1,9)

Am Kreuz lernen wir auch, dass wir leiden müssen, weil andere an uns schuldig werden. Petrus spricht vom Beispiel des Kreuzes, wenn man Ungerechtigkeit aushalten muss:

Oder hättet ihr irgendeinen Grund, stolz zu sein, wenn ihr wegen einer Verfehlung bestraft werdet und die Schläge standhaft ertragt? Aber wenn ihr leiden müsst, obwohl ihr Gutes tut, und dann standhaft bleibt – das findet Gottes Anerkennung, denn dazu hat er euch berufen. Auch Christus hat ja für euch gelitten und hat euch damit ein Beispiel hinterlassen. Tretet in seine Fußstapfen und folgt ihm auf dem Weg, den er euch vorangegangen ist – er, der keine Sünde beging und über dessen Lippen nie ein unwahres Wort kam; er, der nicht mit Beschimpfungen reagierte, als er beschimpft wurde, und nicht mit Vergeltung drohte, als er leiden musste, sondern seine Sache dem übergab, der ein gerechter Richter ist; er, der unsere Sünden an seinem eigenen Leib ans Kreuz hinaufgetragen hat, sodass wir jetzt den Sünden gegenüber gestorben sind und für das Leben können, was vor Gott richtig ist. Ja, durch seine Wunden seid ihr geheilt. (1 Petr 2,20-24)

Am Kreuz lernen wir auch, dass wir um derer willen zu leiden haben, die wir am meisten lieben. Jesus hat am meisten für seine Braut gelitten, die Gemeinde. Als christlicher Ehemann wirst du am meisten leiden, um deine Frau zu lieben, ihr zu dienen und sie zu retten. Indem du sie die Krebsbehandlung machen lässt, riskierst du, nie Kinder zu haben mit der Frau, die du liebst. Und eines Tages könnte es so weit kommen, dass du an ihrem Grab stehst, in das sie ihren Sarg hinablassen, und dir dunkle Zeiten bevorstehen. In dieser Dunkelheit, die sich anfühlen mag wie die Finsternis, die zur Todesstunde Jesu die Erde bedeckte, darfst du dich nicht an die Theologie des Christseins light hängen, sonst wirst du bitter gegen Gott werden. Folge mit ganzer Kraft der Theologie des Kreuzes, wie Jesus es getan hat, indem du recht leidest zur Ehre deines Gottes und zum Wohl deiner Frau! Jesus hat dich erlöst, damit du ein männlicher Mann wie er bist, der weint, liebt, dient und trauert als ein Sohn Gottes, der sich am Kreuz ausrichtet.

So ein Kreuzesleben wie Jesus zu leben erfordert Demut; die Axt muss stets an der Wurzel des eigenen Stolzes angelegt sein. Du lebst in einer törichten Kultur, in der Stolz eine Tugend geworden ist und kein Laster mehr. Selbst christliche Buchläden sind voll mit Büchern über „Selbst-hilfe", „Selbst-bewusstsein" und den eigenen Ruhm.

So kommt es, dass viele Aussagen der Bibel heute vielen überhaupt nicht mehr einleuchten: Die Letzten werden die Ersten sein; Gott erwählt das Schwache, um das Starke zunichtezumachen; nur wer sein Leben verliert, der wird es finden; Gott widersteht den Hochmütigen, aber den Demütigen gibt er Gnade. Doch am Kreuz sehen wir, dass Jesus gerade in seiner Demut recht leiden und den Vater verherrlichen konnte. Obwohl er ganz Gott war, hat er sich klein gemacht und ist in diese Welt gekommen, um zu leiden und zu sterben.

Dieses Muster der Demut, die zur Herrlichkeit führt, wird am besten in Philipper 2,5-11 ausgeführt, dieser unglaublich gehaltvollen Stelle über Jesus als unser Erlöser und Vorbild:

Das ist die Haltung, die euren Umgang miteinander bestimmen soll; es ist die Haltung, die Jesus Christus uns vorgelebt hat. Er, der Gott in allem gleich war und auf einer Stufe mit ihm stand, nutzte seine Macht nicht zu seinem eigenen Vorteil aus. Im Gegenteil: Er verzichtete auf alle seine Vorrechte und stellte sich auf dieselbe Stufe wie ein Diener. Er wurde einer von uns – ein Mensch wie andere Menschen. Aber er erniedrigte sich noch mehr: Im Gehorsam gegenüber Gott nahm er sogar den Tod auf sich; er starb am Kreuz wie ein Verbrecher. Deshalb hat Gott ihn auch so unvergleichlich hoch erhöht und hat ihm als Ehrentitel den Namen gegeben, der bedeutender ist als jeder andere Name. Und weil Jesus diesen Namen trägt, werden sich einmal alle vor ihm auf die Knie werfen, alle, die im Himmel, auf der Erde und unter der Erde sind. Alle werden anerkennen, dass Jesus Christus der Herr ist, und werden damit Gott, dem Vater, die Ehre geben.

Caleb, ich weiß, dass Demut für dich eine völlig neue Lektion ist, die Gott dir da gerade beibringt. Bevor du Jesus begegnet bist, hast du ein Partyleben geführt; du warst der Frontsänger deiner eigenen Band, die Massen haben sich um dich geschart und deine Auftritte bejubelt. Das war ein Leben für und durch den eigenen Stolz, das nichts für Gott übrig hatte. Doch eines der größten Vorbilder, das Jesus dir hinterlassen hat, ist seine Demut, die nicht feige, schwach oder ohnmächtig war, sondern voller Herrlichkeit.

Dieses Leben von Kreuz und Demut, das seine Freude darin findet, im Leiden Gott zu verherrlichen, kannst du nur aus der Kraft heraus leben, die Jesus zur Verfügung stand: Gott der Heilige Geist. Ich weiß, dass du den Heiligen Geist immer tiefer verstehst. Der beste Weg, seine Rolle in deinem Leben zu verstehen, ist seine Rolle im Leben Jesu zu studieren.

Gott der Heilige Geist erfüllte Jesus und versetzte ihn in die Lage, Gottes Werk zu tun. Genauso tut er es mit uns heute, damit wir dem Maßstab Jesu folgen können. Einer der merkwürdigsten Trends in der Theologie ist die wachsende Zahl charismatischer Calvinisten. Das klingt zuerst wie ein Widerspruch, aber da ist eine Generation von christlichen Leitern herangewachsen, die glauben, dass der souveräne Gott sie vor Grundlegung der Erde dazu bestimmt hat, erfüllt vom Geist und der Kraft des Reiches Gottes zu leben, die sich genauso in Heilungen, Wundern und übernatürlicher Weisheit zeigt wie in demütiger Freude im Leid, wie Christus sie hatte. Hier wirst auch du theologisch landen, je mehr du dich mit diesen Dingen beschäftigst, so christuszentriert und geistgeleitet, wie du jetzt als relativ junger Christ schon bist.

Caleb, der eine Punkt, der traditionell zwischen Charismatikern und Calvinisten steht, ist der vermeintliche Konflikt zwischen Jesus und dem Heiligen Geist. Calvinisten rücken einfach die Person Jesus Christus und sein Werk am Kreuz in das Zentrum der Schrift, während Charismatiker dazu neigen, die Person des Heiligen Geistes und seine Ausgießung an Pfingsten theologisch ins Zentrum zu stellen.

Das hat leider zu einem scheinbaren Konflikt darüber geführt, wer nun wichtiger ist – Jesus oder der Heilige Geist? Doch eine Beschäftigung mit der Schrift hebt diese Spannung auf, denn hier ist Jesus unser bestes Vorbild dafür, was es heißt, vom Geist erfüllt zu sein.

Bevor ich weitergehe, will ich drei Punkte über Jesus herausstellen, damit du keinen Denkfehlern aufsitzt, sondern dich biblisch gründest und auf Jesus ausrichtest, in demütiger Stärke als charismatischer Calvinist.

- Jesus war und ist auf ewig Gott, wie er selbst gesagt hat (Mt 26,63-65; Joh 5,17-23; 8,58-59; 10,30-39; 19,7).
- Jesus wurde in seiner Inkarnation auf dieser Erde ganz Mensch (Jes 7,14; Röm 8,3; 1Joh 4,2).
- Jesus hat während seines Lebens auf der Erde seine göttlichen Rechte abgelegt, um als Mensch zu leben (Phil 2,1-11).

Das bedeutet nicht, dass Jesus als die zweite Person der Dreieinigkeit in seiner Erdenzeit aufgehört hätte, Gott zu sein. Aber in dieser Zeit machte er bis auf ganz gelegentliche Ausnahmen keinen Gebrauch von all den göttlichen Vorzügen, sondern lebte ganz als Mensch, um sich mit uns zu identifizieren und uns ein Beispiel zu geben.

Trotzdem bleibt die Frage, wie Jesus dieses außergewöhnliche Leben führen konnte, wenn er keinen Gebrauch von seinen göttlichen Fähigkeiten machte. Die Antwort findet sich wahrscheinlich am deutlichsten bei Lukas, der ihn als vollkommen geisterfüllt darstellt. Nach Lukas hat Jesus uns nicht nur erlöst, sondern auch das perfekte Beispiel eines vom Geist geleiteten Lebens gegeben. Immer wieder betont er, dass der Heilige Geist es ist, der Jesus befähigt: Er wird vom Geist gezeugt und erhält seinen Titel „Christus", was so viel bedeutet wie „geistgesalbt" (Lk 1–2). Jesus tauft

Menschen mit dem Heiligen Geist und der Heilige Geist kommt an seiner eigenen Taufe auf ihn herab (3,16.21-22). Später ist er *„voll des Geistes"*, *„geführt vom Geist"*, kam *„in der Kraft des Geistes"* und erklärte, dass der Geist des Herrn auf ihm sei (4,1-2.14.18; vgl. Jes 61,1). Außerdem *„freut er sich im Heiligen Geist"* (10,21) und kündigt an, dass der Vater den Geist denen gibt, die darum bitten und dieser Geist uns lehren würde (11,13).

In Lukas' Fortsetzung, der Apostelgeschichte, weist Jesus die Jünger an, mit ihrem Dienst zu warten, bis der Heilige Geist gekommen sei, um sie zu ermächtigen (Apg 1). Dann kommt der Heilige Geist auf diese ersten Christen wie vorher auf Jesus (Apg 2). So zeigt Gott, dass es die Kraft des Heiligen Geistes ist, die fähig dazu macht, wie Jesus zu leben (zugegebenermaßen nicht perfekt, weil wir Sünder bleiben), denn es ist der gleiche Geist, der auch Jesus dazu befähigte.

Jesus hat sein Leben in Anfechtung und Leid bis hin zum Tod am Kreuz gelebt, um dich zu erlösen und dir den gleichen Heiligen Geist zu senden, der auch ihm die Kraft gab, damit du leben kannst wie er. In deiner Bekehrung bist du mit diesem Geist versiegelt worden (Eph 1,13-14).

Meine Sorge um dich ist, dass die meisten deiner Freunde theologisch Charismatiker sind. Deswegen neigen sie dazu, den Heiligen Geist zu betonen und Jesus zu vernachlässigen. Pfingsten statt Golgatha. Wenn du Jesus als vom Geist geleitet und befähigt verstehst, löst sich jeder Konflikt zwischen Jesus und dem Heiligen Geist oder Golgatha und Pfingsten in Luft auf. Jesus ist unser Retter und unser Vorbild, der den Geist gesandt hat, um uns zu retten und dazu fähig zu machen, so geisterfüllt zu leben wie er. „Geisterfüllt" und „geistgeleitet" zu sein bedeutet also einfach, der Theologie des Kreuzes zu folgen, indem wir wie Jesus aus der Kraft des Geistes leben.

Wenn Jesus mit dem Heiligen Geist erfüllt war, dann stehen die beiden offensichtlich nicht gegeneinander, sondern wirken perfekt zusammen. So können auch wir aus der Kraft des Geistes Jesus lieben, anbeten und nachfolgen, ohne jeden Loyalitätskonflikt zwischen den beiden.

Geisterfüllt wie Jesus zu sein heißt letztlich, uns selbst zu verleugnen, unser Kreuz auf uns zu nehmen und ihm zu folgen, wohin auch immer der Geist uns führt – selbst in Leiden und Sterben. So wie der Geist Jesus in die Wüste geführt hat, wo er vierzig Tage Einsamkeit, Hunger und Angriffe des Satans erdulden musste, so hat er dich in die schwierige Lebenssituation geführt, mit einer geliebten Frau verheiratet zu sein, die mit einem Gehirntumor kämpft, damit die Herrlichkeit Jesu durch dich zu ihr und durch sie zu dir hindurchscheint, wenn ihr gemeinsam leidet.

Wer diese Perspektive Jesu einnimmt und sich wie er vom Geist erfüllen lässt, der wird fähig dazu, sein Denken beständig auf Jesus auszurichten, sich praktisch vom Geist leiten zu lassen und in Problemen demütig zu bleiben. Denn wenn geisterfüllt bedeutet, so wie Jesus zu sein, dann sind Dinge wie Armut, Krankheit und Not nicht mehr unvereinbar mit einem geisterfüllten Leben. Der geisterfüllteste Mensch aller Zeiten hatte einen einfachen Beruf, lebte in einfachen Verhältnissen und starb einen qualvollen Tod als mittelloser Wohnungsloser. Doch damit verherrlichte er den Vater aufs Beste und bekam die wahre Freude zu schmecken.

Östliche Religionen sehen Gott als so fern und losgelöst von uns, dass er uns niemals retten kann, ein Vorbild sein oder Kraft für ein neues Leben geben kann. Und nach dem Islam kann Gott nicht leiden, deshalb lehren islamische Gelehrte, dass der Heilige Geist Jesus vor seinem Tod verließ und als bloßen Menschen zurückließ. Doch John Stott, einer meiner liebsten Bibellehrer, fragt in seinem Buch *Das Kreuz* (das ich dir wärmstens empfehle!) zugespitzt:

> *Wie könnte man in der wirklichen Welt der Schmerzen einen Gott anbeten, der immun dagegen wäre?*[29]

Lieber Caleb, ich preise Gott, dass er dich durch das Kreuz Jesu gerettet hat. Und ich bete, dass Gott der Heilige Geist, der in Jesus war, dir die Fähigkeit und Ausdauer gibt, Gott durch übernatürliche Demut auch in Leid und Not zu verherrlichen. Auch wenn es hart ist, habt ihr beide einen Grund zur Freude. Denn Jesus wirkt in und durch euch an Christen wie Nichtchristen. Euer Leid ist nicht sinnlos! Ich weiß, dass eure Schicksalsschläge wehtun, aber ich sehe an eurem Leben auch, dass sie etwas wachsen lassen.

So komme ich zum Schluss mit einem Zitat von einem rumänischen Pastor, der unter der kommunistischen Herrschaft zu leiden hatte. Ich habe es mir eingeprägt für Zeiten des Leids:

> *Christen sind wie Nägel; je härter du sie schlägst, desto tiefer gehen sie.*

Rückfragen zu Jesus als Vorbild

Jesus ist Gott und ich nicht. Wie kannst du sagen, dass er ein echtes Vorbild für mein Leben ist?

Erst mal will ich dich loben: Viele Menschen glauben eigentlich, dass sie selbst Gott sind, das Zentrum des Universums. Dieses narzisstische Selbstbild ist in unserer Kultur sehr ausgeprägt. Aber du glaubst, dass du Gottes Kind bist und nicht Gott selbst.

Trotzdem muss ich dich auch korrigieren. Jesus ist der menschgewordene Gott (Joh 1,14). Da müssen wir gut aufpassen und bekennen, dass er nicht nur Gott ist, sondern wahrer Gott *und* wahrer Mensch. Viele Theologen argumentieren, dass die zweite Person der Dreieinigkeit in ihrem Kommen als Immanuel (Gott mit uns) die ewige Herrlichkeit und Gleichheit mit dem Vater aufgab, um wie wir zu werden. Jesus hat auf den eigenständigen Gebrauch der göttlichen Möglichkeiten verzichtet, sich der Autorität des Vaters unterstellt und sich der Führung des Heiligen Geistes überlassen (Jes 7,14; 11,1-4; 61,1-3; Mt 1,23; Lk 3,22; 4,1.14.18; Joh 1,32; 3,34; 5,19.30; 8,28.42; 14,10; Apg 1,2; 10,38; Phil 2,6-8; Hebr 2,6.9).

Jesus hat als vollkommen geisterfüllter Mensch gelebt, um uns zu zeigen, wie das geht. Als er vom Teufel versucht wurde, hat er nicht als Gott reagiert. Im Grunde war das ja genau das, wozu der Teufel ihn drängen wollte, aber Jesus ist nicht darauf eingestiegen, sondern hat so reagiert, wie wir es können: Er hat wirklich passende Worte der Schrift zitiert und dem Teufel befohlen zu verschwinden. Der Hebräerbrief erinnert uns, dass Jesus sich mit unseren Schwächen identifizieren kann, weil er genauso versucht wurde, nur ohne Sünde (Hebr 4,15).

Hier lohnt sich ein Blick in unser Buch *Vintage Jesus*. Im zweiten Kapitel gehen wir der Frage nach, wie menschlich Jesus war [bisher nur auf Englisch erhältlich – *Anm. d. Übers.*].

Aber Jesus kam als Sohn Gottes, um die ganze Welt zu retten. Wie soll ich da wie er sein können?

Tatsache ist, dass wir genau dazu berufen sind. Diese Welt ist ein Ort, an dem uns oft gesagt wird, dass wir uns klein machen sollen und als weniger ansehen, als wir in Christus sind. Solch ein Denken ist falsche Demut, die uns dazu bringt, uns wie nutzlose Würmer zu fühlen und zu meinen, dass Gott unsere Unterwürfigkeit auch noch gefällt (Kol 2,18.23). Doch durch den Sieg Jesu am Kreuz sind wir starke Ritter, die im Dienste Jesu stehen (2Kor 20,3-5; Eph 6,10-20; 2Tim 2,3-4).

Wir sind nicht Gottes Sohn, wie es die zweite Person der Dreieinigkeit ist, die im Fleisch auf diese Erde kam. Aber weil Jesus kam, sind auch wir Kinder Gottes, die ganz zur Familie gehören und erben werden. Paulus sagt uns in Galater 4,4-6 (vgl. Joh 1,12; Röm 8,19-23; Eph 1,5):

> *Doch als die Zeit dafür gekommen war, sandte Gott seinen Sohn. Er wurde als Mensch von einer Frau geboren und war dem Gesetz unterstellt. Auf diese Weise wollte Gott die freikaufen, die dem Gesetz unterstanden; wir sollten in alle Rechte von Söhnen und Töchtern*

Gottes eingesetzt werden. Weil ihr nun also seine Söhne und Töchter seid, hat Gott den Geist seines Sohnes in eure Herzen gesandt, den Geist, der in uns betet und „Abba, Vater!" ruft.

Unglaublich, dass die Bibel Jesus als unseren Bruder beschreibt! (Röm 8,29; Hebr 2,11-15). Auch den Auftrag Jesu, die Welt zu retten, teilen wir. Wir vollbringen natürlich nicht das Sühnewerk, aber wir tragen die Nachricht von der freien Erlösung in Jesus in die Welt. Er hat uns gesagt, dass wir die Kraft des Heiligen Geistes bekommen und seine Zeugen sein werden, in Jerusalem, in Judäa und Samaria und bis an die Enden der Erde (Apg 1,8).

Jesus hat Paulus und damit uns allen gesagt:

Ich sende dich ... Öffne ihnen die Augen, damit sie umkehren und sich von der Finsternis zum Licht wenden und von der Macht des Satans zu Gott. Dann werden ihnen ihre Sünden vergeben, und sie werden zusammen mit allen anderen, die durch den Glauben an mich zu Gottes heiligem Volk gehören, ein ewiges Erbe erhalten. (Apg 26,17-18)

Wir sind Botschafter Christi. Gott bringt seinen Ruf durch uns zu den Menschen, deshalb bitten wir an Christi statt, dass sie sich versöhnen lassen mit Gott (2Kor 5,20). Wir sprechen mit ihnen und versuchen sie zu überzeugen, an Jesus zu glauben (Apg 18,4).

Paulus geht sogar so weit, dass wir vollenden, was im Dienst Jesu noch fehlt, indem wir dorthin gehen, wo er nicht war, und das Gleiche wie er erleiden als *„ihr Diener ... nach der Verwaltung Gottes, die mir im Blick auf euch gegeben ist, um das Wort Gottes zu vollenden"* (Kol 1,25).

Wie kann Jesus mein Vorbild sein, wenn ich mit so vielem konfrontiert bin, womit er nie zu tun hatte?

Es stimmt, dass Jesus niemals mit speziell modernen Problemen umgehen musste wie etwa Drogen, Internetpornografie, Stripclubs oder islamistischem Terrorismus. Aber denk einmal darüber nach: Auch wenn es heute neue Drogen gibt, ist doch die Sucht nach bestimmten chemischen Stoffen nichts Neues. Alkohol war schon immer ein großes Problem. Wenn du dir die Ruinen antiker Städte anguckst, z.B. Pompeji, wirst du merken, dass auch harte Pornografie schon eine lange Tradition hat. In den heidnischen Tempeln wurde im Namen der Götter in aller Öffentlichkeit Sex praktiziert. Das war mindestens so explizit und öffentlich wie heutige Stripclubs. Und die Aktionen der Zeloten und römischen Soldaten zur Zeit Jesu waren mindestens so erschreckend wie heutiger Terrorismus. Die Welt, in der Jesus gelebt hat, war der unseren also eigentlich ziemlich ähnlich. Die Zeiten ändern sich, aber die Sünder und ihre Sünden bleiben die gleichen. Das Vorbild Jesu weitet sich auf seinen Leib aus, die Gemeinde (Röm 12, 1Kor 12). Die Helden des Glaubens sind uns Zeugnis dafür, dass es möglich ist, die Sünde abzulegen, die so fest an uns klebt, und mit Ausdauer den Lauf laufen können, der vor uns liegt (Hebr 12,1).

Mein Pastor sagt, dass die Liberalen mit dem Vorbildgedanken in der Sühnetheologie das Christentum zerstören. Warum verwendest du ihn?

Dein Pastor hat recht. Lange Zeit haben Menschen sich auf den Vorbildgedanken berufen, um zu verneinen, dass Jesus unser Retter ist, der als unser Stellvertreter den heiligen Zorn des Vaters stillt. Ihrer falschen Lehre nach kam Jesus [nur], um durch sein Vorbild der versöhnenden Liebe die Menschenherzen zu erreichen.

Diese Sicht wurde in der Theologie zuerst von Peter Abaelard (1079–1142 n. Chr.) formuliert. Man nennt sie auch das *soziale Evangelium,* das die Kirche Amerikas im frühen zwanzigsten Jahrhundert durch Predigten von Männern wie Hastings Rashdall und Walter Rauschenbusch beeinflusste. Heute ist es sehr verbreitet, z. B. als Hintergrund vieler „missionaler" und „emergenter" Ansätze, und führt zu furchtbaren Problemen.

Doch als Reaktion auf diesen schlimmen Irrtum übergehen viele, was die Bibel klar lehrt: Jesu Tod und Leben sind das Muster für unser Leben. Also bringen wir die Vorbildfunktion mit der Wahrheit vom stellvertretenden Sühnetod zusammen, wenn wir solche Stellen lesen wie Philipper 2,1-5, 1. Petrus 2,21, 1. Johannes 3,16 oder 4,9-11, Matthäus 16,24-25 und 2. Korinther 5,14-21.

Um allein die Vorbildfunktion zu vertreten, braucht man ja nicht einmal Christ zu sein. Doch als Christen, die wir an alles glauben, was die Schrift über Jesu Tod am Kreuz sagt, glauben wir, dass Jesus am Kreuz auch zu unserem Vorbild starb – zusätzlich dazu, unser Stellvertreter, Sieger, Erlöser, Opfer, unsere Gerechtigkeit, Rechtfertigung, Zornstillung, Reinigung, unser Lösegeld, unser Versöhner usw. zu sein, wie wir es in den verschiedenen Kapiteln in diesem Buch aufzeigen.

KAPITEL 11

„Ich hasse meinen Bruder!" – Jesus, Kurts Versöhnung

Bitterkeit, Aufbrausen, Zorn, wütendes Geschrei und verleumderisches Reden haben bei euch nichts verloren, genauso wenig wie irgendeine andere Form von Bosheit. Geht vielmehr freundlich miteinander um, seid mitfühlend und vergebt einander, so wie auch Gott euch durch Christus vergeben hat. Nehmt euch daher Gott selbst zum Vorbild; ihr seid doch seine geliebten Kinder! Konkret heißt das: Alles, was ihr tut, soll von der Liebe bestimmt sein. Denn auch Christus hat uns seine Liebe erwiesen und hat sein Leben für uns hingegeben.
EPHESER 4,31–5,2

....

Kurt ist in den Vierzigern und lebt immer am Limit. Er hat ein paar kleine Firmen, die ihm genug Geld einbringen, um seinen Lebensstil aus Drogen, Glücksspiel und unsinnigen Anschaffungen zu finanzieren, und schläft sich durch die Betten der Freundinnen seiner Tochter, die nicht einmal halb so alt sind wie er. In den letzten Jahren fordert dieser Lebensstil zunehmend seinen physischen und finanziellen Tribut.

Geistlich gesehen ist Kurt bekennender Nichtchrist und lehnt es rundweg ab, jemandem zuzuhören, der über Gott redet. Als ich ihn kennenlernte, merkte ich bald, dass er sich in seinen kleinen selbst geschaffenen Reichen (seinem Haus und seinen Firmen) wie eine Art Gott ansieht. Er ist oft ziemlich skrupellos und grausam und fordert von seinen Kindern und seinen Angestellten beinahe religiös anmutende Ergebenheit, genauso wie von seinen Versagerfreunden, die ihn brauchen, um an Drogen, Geld und Bestätigung zu kommen.

Deswegen gibt es auch niemanden in seiner Nähe, der fest genug im Leben steht, um in sein Leben hineinzusprechen und den Finger auf das zu legen, was jedem sonnenklar ist, der nicht unter seiner Fuchtel steht: dass er vor die Hunde geht. Manchmal schläft er tagelang nicht, weil sein Körper so vollgepumpt ist mit den unterschiedlichsten Drogen. Er gibt Unsummen für leichtfertige Käufe aus, sodass seine Grundstücke inzwischen mit kaputten Autos vollgestellt sind und sein früher schönes Haus nun der Schandfleck des ganzen Viertels ist, weil er es so verwahrlosen lässt.

Noch trauriger ist, dass seine Kinder, die bei ihm leben, ihren Vater immer noch vergöttern und ihm aus der Hand fressen. Auch sie nehmen Drogen und trinken zu viel Alkohol. Sie haben keine Ahnung, wie ein anderes Leben aussehen könnte, da sie seinen Einflussbereich niemals verlassen haben. Sie hängen mit ihren Freunden herum, lassen die Jungs in ihren Betten übernachten oder laden sie nur deswegen zu sich nach Hause ein, damit die ihren Vater um Geld, Drogen oder Alkohol anschnorren können. So sind sie zu Wracks geworden und gehen nicht einmal mehr auf eine Schule, obwohl sie früher gute Noten hatten.

Der Einzige, der manchmal weise und vernünftig mit Kurt gesprochen hat, ist sein Bruder. Sie sind in einer schwierigen Familie aufgewachsen, ohne wirklichen Kontakt zu ihrem kriminellen Vater, der im Gefängnis saß. Ihre Mutter arbeitete hart und war sehr arm. Der große Unterschied zwischen den beiden ist, dass Kurts Bruder mit Anfang zwanzig Christ geworden ist. Er hat eine Christin geheiratet und sie haben ihre Kinder nach der Bibel aufwachsen lassen. Seine Familie ist in allem das komplette Gegenteil von Kurts Familie. Aber Kurt lehnt es seit vielen Jahren ab, mit seinem Bruder zu reden, obwohl sie in derselben Stadt wohnen.

Ich denke, dass Kurt unglaublich wütend auf seinen Bruder ist. Unter dieser Wut liegt Bitterkeit, die er nicht versteht. Dieser Brief soll ihm helfen, die Wurzel seiner Bitterkeit zu erkennen und welche verdorbenen Früchten sie in sein Leben gebracht hat.

● ● ● ●

Lieber Kurt,

es wird dich vielleicht überraschen, wenn ich dir sage, dass ich in den letzten Jahren regelmäßig für dich gebetet habe. Ich vermute, dass du erst einmal darüber lachen und mich als religiösen Spinner abstempeln wirst, der denkt, dass er besser ist als du, und dich eh nur abwertend behandeln wird.

Doch wie seltsam es auch klingen mag, ich denke, dass ich dich in gewisser Weise verstehe, weil wir uns in manchem doch ähnlich sind. Ich bin auch in einem sozialen Brennpunkt aufgewachsen und habe viel Gewalt erlebt. Aber ich hatte einen Vater, der bei uns geblieben ist und im Gegensatz zu deinem gearbeitet hat, um uns versorgen zu können. Er war Maurer und hat Trockenwände hochgezogen, bis sein Rücken im Eimer war. Doch ich war mir genau wie du sehr wohl darüber bewusst, wo andere Menschen mir auf verschiedenste Weise unrecht getan hatten. Ich habe einen ausgeprägten Sinn für Gerechtigkeit, und wenn ich beklaut, zusammengeschlagen oder beschimpft wurde, habe ich oft mit Worten und Fäusten ausgeholt, um mich zu verteidigen. Ich hatte einfach die Schnauze voll von manchen Typen und ihren Attacken und beschloss, auf mich selbst aufzupassen, indem ich mich hart machte.

Das funktionierte eigentlich ziemlich gut. Als ich erwachsen wurde, hatten die meisten Menschen Angst vor mir. Also behandelten sie mich mit Respekt und taten, was ich ihnen sagte. So wurde ich in der Schule, beim Sport und auch auf der Arbeit richtig gut.

Aber es gab zwei Probleme. Erstens konnte ich meine Wut nicht kontrollieren, sondern wurde manchmal von ihr gesteuert. Nach solchen Ausbrüchen schämte ich mich, aber ich konnte nichts dagegen tun, dass es wieder passierte. Und zweitens wollte ich meine Wut gar nicht wirklich loslassen. Sie war zu einer kraftvollen Motivation in meinem Leben geworden und fuhr gute Erfolge ein. Ich hielt mich für stärker, härter und leistungsfähiger als die schwächeren und ängstlicheren Menschen in meinem Umfeld. Heimlich verachtete ich diese Menschen, weil sie es zuließen, auf ihnen herumzutrampeln, sie abschätzig zu behandeln, auszunutzen und herumzuschubsen.

Ich spürte diese rasende Wut in mir, die manchmal so plötzlich hochkochte, dass ich mich nicht beherrschen konnte. Von einem Moment auf den anderen kriegte ich einen Tobsuchtsanfall und ging körperlich oder mit Worten auf andere Menschen los. Auf der Straße, wo ich aufgewachsen und Gefahren ausgesetzt gewesen war, hatte ich davon profitiert. Doch nun musste ich feststellen, dass es für meine Beziehungen zu Menschen, die mir wichtig waren und die keine Bedrohung für mich darstellten, ziemlich zerstörerisch war.

Besonders Angst hatte ich davor, eines Tages gegenüber meiner Frau oder meinen Kindern überzureagieren und als prügelnder Ehemann und Vater zu enden. Meine Wut schien außer Kontrolle zu geraten, wenn ich mich betrogen, respektlos behandelt oder in meiner Autorität missachtet fühlte. Ich wollte einfach nicht so ein Schwächling sein und sah meine Wutausbrüche als notwendiges Übel an.

Dann wurde ich Christ. Als ich Jesus und sein Werk kennenlernte, stellte ich fest, dass er wesentlich stärker, mutiger, tapferer und furchtloser war als irgendjemand sonst, den ich jemals getroffen hatte. Beim Bibellesen beobachtete ich, dass er wütend werden konnte, wenn Böses und Ungerechtes geschah, und ihm niemals die Widerstandskräfte fehlten. Selbst unter den Schlägen, den Schmerzen und dem Verbluten am Kreuz gab er nicht klein bei oder fing an zu heulen wie ein Baby.

Diese schiere Kraft faszinierte mich. Menschen sammelten sich um ihn herum; sie respektierten ihn, folgten ihm und wurden von ihm so inspiriert, wie ich es noch nie sonst gehört hatte. Er führte sie durch seinen Einfluss des Guten, nicht durch Kontrolle mit Drohungen oder Gewalt. Selbst seine Wut war nie unangemessen oder peinlich wie meine. Es machte mich richtig neugierig, wie es Jesus möglich war, sein Leben mit solch einer Kraft zu leben und sie so vollkommen unter Kontrolle zu haben.

Zuerst begann ich darauf zu achten, welche Dinge es genau waren, die meine Wut auslösten. Nach einer gewissen Zeit fand ich heraus, dass es Bitterkeit war. Ich war sauer wegen einer langen Liste von Menschen in meinem Leben, die mich belogen, bestohlen, betrogen, körperlich verletzt, blamiert oder respektlos behandelt haben.

Ich bin mir ziemlich sicher, Kurt, dass hinter deiner Wut, Gewalt und Sucht eine Menge Bitterkeit steckt, genauso wie hinter deinen Bemühungen, dein eigenes kleines Reich aufzubauen, in dem du wie ein Gott regierst. Falls du diesen Brief nun wenigstens lesen magst, will ich dir erklären, was ich über Bitterkeit gelernt habe. Ich will dich nicht bevormunden, aber du bist mir nicht egal und ich mache mir Sorgen um dich und die Menschen in deiner Umgebung, allen voran deine Kinder.

Wenn wir uns anderen Menschen gegenüber falsch verhalten, fühlen wir uns schuldig. Aber wenn sich jemand uns gegenüber falsch verhält, werden wir sauer. Das ist einfach unsere Reaktion auf die Sünde anderer an uns, ob sie nun real ist oder nur eingebildet. Die Verletzung, die durch die Sünde an uns entsteht, führt augenblicklich zu einer Wutreaktion. Wenn wir uns dann nicht um diese Verletzung kümmern (können), setzt sich diese anfängliche Wut als Bitterkeit in uns fest. Dieser tiefe Ärger trägt Feindseligkeit, Hass, Zynismus und Verachtung in sich. Das ist kaltes, rohes, zerstörerisches Elend. Unsere Bitterkeit ist leicht zu rechtfertigen: Wenn jemand seinen Finger darauf legt, zeigen wir mit unserem Finger auf diejenigen, die sich an uns verschuldet haben. Aber das hilft uns kein bisschen weiter, sondern erklärt nur, warum wir bitter sind, ohne uns davon zu befreien.

Im Grunde ist Bitterkeit gar nicht unbedingt davon abhängig, dass jemand tatsächlich unrecht an uns getan hat, wenn wir nur glauben, dass jemand uns etwas schuldig geblieben ist. Bitterkeit kann aus Stolz oder Eifersucht wachsen. Auch Neid führt zu Bitterkeit, wie Jakobus schreibt (3,14): *„Wenn aber euer Herz bitter ist vor Eifersucht …"*

Ich weiß, dass du Direktheit magst, deshalb sage ich dir auf den Kopf zu, dass du sauer auf deinen Bruder bist. Deine Bitterkeit hat dich dazu gebracht, seit Jahren kein Wort mehr mit ihm zu reden, trotz seiner Versöhnungsversuche. Ein Teil deiner Bitterkeit kommt aus den Sünden, die er gegen dich begangen hat, die real sind und nicht kleingeredet werden sollten. Aber ein anderer Teil gründet sich auf Lügen. Du hast zum Beispiel immer wieder behauptet, dass er dich bestohlen habe. Aber dein Bruder ist ein ehrlicher Mensch und hat diese Behauptung immer wieder zurückgewiesen.

Er ist dir sogar so weit entgegengekommen, dir das Geld zu zahlen, um dir zu zeigen, dass er dich achtet und respektiert. Aber das hast du abgelehnt, weil du lieber sauer bleibst und einen Grund behältst, ihn zu verachten. Außerdem kommt ein Teil deiner Bitterkeit aus Neid. Du neidest ihm, dass sein Leben besser läuft als deins, seine Kinder sich besser machen und er glücklich ist und du nicht.

Jetzt willst du sicher das tun, was die Bibel „Unterdrücken der Wahrheit" nennt, d. h. deine Bitterkeit leugnen und dir einreden, dass du darüber hinweg bist und dich nicht mehr an der Beziehung zu deinem Bruder aufreibst, oder aber ihn für deine Bitterkeit verantwortlich machen. Aber die nackte Wahrheit ist, dass du selbst für deine Bitterkeit verantwortlich bist, denn du hast selbst entschieden, wie du deinem Bruder gegenüber agierst und reagierst.

Ich habe angefangen, Bitterkeit wirklich zu verstehen, als ich gelesen habe, was ein mir bekannter Pastor darüber schreibt. Er stellt lauter Fragen, anhand derer man herausfinden kann, ob man an Bitterkeit leidet. Einige dieser Fragen habe ich hier einmal in der Hoffnung aufgelistet, dass sie dir deine eigene Bitterkeit deutlich machen. Denn wie wir alle kannst du deine blinden Flecken nicht sehen.

- Spielst du in deiner Vorstellung immer wieder detailliert negative Erlebnisse deiner Vergangenheit durch und spürst dabei Abneigung gegen die beteiligten Personen?
- Denkst du immer wieder schlecht über jemanden, der dich früher verletzt hat?
- Meidest du manche Menschen absichtlich, weil du in ihrer Gegenwart häufig ärgerlich wirst?
- Merkst du, dass deine Abneigung gegenüber einer Person mit der Zeit wächst?

Irgendwann springt uns unsere Bitterkeit auf die Zunge, weil sich das Herz durch Worte offenbart. Wenn wir bitter sind, dann reden wir abschätzig über Menschen, um sie zu erniedrigen und zu ignorieren. Das ist die verbale Form, zurückzuschlagen und sie bezahlen zu lassen.

Bitterkeit hängt oft nicht von der Schwere der Sünde ab, sondern von der emotionalen Nähe zum Täter, oft spielt auch Verrat eine Rolle. Wenn ein völlig Fremder sich richtig an dir vergeht, wirst du wahrscheinlich trotzdem nicht bitter werden, aber wenn ein geliebtes Familienmitglied oder ein naher Freund dir etwas antut, auch wenn es nur etwas ganz Kleines ist, wirst du viel eher bitter werden, weil du dieser Person dein Herz geöffnet hast und hohe Erwartungen an die Beziehung stellst.

Deswegen sind es meistens die Menschen, die du am meisten liebst, die am ehesten Bitterkeit in dir hervorrufen, weil ihre Sünde für dich wie Verrat ist. Deswegen bist du auch bitter gegenüber deinem Bruder. Du willst und brauchst ihn in deinem Leben, aber in deinen Augen hat er dich irgendwann im Stich gelassen und damit tief verletzt. Das kannst du ihm nicht vergeben.

Dieses Muster geht bis zur Bitterkeit gegen Gott. Die Bibel berichtet von Noomi, einer Frau, die mit ihrem Ehemann und ihren beiden Söhnen von Israel in ein anderes Land zog, wo alle drei starben. Ihren beiden Schwiegertöchtern sagt sie deswegen: *„Nennt mich nicht Noomi [„lieblich"], sondern Mara [„bitter"]; denn der Allmächtige hat mir viel Bitteres angetan"* (Rut 1,20). Auch wenn du kein Christ bist, frage ich mich, ob du im Innersten deines Herzens nicht eigentlich sauer auf Gott bist wegen manchem Schweren in deinem Leben wie dem Tod deiner Frau.

Ich möchte auf keinen Fall das Leid kleinreden, das dir im Laufe deines Lebens widerfahren ist. Aber ich möchte dir klarmachen, dass du die Verantwortung für deinen Umgang damit trägst. Du hast mit Bösem auf Böses reagiert und bist deshalb kein bisschen besser als diejenigen, die dich so verbittert haben.

Eine der großen Lügen der Bitterkeit ist, dass es nicht unser Fehler sei. Jemand anderes hat uns ja etwas angetan. In Wahrheit wird Bitterkeit aber durch den Zustand unseres Herzens hervorgerufen. Unser Leben fließt aus unserem Herzen; wenn also Menschen gegen uns sündigen, dann wird unsere Reaktion von dem bestimmt, was in unserem Innersten ist, und nicht von dem, was sie uns antun:

> *Ein guter Mensch bringt Gutes hervor, weil sein Herz mit Gutem erfüllt ist. Ein böser Mensch dagegen bringt Böses hervor, weil sein Herz mit Bösem erfüllt ist. Denn wie der Mensch in seinem Herzen denkt, so redet er. (Lk 6,45)*

Im Buch *If* („Wenn") drückt die Missionarin Amy Carmichael, die 25 Jahre in Indien gearbeitet hat, diesen Punkt sehr gut aus: „Ein Becher randvoll mit sauberem Frischwasser kann keinen einzigen Tropfen trübes Wasser verschütten, so sehr er auch geschüttelt wird."[30] Das Verschütten ändert das Wasser nicht. Wenn du ein Glas Frischwasser verschüttest, kommt Frischwasser heraus; wenn du ein Glas trübes Wasser verschüttest, dann kommt auch trübes Wasser heraus.[31] Der Stoß bringt nur aus dem Gefäß, was drin ist.

Wenn du also voller Freundlichkeit bist und dann angestoßen wirst, kommt nur Freundlichkeit heraus. Aber wenn du voller Bitterkeit steckst, wird sie durch den Stoß sichtbar. Die Schuld liegt nicht bei dem, der dich gestoßen hat. Die Frage ist nicht: „Kann ich verhindern, so angestoßen zu werden?", denn das passiert jedem irgendwann, sondern: „Was steckt in mir, was dann herauskommen wird?"

Kurt, du hast diese Bitterkeit in deinem Herzen, deswegen reagierst du so sauer, wenn du dich verletzt, beleidigt und falsch behandelt fühlst. Damit geht ein Teufelskreis los, den Epheser 4,31 so beschreibt: *„Bitterkeit, Aufbrausen, Zorn, wütendes Geschrei und verleumderisches Reden haben bei euch nichts verloren, genauso wenig wie irgendeine andere Form von Bosheit."* Hier können wir sehen, dass es nie einfach bei der Bitterkeit bleibt; wenn wir uns nicht darum kümmern, dann wächst sie und wird immer heimtückischer. Man kann diese Epheserstelle als einen Kreislauf der Bitterkeit lesen:

- **Bitterkeit:** Du fühlst dich verletzt, angegriffen oder schlecht behandelt und weigerst dich, der Person zu vergeben, die du für schuldig hältst (egal, ob es stimmt).
- **Aufbrausen:** Du ärgerst dich und spürst, wie dein Puls nach oben geht, während sich Kopf und Körper auf eine Reaktion vorbereiten.
- **Zorn:** Du bist wütend auf Menschen und willst ihnen irgendwie schaden, indem du sie z. B. anschreist, schlägst oder bedrohst.
- **Wütendes Geschrei:** Du kannst deine Wut nicht länger zurückhalten und steigst in einen offenen Streit ein, bei dem du anderen wehtun willst, z. B. emotional oder physisch, um sie in die Flucht zu schlagen. Wenn sie es je wieder versuchen sollten, dir wehzutun, sollen sie wissen, dass sie deine Wut erneut zu spüren bekommen werden.
- **Verleumderisches Reden:** Um dich zu verteidigen und andere zu verunglimpfen, lästerst du über andere und bringst üble Geschichten über sie in Umlauf, um ihren Ruf zu ruinieren. Damit machst du auch anderen klar, was passiert, wenn man dich verletzt und schlecht behandelt.
- **Bosheit:** Wenn Bitterkeit zu Bosheit wird, entwickelst du weitere Wege, ihnen übel mitzuspielen, um die Menschen zu bestrafen, auf die du sauer bist, egal was es dich selbst kostet. Das einzige Ziel ist nun, dass sie verlieren, selbst wenn du es dabei ebenso tun solltest.

Manchmal durchläuft man diesen Kreislauf so schnell wie ein loderndes Feuer, vielleicht nur innerhalb ein paar Minuten oder Tagen. Ein Beispiel aus deinem Leben wäre deine Bitterkeit gegen deine Frau: Obwohl ihr noch verheiratet wart, hast du deine Freundin, die halb so alt war wie du, in dein Haus einziehen lassen und mit ihr unter einem Dach mit deiner Frau geschlafen. Das war ein offener Akt der Bosheit.

Ein andermal schwelt die Bitterkeit über Monate oder Jahre vor sich hin. So ist es mit deiner Bitterkeit gegen deinen Bruder. Obwohl du jahrelang nicht mehr mit ihm geredet hast, redest du unter Freunden und Familie oft und sehr schlecht über ihn. Deine Häme geht sogar so weit, dass du versucht hast, seine Firma zu sabotieren.

Was ich an dir irgendwie faszinierend finde, ist, dass du jedes bisschen, was Menschen dir getan haben, genau vor Augen hast, aber völlig blind bist für deine eigenen Taten. In der Bibel findet sich dazu ein hilfreiches Bild: *„Lasst nicht zu, dass aus einer bitteren Wurzel eine Giftpflanze hervorwächst, die Unheil anrichtet; sonst wird am Ende noch die ganze Gemeinde in Mitleidenschaft gezogen"* (Hebr 12,15). Dieses Bild beschreibt dich als eine Pflanze, die Früchte hervorbringt, also deine Worte und Handlungen. Am Fuß sind die Wurzeln, die die Pflanze und ihre Früchte nähren. Weil die Wurzeln deines Lebens bitter sind, produzierst du so viel bitteres Reden und Handeln. Alles, was herauskommt, ist verdorben. Deine Bitterkeit hat dir eine Ernte von Schmutz, Perversion und Gottlosigkeit eingebracht, genau wie die Bibel es sagt.

In deiner Bitterkeit bist du wie Esau, ein Mann in der Bibel. Esau war ein echtes Mannsbild wie du, der gern jagte und kämpfte. Sein Bruder Jakob war mehr wie dein Bruder und ein bisschen ein Muttersöhnchen, der nicht so stark war und viel Zeit in der Küche verbrachte. Wie dein Bruder, der früher Koch war. Ihre Mutter tat etwas Furchtbares und zog Jakob vor. Wahrscheinlich hat deine Mutter deinen Bruder genauso vorgezogen. Dieser Kampf um die Gunst der Mutter hat Esaus Bitterkeit entfacht. Vielleicht war es bei dir auch so.

Esau war wie du ein impulsiver Mensch. Eines Tages hatte er Hunger und verkaufte sein Erstgeburtsrecht und sein Erbe an seinen Bruder für eine magere Schüssel mit Suppe. Am Ende war er wie du verheiratet mit der einen Frau und im Bett mit einer anderen. Beide Frauen waren die Katastrophe und brachten ständig Gram und Drama in sein Leben, genau wie die Frauen in deinem Leben. Esau und Jakob führten eine so lange und erbitterte Familienfehde, dass ihre Geschichte fast zwölf Kapitel im 1. Buch Mose einnimmt. Beide Kerle versündigten sich immer wieder aneinander und brachten wie du an die zwanzig Jahre damit zu, nicht miteinander zu reden, weil sie so sauer und verletzt waren.

In diesen Jahren war Gott trotzdem gut zu beiden Männern, ließ sie geistlich wachsen und segnete sie auch finanziell. Jakob hatte schon von klein auf Gott verehrt, aber trotzdem neigte er zu Egoismus und Überheblichkeit, sodass Gott auch an ihm zu arbeiten hatte. Das Gleiche geht in deinem Bruder vor, seit du das letzte Mal mit ihm gesprochen hast.

Esau hielt sich wie du als junger Mann nicht an den Gott der Bibel, doch während der Zeit ohne seinen Bruder veränderte Gott sein Herz, auch wenn er immer noch ziemliche Ecken und Kanten hatte. Mit der Zeit versöhnten sich die beiden Brüder. Wie ihre Familien wieder zusammenfanden, ist eine der bewegendsten Geschichten der Bibel. Esau hatte sich entschlossen, Jakob zu vergeben: *„Esau aber lief ihm entgegen, umarmte und küsste ihn. Beide weinten vor Freude"* (1Mose 33,4).

Lieber Kurt, ich schreibe dir diesen Brief in der Hoffnung, dass ihr beiden Brüder einander vergebt und euch aussöhnt wie Jakob und Esau. Dazu muss die bittere Wurzel aus deinem Leben ausgerissen werden. Die Axt, die du dafür brauchst, ist der Tod Jesu Christi am Kreuz, den er für euch beide und eurer beider Schuld erlitten hat.

Kurt, mit deinen vielen Sünden und deinem Gottesgehabe hast du Gott viel mehr verletzt, als dein Bruder es dich je konnte. Gott hat jedes Recht, dich zu hassen, zu verfluchen und für immer in die Hölle zu schicken. Gott hätte es wie du machen können, sich in Bitterkeit suhlen und seine Weisheit und Kraft dazu nutzen können, böse Pläne gegen dich zu schmieden, doch er *„hat uns durch Christus mit sich selbst versöhnt ... Ja, in der Person von Christus hat Gott die Welt mit sich versöhnt, sodass er den Menschen ihre Verfehlungen nicht anrechnet"* (2Kor 5,18-19). Der Text geht weiter (V. 21): *„Den, der ohne jede Sünde war, hat Gott für uns zur Sünde gemacht."*

Wenn du bereit dazu bist, wären Römer 3,25-26; 4,25; 5,8-11; 8,3; 2. Korinther 5,21 und Kolosser 1,19-22 ebenfalls sehr hilfreich zu lesen, weil sie weiter erklären, was Gott getan hat, um uns durch Jesus mit ihm zu versöhnen, anstatt verbittert zu sein. Jesus, der Gottessohn, verließ den Himmel und kam auf die Erde, um für dich zur Sünde zu werden. Er nahm den Schmutz deiner Sünde auf sich und starb am Kreuz an deiner Stelle.

Wenn du dich von Sünde abwendest und dich Jesus zuwendest, wird der Zorn Gottes nicht länger auf dir bleiben. Gott ist wütend auf dein bisheriges Leben und sein Zorn wartet auf dich in deinem nächsten Leben. Aber Jesus kann ihn wegnehmen.

Gott ist gut und heilig und deine Sünde schlecht und ziemlich unheilig. Deshalb kann Gott dein missratenes Leben nicht einfach übersehen oder entschuldigen. Doch er ist ebenso liebevoll, gnädig, barmherzig und freundlich, deshalb hat er für dich einen Ausweg geschaffen, wie du mit ihm versöhnt werden kannst. Darum kam Jesus, der selbst Gott ist, auf die Erde und lebte das sündlose Leben, das du nicht gelebt hast, starb den

Sündentod, den du sterben müsstest, und schenkte dir durch seine Auferstehung, was du sonst nie kriegen könntest: Versöhnung mit dem Gott, der dich geschaffen hat. Dieses Geschenk kommt durch den Glauben. Glauben heißt, auf Jesus und seine Vergebung in Vergangenheit, Gegenwart und Zukunft zu vertrauen.

Wenn wir so mit dem Versöhnungswerk Jesu am Kreuz in Verbindung treten, werden wir von innen erneuert: *„Wenn jemand zu Christus gehört, ist er eine neue Schöpfung. Das Alte ist vergangen; etwas ganz Neues hat begonnen!"* (2Kor 5,17). Diese neue Schöpfung beinhaltet kontinuierliche, tiefe, persönliche Veränderung in uns.

In seinem Tod nimmt Christus nicht nur die Sünde von uns, sondern schenkt uns seine Gerechtigkeit. In Jesus kannst du ein neuer Mensch mit einem neuen Leben werden, mit völlig neuen Wünschen, Sehnsüchten und Kräften. All das wird möglich durch die versöhnte Beziehung zu Gott, die Jesus in Tod und Auferstehung erwirkt hat.

Wenn du die Vergebung und das neue Leben von Jesus bekommst, dann hast du alles, was du brauchst, um deine Bitterkeit loszuwerden. Wie die Axt Jesu die Wurzeln deiner Bitterkeit entfernen kann, zeigt eine längere Textstelle im Epheserbrief (4,17-24):

> *[Deshalb] fordere ich euch im Namen des Herrn mit Nachdruck auf, nicht länger wie die Menschen zu leben, die Gott nicht kennen. Ihre Gedanken sind auf nichtige Dinge gerichtet, ihr Verstand ist wie mit Blindheit geschlagen, und sie haben keinen Anteil an dem Leben, das Gott schenkt. Denn in ihrem tiefsten Inneren herrscht eine Unwissenheit, die daher kommt, dass sich ihr Herz gegenüber Gott verschlossen hat. Das Gewissen dieser Menschen ist abgestumpft; sie haben sich der Ausschweifung hingegeben und beschäftigen sich voller Gier mit jedem erdenklichen Schmutz. Ihr aber habt bei Christus etwas anderes gelernt! Oder habt ihr seine Botschaft etwa nicht gehört? Seid ihr etwa nicht in seiner Lehre unterrichtet worden, in der Wahrheit, wie sie in Jesus zu uns gekommen ist? Dann wurdet ihr aber auch gelehrt, nicht mehr so weiterzuleben, wie ihr bis dahin gelebt habt, sondern den alten Menschen abzulegen, der seinen trügerischen Begierden nachgibt und sich damit selbst ins Verderben stürzt. Und ihr wurdet gelehrt, euch in eurem Geist und in eurem Denken erneuern zu lassen und den neuen Menschen anzuziehen, der nach Gottes Bild erschaffen ist und dessen Kennzeichen Gerechtigkeit und Heiligkeit sind, die sich auf die Wahrheit gründen.*

Langer Rede kurzer Sinn: Kurt, du kannst den Kreislauf der Bitterkeit nicht durchbrechen, wenn du bei deinem alten Lebensstil bleibst. Dich überrascht vielleicht, wie offen hier von dir gesprochen wird. Diese Worte stammen von einem Mann namens Paulus. Bevor er Christ wurde, war er selbst voller Bitterkeit. Sein Leben war so gefangen darin, dass er zum wütenden, brutalen Mörder wurde, wie dein Vater. Paulus war kein Feigling oder Dummkopf. In dieser Textstelle sagt er dir auf den Kopf zu, dass dein Leben voller nutzloser Gedanken, Verblendung, Entfernung von Gott, Unwissenheit, Herzenshärte, Gleichgültigkeit, sexueller Perversion, Gier und Unreinheit (in jeder Form von Worten, Handlungen und Triebkräften) ist. Er sagt es ganz richtig: Du musst ein neuer Mensch werden! In Jesus Christus, der dieses neue Leben ohne Dinge wie Bitterkeit tatsächlich lebt.

Paulus erklärt dieses neue Leben weiter (V. 25-31):

Darum legt alle Falschheit ab und haltet euch an die Wahrheit, wenn ihr miteinander redet. Wir sind doch Glieder ein und desselben Leibes! Wenn ihr zornig seid, dann versündigt euch nicht. Legt euren Zorn ab, bevor die Sonne untergeht. Gebt dem Teufel keinen Raum in eurem Leben! Wer bisher ein Dieb gewesen ist, soll aufhören zu stehlen und soll stattdessen einer nützlichen Beschäftigung nachgehen, bei der er seinen Lebensunterhalt mit Fleiß und Anstrengung durch eigene Arbeit verdient; dann kann er sogar noch denen etwas abgeben, die in Not sind. Kein böses Wort darf über eure Lippen kommen. Vielmehr soll das, was ihr sagt, gut, angemessen und hilfreich sein; dann werden eure Worte denen, an die sie gerichtet sind, wohltun. Und tut nichts, was Gottes heiligen Geist traurig macht! Denn der Heilige Geist ist das Siegel, das Gott euch im Hinblick auf den Tag der Erlösung aufgedrückt hat. Bitterkeit, Aufbrausen, Zorn, wütendes Geschrei und verleumderisches Reden haben bei euch nichts verloren, genauso wenig wie irgendeine andere Form von Bosheit.

Um dein neues Leben frei von Bitterkeit zu beginnen, musst du anfangen, die Wahrheit zu sagen. Das bedeutet auch, Jesus ehrlich zu beichten, was du falsch gemacht hast, und dazu zu stehen, anstatt andere dafür verantwortlich zu machen. Fang an, Verantwortung für dich zu übernehmen! Ich weiß, dass dein Bruder und andere an dir schuldig geworden sind, doch in Wahrheit bist du selbst der schlimmste Mensch, den du kennst. Was könnte grausamer sein als Nacht für Nacht deine Frau allein in ihrem Bett liegen zu lassen, während sie an Krebs stirbt und mitanhören muss, wie du mit den Kindern Crystal Meth nimmst [eine besonders stimulierende und gefährliche Partydroge – *Anm. d. Übers.]* und dann beim Sex mit ihrer Freundin herumstöhnst, die nicht mal halb so alt ist wie du?

Du musst Gott und den Menschen, an denen du dich versündigt hast, endlich die Wahrheit sagen. Triff dich mit deinem Bruder, drücke ihm dein Bedauern aus und sage ihm die Wahrheit über dein Verhalten ihm gegenüber! Ohne ihm die Wahrheit darüber zu verschweigen, welchen Schmerz er *dir* mit *seinem* Verhalten zugefügt hat, damit auch er seinen Teil bedauern kann.

Hinter diesem allen steckt Satan, wie die Bibel sagt. Es gibt einen ganz realen, dunklen Feind Gottes, der in dieser Welt und in deinem Leben am Werk ist. Er gibt dir Sex, Macht, Geld und Drogen, so viel du willst. Aber das sind nur Köder, um dich an die Angel zu bekommen, damit er dich, dein Leben und deine Familie kaputt machen und mit in die Hölle nehmen kann.

Der einzige Weg, dich vom Einfluss Satans zu befreien, ist Jesus. Nicht nur gegen dich wurde gesündigt, du selbst hast gegen Jesus gesündigt und Jesus ist Gott. Weil dir Dinge angetan wurden, bist du verbittert und gefangen im Kreislauf der Bitterkeit, aber Jesus will dich so behandeln, wie du es nie getan hast, wenn sich jemand gegen dich versündigt hat: Er will nicht bitter reagieren, sondern freundlich, gütig und barmherzig und dir vergeben.

Wenn du also der Sünde den Rücken zukehrst und dich Jesus zuwendest, wirst du mit Gott versöhnt werden. Er hat den Weg der Vergebung für dich geebnet und einen Ausweg für deine Sünden geschaffen, die dich von Gott und anderen Menschen wie deinem Bruder trennen. In Jesus hält er ein neues Wurzelwerk für dich bereit, sodass du als neuer Mensch neue Früchte hervorbringen kannst.

Den Bibeltext im Epheserbrief führt Paulus fort, indem er diese wunderbare Möglichkeit aufzeigt (Eph 4,32–5,2):

> *Geht vielmehr freundlich miteinander um, seid mitfühlend und vergebt einander, so wie auch Gott euch durch Christus vergeben hat. Nehmt euch daher Gott selbst zum Vorbild; ihr seid doch seine geliebten Kinder! Konkret heißt das: Alles, was ihr tut, soll von der Liebe bestimmt sein. Denn auch Christus hat uns seine Liebe erwiesen und hat sein Leben für uns hingegeben wie eine Opfergabe, deren Duft vom Altar zu Gott aufsteigt und an der er Freude hat.*

Paulus sagt uns, dass Jesus Christus Gott ist. Er hat das sündlose Leben gelebt, das du nicht hingekriegt hast. Er hat den Tod erlitten, den du verdient hättest, um die gerechte Strafe zu zahlen, bevor du noch zu ewigen Höllenqualen verurteilt wirst. Am Kreuz hat er sich deine vergangene, gegenwärtige und zukünftige Sünde aufgeladen und an deiner Stelle gelitten. Wenn du nun also deine Sünden Jesus bekennst und Christ wirst, wird Gott freundlich und sanftmütig zu dir sein und dir vergeben. Als Christ wirst du ein ganz neuer Mensch sein, der mit anderen so umgehen kann, wie Jesus es mit ihm gemacht hat. Diese jesusgemäße Vergebung wird dein neues Wurzelwerk werden, das die Bitterkeit ersetzt.

Kurt, ich bete ganz ernsthaft, dass du endlich aufwachst, mit Jesus ins Reine über deine Sünden kommst und dein leeres Leben aufgibst, das so von Bitterkeit zerfressen ist. Dann wirst du merken, dass Jesus dich nicht nur mit Gott im Himmel versöhnt, sondern dich auch so von Sünde befreit, dass du mit anderen Menschen auf der Erde versöhnt werden kannst. Das gilt auch für deinen Bruder, der für den Tag betet, an dem ihr beide euch mit Tränen der Vergebung in den Armen liegen werdet wie Jakob und Esau.

Rückfragen zum Thema „Versöhnung"

Ich war früher wie Kurt. Ich bin froh, dass ich Christus angenommen habe, aber ich spüre trotzdem noch Schmerz, Wut und Bitterkeit und trage schlechte Verhaltensmuster in mir, die ich einfach nicht loswerde. Wo liegt der Fehler? Reicht das Werk Jesu doch nicht wirklich aus oder bin ich so ein Versager? Hat Gott mich verworfen?

Wenn wir zu Christus kommen und in die Wirklichkeit seines Todes einsteigen, der für jede unserer Sünden bezahlt hat, dann sind wir Kinder des Allerhöchsten und werden es für immer bleiben. Gott wird uns niemals ablehnen.

Gleichzeitig kommen wir in die Wirklichkeit seiner Auferstehung. Der Heilige Geist lebt in uns, durch dessen Kraft wir ein neues Herz bekommen. Die tiefsten Werte unseres Lebens ändern sich. Das ist der Teil der geschenkten Gerechtigkeit, den wir Erneuerung nennen. Im tiefsten Kern unserer Existenz wollen wir wie Jesus sein. Wenn du also die Sünde siehst, die du immer noch tust, erfüllt dich das mit Hass und Abneigung.

Gleichzeitig sind aber sündige Wünsche, die die Bibel „Fleisch" nennt, noch Teil unseres Wesens. Zwischen dem neuen Herzen, das Jesus liebt (von der Bibel oft unser „Geist" genannt), und dem Fleisch spielt sich ein tödlicher Kampf ab, den Paulus so beschreibt: *„Denn die menschliche Natur richtet sich mit ihrem Begehren gegen den Geist Gottes, und der Geist Gottes richtet sich mit seinem Begehren gegen die menschliche Natur. Die beiden liegen im Streit miteinander, und jede Seite will verhindern, dass ihr das tut, wozu die andere Seite euch drängt"* (Gal 5,17). Deswegen geht dein Kampf gegen die Sünde in diesem Leben weiter.

Während du die Erlösungskraft Jesu erlebst, Jesus in vielen Lebensbereichen immer ähnlicher wirst und deine Liebe zu ihm immer größer wird, wird der Kampf tiefer und lähmender. Das ist ein Zeichen dafür, dass Kreuz und Auferstehung erfolgreich in dir arbeiten.

Wo liegt also der Fehler? Nicht im Werk Jesu. Du bist ein Kind Gottes und die Kraft des Heiligen Geistes wirkt in dir. Du bist auch kein Versager, solange du den Kampf gegen deine sündigen Regungen nicht aufgibst.

Paulus fordert uns auf: *„Tötet daher, was in den verschiedenen Bereichen eures Lebens noch zu dieser Welt gehört“* (Kol 3,5). Etwas wird sterben, entweder dein Glück oder deine irdischen Wünsche.

Der Fehler liegt in dem zu simplen „siegreichen Leben“, das manche predigen. Sie machen dir billige Versprechungen von sofortigen Siegen, wenn man erst einmal irgendein Geheimnis entdeckt hat. Jesus habe den Preis bezahlt, um uns genau jetzt völlig aus Armut, Krankheit und Sünde zu befreien. Aber Jesus selbst hat nicht so gelebt. Die Wahrheit ist, dass der Kampf gegen Welt, Fleisch und Teufel weitergeht, bis Jesus wiederkommt.

Jesus und der Heilige Geist helfen uns in diesem Kampf durch den Leib Christi, z.B. durch Pastoren, Lehrer, Berater, Ärzte, Familie und durch Lobpreis. Freue dich an deinem neuen Leben in Jesus, während du den Todeskampf gegen die Sünde weiterführst. In der Ewigkeit wird das Erlösungswerk vollkommen sein und dein Kampf mit der Sünde ein Ende haben.

Du sagst, dass Sünde am Kreuz vergeben wurde. Aber ich finde mich in dem Schrei Davids wieder: „Meine Sünde ist immer vor mir“ (Ps 51,5). Was soll ich tun, wenn ich die Vergebung nicht spüre?

Christen spüren den Schrecken ihrer Sünde stärker, je mehr sie in Christus wachsen. Wenn wir uns auf diese Gefühle konzentrieren, können wir verzweifeln. Aber Gott sei Dank ist Vergebung keine Frage unserer Gefühlen, sondern der Hinlänglichkeit des Werkes Jesu und seiner Versöhnung. Johannes erinnert uns: *„[Jesus] ist durch seinen Tod zum Sühneopfer für unsere Sünden geworden, und nicht nur für unsere Sünden, sondern für die der ganzen Welt“* (1Joh 2,2). Paulus drückt es so aus:

> *Gott hingegen beweist uns seine Liebe dadurch, dass Christus für uns starb, als wir noch Sünder waren. Deshalb kann es jetzt, nachdem wir aufgrund seines Blutes für gerecht erklärt worden sind, keine Frage mehr sein, dass wir durch ihn vor dem kommenden Zorn Gottes gerettet werden. Wir sind ja mit Gott durch den Tod seines Sohnes versöhnt worden, als wir noch seine Feinde waren. Dann kann es doch gar nicht anders sein, als dass wir durch Christus jetzt auch Rettung finden werden – jetzt, wo wir versöhnt sind und wo Christus auferstanden ist und lebt. Aber es ist nicht nur diese Hoffnung, die uns mit Freude erfüllt; nein, es ist auch die Tatsache, dass wir durch Christus schon jetzt die Versöhnung empfangen haben. Und dafür preisen wir Gott durch Jesus Christus, unseren Herrn. (Röm 5,8-11)*

Was also tun, wenn du die Vergebung nicht spürst? Bete nicht einfach nur darüber; tu lieber, wozu Jakobus uns auffordert: *„Darum bekennt einander eure Sünden und betet füreinander, damit ihr geheilt werdet"* (Jak 5,16; vgl. Apg 19,18). Teile deine Gefühle mit einem geistgeleiteten Freund, der sich der Gnade sicher ist, vollkommen ehrlich zu dir ist und dir helfen wird, dich daran zu erinnern, dass Jesus am Kreuz die Versöhnung erwirkt hat.

Aber meine Sünde ist so furchtbar!

Ja, das ist sie ... noch viel schrecklicher, als dir oder mir je bewusst sein wird! Deshalb hat es den ewigen Gottessohn Menschwerdung, Tod und Auferstehung gekostet, um unsere Versöhnung zu erringen. Unsere Sünde ist real, aber Gott sei Dank unsere versöhnte Beziehung mit Jesus ebenso.

KAPITEL 12

„Ich möchte Gott kennenlernen!" – Jesus, Susans Offenbarung

Niemand hat Gott je gesehen. Der einzige Sohn hat ihn uns offenbart, er, der selbst Gott ist und an der Seite des Vaters sitzt.
JOHANNES 1,18

Susan ist eine zierliche, brünette Mittzwanzigerin mit einem breiten Lächeln. Sie hat einen kleinen Nebenjob, während sie gerade das College beendet. Ihre Lebensgeschichte ist ziemlich typisch: Sie ist in einer Familie aufgewachsen, die sich christlich nannte und zur Kirche ging, aber ihr wurde niemals wirklich etwas Wesentliches über Gott vermittelt. Sie hat immer geglaubt, dass es Gott gibt, aber war sich nie sicher, welche Religion am meisten über diesen Gott weiß.

Seit dem Erwachsenenalter hat sie keine Kirche mehr von innen gesehen, außer als sie einmal von einem Freund eingeladen wurde. Sie weiß sehr wenig über die Bibel und ist weder für noch gegen das Christentum, sondern letztlich einfach unsicher. Ihre Neugier auf Gott hat sie dazu gebracht, gelegentlich zu dem Gott zu beten, den sie nicht kennt, weil sie hofft, dass er ihr bei praktischen Lebensfragen hilft wie etwa einen besseren Job zu finden, sich darüber klar zu werden, ob ihr Freund für den Traualtar taugt, oder ihr Studium gut zu beenden.

Als ich das erste Mal mit Susan über Gott sprach, war sie erfrischend ehrlich. Sie tat nicht so, als ob sie schon Christ wäre, sondern sagte gleich, dass sie immer noch dabei wäre, herauszufinden, was sie von Jesus hält. Wie so viele sah sie in ihm einen ganz großen Menschen, aber zweifelte daran, ob er wirklich Gott ist, der für unsere Sünden gestorben und zu unserer Erlösung von den Toten auferstanden ist. Dass Jesus als historische Persönlichkeit gelebt und einen blutigen Tod am Kreuz gestorben ist, davon sei sie überzeugt. Im Laufe unseres Gesprächs brachte sie das Thema weg vom Kreuz hin zu der Frage, wie man Gott erkennen könnte. Als ich sie fragte, warum sie das Thema wechselte, sagte sie, dass sie nicht über den Kreuzestod sprechen wolle, weil sie wirklich herausfinden wolle, wie Gott sei.

Da erklärte ich ihr, dass sie etwas verstehen wolle, das man nur durch Offenbarung wirklich erkennen kann. Ich erklärte ihr, wie Religion und Philosophie auf menschlicher Spekulation beruhen, was letztlich kaum mehr als Raten und damit nicht sehr vertrauenswürdig ist. Offenbarung ist dagegen ein Akt Gottes, mit dem er sich uns in einer Weise zeigt, die wir verstehen können, und Jesu Tod am Kreuz ist die wohl deutlichste Offenbarung Gottes der Weltgeschichte.

Deswegen riet ich ihr, sich mit dem Tod Jesu zu beschäftigen, anstatt mit allen möglichen religiösen und philosophischen Systemen, und zu sehen, ob sie nicht dort die Antwort auf ihre Fragen und die Erfüllung ihrer Sehnsucht nach Gott finden würde. Diesen Brief habe ich Susan geschrieben, um ihr verstehen zu helfen, wie Gott sich im Kreuz erkennbar gemacht hat.

● ● ● ●

Liebe Susan,

als wir uns das letzte Mal unterhalten haben, hast du mir ehrlich davon erzählt, wo du gerade geistlich stehst. Dafür will ich dir danken, denn so kann ich besser für dich beten. Es hat mich gefreut, dass du dich bei mir sicher genug gefühlt hast, mir die Wahrheit zu sagen, dass du noch kein Christ bist. Das bedeutet, dass du weißt, dass meine Liebe keine Bedingungen hat und du mir nichts vorzuspielen brauchst, um meine Zustimmung zu erhalten. Seitdem bete ich dafür, dass Jesus sich dir zeigt, und ich dachte mir, dass ein Brief vielleicht ein paar deiner Fragen beantworten könnte.

Ehrlich gesagt war ich geistlich fast an dem gleichen Punkt, als ich auf dem College war. Ich bin mit gelegentlichen Kirchgängen aufgewachsen, was dann mit dem Teenageralter praktisch völlig aufhörte. Ich habe immer geglaubt, dass es einen Gott gibt, und manchmal auch gebetet, aber über Jesus war ich mir total unsicher und hatte viele offene Fragen. Am College fing ich dann mit der spirituellen Suche an, indem ich Kurse über Vergleichende Religionswissenschaft und Philosophie belegte und mich mit religiösen Führungspersonen und Philosophielehrern traf, um ihre Gedanken über Gott kennenzulernen.

Irgendwann habe ich mich dann entschieden, mich auf Jesus zu konzentrieren. Beinahe jede Religion und Philosophie schien sich in gewissem Maße mit Jesus zu beschäftigen, weil er der einflussreichste Mensch ist, der jemals gelebt hat. Mich auf ihn zu konzentrieren hat mir wirklich geholfen, Antworten auf meine Fragen zu finden, und mich dazu gebracht, Christ zu werden. Wenn ich dir also einiges über Jesus und seinen Tod erzähle, hoffe und bete ich, dass es nicht wie ein Kreuzverhör oder eine Vorlesung klingt. Du bist mir wichtig und ich möchte dich ermutigen und dir helfen, so gut ich kann.

Liebe Susan, in unserem Gespräch hast du gesagt, dass du durchaus glaubst, dass ein Gott existiert. Du glaubst auch, dass Jesus wirklich gelebt hat und gestorben ist und vielleicht sogar von den Toten auferstanden. Aber du ringst mit der Frage, was das mit deinem Leben zu tun hat und welchen Unterschied es in der Praxis macht. Außerdem schienst du mir im Unklaren darüber, wo du nach der Wahrheit über Gott suchen sollst.

Intelligent und gebildet, wie du bist, vermute ich mal, dass du dazu schon ziemlich widersprüchliche Ratschläge bekommen hast. Manche Menschen werden dir sagen, dass du einen göttlichen Funken in dir hast und der Schlüssel zur Gotteserfahrung darin liegt, durch Meditation tief in dein eigenes Inneres zu schauen. Andere werden sagen, dass Gott weit weg ist, an einem heiligen Ort wie Israel oder Mekka, und dass du dorthin pilgern musst, um Gott zu finden. Wieder andere werden dir sagen, dass Gott Teil der Schöpfung ist und du ihn in der Schönheit der Natur findest. Manche werden dir auch sagen, dass man Gott überhaupt nicht erkennen kann und wir alle im Nebel der Ungewissheit gefangen sind. Und noch andere werden behaupten, dass es gar keinen Gott gibt, den man finden könnte.

Dieser Brief soll dir die christliche Sicht vermitteln. Er ist ziemlich mit Bibelzitaten gespickt; nicht weil ich dich anpredigen will (auch wenn ich genau das tun werde, wenn du das nächste Mal bei uns im Gottesdienst sitzt), sondern um dich zu lieben, so gut ich kann. Es gibt unzählige religiöse Leiter, spirituelle Gurus und Philosophen, aber nichts und niemand verändert so wie die Kraft der Bibel.

In meinem Leben habe ich immer wieder erfahren, wie Gott die Bibel dazu benutzt hat, sich mir zu offenbaren und mich ihm ähnlicher zu machen. Deswegen werde ich viel aus der Bibel zitieren und vertraue darauf, dass Gott selbst dadurch zu dir spricht und deine Sehnsucht stillt, ihn kennenzulernen. Am besten liest du auch selbst in der Bibel. Du kannst mit dem Johannesevangelium anfangen, das betont, dass der ewige Sohn Gottes als Mensch zu uns kam, um uns den Vater zu zeigen (Joh 1,14.18).

Die Bibel sagt häufiger, dass man Gott nicht finden kann, wenn man nicht auf Jesus Christus sieht. Hier ein paar Beispiele:

> *Niemand hat Gott je gesehen. Der einzige Sohn hat ihn uns offenbart, er, der selbst Gott ist und an der Seite des Vaters sitzt. (Joh 1,18)*

„Herr", sagte Philippus, „zeig uns den Vater; das genügt uns." –
„So lange bin ich schon bei euch, und du kennst mich immer noch
nicht, Philippus?", entgegnete Jesus. „Wer mich gesehen hat, hat
den Vater gesehen. Wie kannst du da sagen: ,Zeig uns den Vater'?"
(Joh 14,8-9)

Der Sohn ist das Ebenbild des unsichtbaren Gottes, der Erstgeborene, der über der gesamten Schöpfung steht. (Kol 1,15)

Viele Male und auf verschiedenste Weise sprach Gott in der Vergangenheit durch die Propheten zu unseren Vorfahren. Jetzt aber, am Ende der Zeit, hat er durch seinen eigenen Sohn zu uns gesprochen. Der Sohn ist der von Gott bestimmte Erbe aller Dinge. Durch ihn hat Gott die ganze Welt erschaffen. Er ist das vollkommene Abbild von Gottes Herrlichkeit, der unverfälschte Ausdruck seines Wesens. Durch die Kraft seines Wortes trägt er das ganze Universum. Und nachdem er das Opfer gebracht hat, das von den Sünden reinigt, hat er den Ehrenplatz im Himmel eingenommen, den Platz an der rechten Seite Gottes, der höchsten Majestät. (Hebr 1,1-3)

Jesus ist so eine herausragende Gestalt in der Weltgeschichte, dass er als einzige Person in allen großen Weltreligionen vorkommt. Seine Lehren haben das Leben von Menschen und ganzen Nationen verändert wie keine anderen Lehren sonst. Seine freundlichen Taten (wie den Armen zu essen zu geben und die Kinder zu lieben) werden von Christen wie Nichtchristen gleichermaßen in Ehren gehalten. Seine vielen Wunder sind ebenso kraftvoll und inspirierend. So bleibt also die Frage, wo wir anfangen sollen bei diesem Berg von Material, wenn wir uns mit Jesus beschäftigen wollen.

So wichtig seine guten Lehren, Taten und Wunder auch sind, so wird doch in den Texten der Bibel überraschenderweise der größte Wert auf seinen Tod und seine Auferstehung gelegt. Matthäus verwendet 33 Prozent seines Evangeliums für die Beschreibung der letzten Woche Jesu, Markus sogar 37 Prozent, Lukas immerhin 25 Prozent und Johannes sogar 42 Prozent. Der ganze Rest des Neuen Testaments baut auf der Kraft und Realität seines Todes und seiner Auferstehung auf, während er auf sein Leben sehr viel seltener Bezug nimmt.

Die Bibel spricht nicht nur davon, was in Leben, Tod und Auferstehung Jesu für uns vollbracht wurde, sondern auch wie dies uns Gottes Charakter offenbart. Tod und Auferstehung Jesu sind der Knackpunkt seines irdischen Lebens, deswegen gibt es keinen besseren Ansatzpunkt, Gott zu erkennen, als sich mit seiner Offenbarung am Kreuz zu beschäftigen.

Das Kreuz lehrt uns acht Dinge über Gott:

1. In seinem Tod und seiner Auferstehung hat uns Jesus die Gerechtigkeit Gottes geoffenbart:

> *Dass sie für gerecht erklärt werden, beruht auf seiner Gnade. Es ist sein freies Geschenk aufgrund der Erlösung durch Jesus Christus. Ihn hat Gott vor den Augen aller Welt zum Sühneopfer für unsere Schuld gemacht. Durch sein Blut, das er vergossen hat, ist die Sühne geschehen, und durch den Glauben kommt sie uns zugute … Durch dieses [Sühneopfer] hat er jetzt, in unserer Zeit, seine Gerechtigkeit unter Beweis gestellt; er hat gezeigt, dass er gerecht ist, wenn er den für gerecht erklärt, der sein ganzes Vertrauen auf Jesus setzt. (Röm 3,24-26)*

Liebe Susan, Gott kann unsere Sünde nicht einfach übersehen, weil er heilig ist. Als gerechter Gott muss er sich mit unserer Sünde befassen. Am Kreuz sehen wir, wie sehr Gott die Sünde hasst und dass ihre Strafe der Tod ist. Du bist mir wichtig, deshalb wünsche ich mir, dass du deine eigene Sündhaftigkeit und Unheiligkeit erkennst. Nicht dass ich in irgendeiner Weise besser als du wäre; ich bin genauso ein Sünder. Deswegen muss Gott mit uns gerecht umgehen. Dazu hat er zwei Möglichkeiten: Entweder durch den Tod Jesu am Kreuz für uns oder indem er uns auf ewig in die Hölle schickt.

Die Vorstellung einer Hölle mag dir aufstoßen, aber mir gefällt sie, weil sie zeigt, dass Gott nicht ungerecht ist und das Böse und Gewalttätige in dieser Welt nicht ungestraft davonkommen lassen wird. Du hast mir doch z. B. erzählt, dass eine gute Freundin von dir brutal vergewaltigt wurde und du außer dir vor Wut warst, weil der Mann, der sich so grauenhaft an ihr vergangen hat, nie vor Gericht gestellt wurde. Gott teilt deine Wut und wenn dieser Mann nicht Buße tut und zu Jesus umkehrt, dann ist die gute Nachricht für dich, dass er einmal vor Jesus stehen und der Gerechtigkeit der Hölle ins Auge blicken wird.

Andererseits habe ich genauso zum Müll der Welt beigetragen. Gott muss mit mir also genauso gerecht verfahren. Gott sei Dank, dass er dies am Kreuz getan hat und alle meine Sünden, die ich jemals begangen habe oder begehen werde, auf Jesus gelegt hat, um so seinen gerechten Forderungen nachzukommen. Jesus blieb nicht in Tod und Gottesferne, wie wir es ohne ihn müssten. Er hat die Gerechtigkeit Gottes offenbart, sie völlig zufriedengestellt und ist dann zur Fülle des Lebens auferstanden, die er nun mit uns teilt.

Meine Angst um dich ist, dass du in deiner Sünde stirbst und die Ewigkeit in der Hölle verbringst. Deswegen werbe ich so hartnäckig darum, dass du zu Jesus umkehrst und Christ wirst.

2. Am Kreuz hat Jesus uns Gottes Liebe offenbart. Die folgenden Bibelstellen erklären, warum die Liebe Gottes sich am deutlichsten im Kreuz zeigt:

> *Denn Gott hat der Welt seine Liebe dadurch gezeigt, dass er seinen einzigen Sohn für sie hergab, damit jeder, der an ihn glaubt, das ewige Leben hat und nicht verloren geht. (Joh 3,16)*

> *Niemand liebt seine Freunde mehr als der, der sein Leben für sie hergibt. (Joh 15,13)*

> *Gott hingegen beweist uns seine Liebe dadurch, dass Christus für uns starb, als wir noch Sünder waren. (Röm 5,8)*

> *Und Gottes Liebe zu uns ist daran sichtbar geworden, dass Gott seinen einzigen Sohn in die Welt gesandt hat, um uns durch ihn das Leben zu geben. Das ist das Fundament der Liebe: nicht, dass wir Gott geliebt haben, sondern dass er uns geliebt und seinen Sohn als Sühneopfer für unsere Sünden zu uns gesandt hat. (1Joh 4,9-10)*

Wenn die Bibel sagt, dass die Liebe Gottes am hellsten im Kreuz scheint, meint sie damit mehr als ein Gefühl. Die Liebe Gottes ist wirksam. Wenn Menschen von Liebe reden, meinen sie meistens nur ein emotionales Gefühl, das sich von einer Person angezogen fühlt, aber nicht unbedingt etwas für sie tut. Gott fühlt seine Liebe zu uns nicht nur; sie treibt ihn dazu, sich für uns einzusetzen, damit wir von dieser Liebe verändert werden.

Wenn du also zu Jesus kommst und darum bittest, dass sein Werk am Kreuz deine Sünden übernimmt, dann wird diese Liebe für den Rest deines Lebens hier und in alle Ewigkeit über dir ausgeschüttet werden.

3. Am Kreuz offenbart uns Jesus, dass Gott ein Beziehungswesen ist. Eine Hauptfolge von Sünde ist, dass sie uns von Gott trennt (Jes 59,2; Hos 5,6). Aber Gott hat liebevoll einen Ausweg geschaffen, damit unsere Freundschaft mit ihm erneuert werden kann. Viele Verse in der Bibel erklären, warum eine liebevolle, freundschaftliche Beziehung mit Gott nur durch das Kreuz möglich ist.

> *Wir sind ja mit Gott durch den Tod seines Sohnes versöhnt worden, als wir noch seine Feinde waren. Dann kann es doch gar nicht anders sein, als dass wir durch Christus jetzt auch Rettung finden werden – jetzt, wo wir versöhnt sind und wo Christus auferstanden ist und lebt. Aber es ist nicht nur diese Hoffnung, die uns mit Freude erfüllt; nein, es ist auch die Tatsache, dass wir durch Christus schon jetzt die Versöhnung empfangen haben. Und dafür preisen wir Gott durch Jesus Christus, unseren Herrn. (Röm 5,10)*

Das alles ist Gottes Werk. Er hat uns durch Christus mit sich selbst versöhnt und hat uns den Dienst der Versöhnung übertragen. Ja, in der Person von Christus hat Gott die Welt mit sich versöhnt, sodass er den Menschen ihre Verfehlungen nicht anrechnet; und uns hat er die Aufgabe anvertraut, diese Versöhnungsbotschaft zu verkünden. Deshalb treten wir im Auftrag von Christus als seine Gesandten auf; Gott selbst ist es, der die Menschen durch uns zur Umkehr ruft. Wir bitten im Namen von Christus: Nehmt die Versöhnung an, die Gott euch anbietet! Den, der ohne jede Sünde war, hat Gott für uns zur Sünde gemacht, damit wir durch die Verbindung mit ihm die Gerechtigkeit bekommen, mit der wir vor Gott bestehen können. (2Kor 5,18-21)

Auch ihr seid darin eingeschlossen. Früher lebtet ihr fern von Gott, und eure feindliche Haltung ihm gegenüber zeigte sich an all dem Bösen, was ihr getan habt. Doch jetzt hat Gott euch mit sich versöhnt durch den Tod, den Christus in seinem irdischen Körper auf sich nahm. Denn Gott möchte euch zu Menschen machen, die heilig und ohne irgendeinen Makel vor ihn treten können und gegen die keine Anklage mehr erhoben werden kann. (Kol 1,21-22)

Christus selbst hat ja ebenfalls gelitten, als er, der Gerechte, für die Schuldigen starb. Er hat mit seinem Tod ein für alle Mal die Sünden der Menschen gesühnt und hat damit auch euch den Zugang zu Gott eröffnet. Ja, er wurde getötet, aber das betraf nur sein irdisches Leben, denn er wurde wieder lebendig gemacht zu einem Leben im Geist. (1Petr 3,18)

Der Hauptgedanke hinter diesen Versen ist, dass Gott nicht als Herrscher in der Ferne regiert oder ein brutaler Auftraggeber ist. Er ist ein liebevoller Vater und wir seine bescheuerten und ungehorsamen Kinder, die von zu Hause weggelaufen sind und sich damit selbst in Gefahr gebracht haben. Versöhnung kann es nur geben, wenn die Sünde, die uns trennt, aus dem Weg geräumt wird. Genau das hat Jesus getan: Im Kreuz hat er die Sünde beseitigt und in der Auferstehung werden wir wieder ganz mit dem dreieinigen Gott vereint. Jesus hat gebetet, *„dass sie alle eins sind – sie in uns, so wie du, Vater, in mir bist und ich in dir bin"* (Joh 17,21).

Wenn wir das Christentum mit anderen Religionen vergleichen, dann liegt einer der großen Unterschiede darin, dass Gott hier keine unpersönliche Macht oder ein fernes Wesen ist. Nein, Gott lebt und liebt und streckt seine Hand zu uns aus, damit wir seine Freunde werden. Diese Hand ist heute auch zu dir ausgestreckt! Gott liebt dich tatsächlich, das hat er in Jesus gezeigt.

4. Am Kreuz zeigt uns Jesus die Lust Gottes. Das drücken die folgenden Verse aus:

> *Aber der Herr wollte ihn leiden lassen und zerschlagen. Weil er*
> *sein Leben als Opfer für die Schuld der anderen dahingab, wird er*
> *wieder zum Leben erweckt und wird Nachkommen haben. Durch*
> *ihn wird der Herr das Werk vollbringen, an dem er Freude hat.*
> *(Jes 53,10)*

> *Von allem Anfang hat er uns dazu bestimmt, durch Jesus Christus*
> *seine Söhne und Töchter zu werden ... Er hat uns seinen Plan wis-*
> *sen lassen, der bis dahin ein Geheimnis gewesen war und den er – so*
> *hatte er es sich vorgenommen, und so hatte er beschlossen – durch*
> *Christus verwirklichen wollte. (Eph 1,5.9)*

An diesem Punkt wirst du dich bestimmt fragen, wieso Gott sich so sehr ins Zeug legte, als Mensch in die Geschichte hineingeboren zu werden, nur um zu leiden und für unsere Sünden zu sterben. Ich gebe zu, dass es ein Geheimnis bleiben wird, wieso Gott sich für Typen wie mich in solche Schwierigkeiten begibt. Nach der Bibel war er in keinster Weise dazu verpflichtet, sich um unser Sündenproblem zu kümmern. Doch er ist ein liebender Gott und ist ans Kreuz gegangen, auch wenn Sünde ihn wütend und traurig macht, weil es ihm Freude bereitete, aus seiner Güte heraus so zu handeln.

5. Am Kreuz hat Jesus uns die Weisheit und Macht Gottes offenbart. Folgende längere Passage drückt das sehr gut aus:

> *Mit der Botschaft vom Kreuz ist es nämlich so: In den Augen derer,*
> *die verloren gehen, ist sie etwas völlig Unsinniges; für uns aber, die*
> *wir gerettet werden, ist sie der Inbegriff von Gottes Kraft. Nicht*
> *umsonst heißt es in der Schrift: „Die Klugen werde ich an ihrer*
> *Klugheit scheitern lassen; die Weisheit derer, die als weise gelten,*
> *werde ich zunichte machen." Wie steht es denn mit ihnen, den*
> *Klugen, den Gebildeten, den Vordenkern unserer Welt? Hat Gott*
> *die Klugheit dieser Welt nicht als Torheit entlarvt? Denn obwohl*
> *sich seine Weisheit in der ganzen Schöpfung zeigt, hat ihn die Welt*
> *mit ihrer Weisheit nicht erkannt. Deshalb hat er beschlossen, eine*
> *scheinbar unsinnige Botschaft verkünden zu lassen, um die zu*
> *retten, die daran glauben. Die Juden wollen Wunder sehen, die*
> *Griechen fordern kluge Argumente. Wir jedoch verkünden Christus,*
> *den gekreuzigten Messias. Für die Juden ist diese Botschaft eine*
> *Gotteslästerung und für die anderen Völker völliger Unsinn. Für*
> *die hingegen, die Gott berufen hat, Juden wie Nichtjuden, erweist*
> *sich Christus als Gottes Kraft und Gottes Weisheit. Denn hinter dem*

scheinbar so widersinnigen Handeln Gottes steht eine Weisheit, die alle menschliche Weisheit übertrifft; Gottes vermeintliche Ohnmacht stellt alle menschliche Stärke in den Schatten. (1Kor 1,18-25)

Am Kreuz sehen wir, dass Gott weise und mächtig ist. Die Welt ist voll von Menschen, die sich für klüger halten, als sie wirklich sind. Sie glauben, dass sie wissen, wie die Welt funktioniert und was man tun sollte, um ihre Probleme zu lösen. Sie tummeln sich in Betätigungsfeldern wie Politik, Religion, Psychologie und Philosophie und lieben es, aller Welt ihre kritischen Kommentare und Verbesserungsvorschläge kundzutun, sei es in Radiotalkrunden oder Internetblogs. Aber die meisten Leute glauben nicht, dass wir Menschen Sünder sind; darum bleiben ihre Weisheiten in Wahrheit dumm und töricht, weil sie niemals zur wahren Quelle der Probleme in der Welt vordringen können und deshalb auch keine echten Lösungen anzubieten haben, um Menschen wirklich zu helfen. Und die wenigen weisen Menschen, die sich bewusst sind, dass das eigentliche Problem die Sünde im Menschen ist, haben nicht die Macht, gegen die Sünde anzukommen. Gott allein ist weise genug, unser eigentliches Problem zu erkennen, *und* mächtig genug, es zu beheben, wie er es am Kreuz getan hat.

6. Am Kreuz offenbart Jesus uns auch die Gnade Gottes. Paulus schreibt:

Einen größeren Sünder als mich gibt es nicht! Doch gerade deshalb hat sich Jesus Christus über mich erbarmt: An mir als dem größten aller Sünder wollte er zeigen, wie unbegreiflich groß seine Geduld ist; ich sollte ein ermutigendes Beispiel für alle sein, die sich ihm künftig im Glauben zuwenden, um das ewige Leben zu erhalten. (1Tim 1,15-16)

Doch dann ist die Güte Gottes, unseres Retters, und seine Liebe zu uns Menschen sichtbar geworden, und er hat uns gerettet – nicht etwa, weil wir so gehandelt hätten, wie es vor ihm recht ist, sondern einzig und allein, weil er Erbarmen mit uns hatte. (Tit 3,4)

Gott kam in diese elende, verfallene Welt, weil er voller Gnade und Mitgefühl ist. Diesen Vater der Barmherzigkeit und Gott allen Trostes hat Jesus uns gezeigt, als er die Hungrigen mit Essen versorgte und diejenigen heilte, die unter schrecklichen Krankheiten wie Lepra litten. Weil Gott am Kreuz der Gerechtigkeit Genüge getan hat, ist er nun frei, uns Gnade zu erweisen. Auch indem er uns hilft, in diesem Leben zu wachsen und immer mehr so zu werden, wie wir eigentlich gedacht waren: Menschen wie Jesus.

Hätte Gott einfach Gnade vor Recht walten lassen, hätte er im Grunde die Ungerechtigkeit und das Böse gebilligt. Doch er nimmt nicht nur gnädig unsere Sünde von uns, sondern streckt sich barmherzig nach uns aus, weil er weiß, wie sehr wir ihn brauchen.

7. Am Kreuz hat Jesus uns offenbart, dass Gott ein lebendiger Gott ist:

Auch uns wird der Glaube angerechnet werden. Denn der Gott, auf den wir unser Vertrauen setzen, hat Jesus, unseren Herrn, von den Toten auferweckt – ihn, der wegen unserer Verfehlungen dem Tod preisgegeben wurde und dessen Auferstehung uns den Freispruch bringt. (Röm 4,24-25)

Nun ist ja der Geist, der in euch wohnt, der Geist dessen, der Jesus von den Toten auferweckt hat. Und weil Gott Christus von den Toten auferweckt hat, wird er auch euren sterblichen Körper durch seinen Geist lebendig machen, durch den Geist, der in euch wohnt. (Röm 8,11)

Gott ist der lebendige Gott und Sünde die Ursache für Tod. Der Tod kann nur die Sünder festhalten. Jesus hat völlig mit Schuld, Scham und Sünde abgerechnet, deswegen konnte das Grab ihn nicht halten. Im Tod Jesu sehen wir also die Folge der Sünde, aber in seiner Auferstehung den glorreichen Sieg des lebendigen Gottes über die tödliche Sünde.

Wenn du dein Vertrauen auf Jesus setzt, wirst also auch du eines Tages vom Tod auferstehen und für immer ohne Sünde und ihre tödlichen Auswirkungen leben. Ich kann nicht sagen, wie sehr ich mir für dich wünsche, dass du Christ wirst! Dann werden wir gemeinsam von den Toten auferstehen, um die Ewigkeit mit Jesus und den vielen Menschen zu verbringen, für die er ans Kreuz gegangen ist.

8. Am Kreuz hat Jesus uns Gottes heilende Kraft offenbart:

Durch seine Wunden sind wir geheilt. (Jes 53,5)

Jesaja hat Hunderte von Jahren zuvor vorausgesehen, dass sich in dem Moment, als Jesus am Kreuz hing, viele entsetzt von ihm abwenden würden, so entstellt war er (Jes 52,14). Aber drei Tage danach stand er völlig wiederhergestellt wieder auf von den Toten. Wenn du Christ bist, ist dir völlige körperliche Heilung garantiert, weil Jesus die Sünde und ihre Auswirkungen besiegt hat, einschließlich Krankheit.

Für manche bedeutet das wundersame Heilung von Krankheit, wie ich es als Pastor einige Male miterlebt habe. Aber für viele bedeutet es, dass die Wunden, blauen Flecke und Geschwüre, die die *Sünde* ihnen zugefügt hat, geheilt werden, wenn sie sich von diesen schlechten Praktiken abwenden (Jes 1,6). Menschen empfangen die Auferstehungskraft Jesu, wenn sie sich an ihm festmachen. Der vernebelte Verstand eines Alkoholikers wird enorm viel klarer, wenn Jesus ihn neu macht, aber die Leberzirrhose bleibt oftmals, bis er stirbt. Was es für *jeden* von uns bedeutet: Auf der anderen Seite des Grabes wird unser Körper völlig geheilt sein, so wie es Jesu Leib nach seiner Auferstehung war (1Kor 15,51-55).

Susan, ich weiß, dass du viele gesundheitliche Probleme hattest, vor allem als Kind. Solche Beschwerden sind die Folgen einer gefallenen Welt; unser Körper leidet mit unserer Seele unter den Qualen der Sünde. Aber ich verspreche dir, dass Jesus nicht nur zur Vergebung unserer Sünden gestorben ist, sondern auch am dritten Tage als Prototyp vollständiger Heilung auferstanden ist, die uns erwartet, wenn wir ihm vertrauen.

Deswegen läuft es alles darauf hinaus, ob du an Tod und Auferstehung Jesu glaubst. In unserem Gespräch hast du gesagt, dass du glaubst, dass Jesus gelebt hat und gestorben ist, aber du Anfragen an die Auferstehung hast. Nachdem du nun gelesen hast, was der Tod am Kreuz uns über Gott offenbart, will ich dir kurz sagen, wie ich zu dem Glauben gekommen bin, dass Jesus tatsächlich von den Toten auferstanden ist. Denn ohne seine Auferstehung könnte er dir nicht mehr helfen als irgendein anderer Heiliger, der irgendwann gelebt hat und nun tot ist. Ich habe nicht immer an die Auferstehung geglaubt, aber diese Argumente haben mein Denken verändert:

1. Jesus hat seinen Tod vorausgesagt. Zu mehreren Gelegenheiten hat er sein Sterben und seine Auferstehung angekündigt (Mt 12,38-40; Mk 8,31; 9,31; 10,33-34; Joh 2,18-22).

2. Jesus starb tatsächlich leibhaftig. Ein ausgebildeter Henker stellte dies sicher, als er ihm einen Speer in die Seite rammte und sein Herz durchstach (Joh 19,34-35). Vorher hatte er Schläge bekommen, die ihn alleine schon fast getötet hätten, und dann wurde er auch noch in Leinentücher gewickelt, die ungefähr 50 Kilo gewogen haben dürften, und drei Tage ohne jede ärztliche Hilfe in einem kalten Grab abgelegt.

3. Das Grab, in dem er gelegen hatte, war drei Tage später leer. Jesus wurde in dem Grab eines wohlhabenden und bekannten Mannes namens Joseph von Arimathäa begraben (Mt 27,57-60; Mk 15,42-46; Lk 23,50-53; Joh 19,38-42). Die Grabstelle wird also allgemein bekannt gewesen sein. Wenn Jesus nicht wirklich auferstanden wäre, wäre das ziemlich einfach zu beweisen gewesen; man hätte nur das Grab öffnen und seinen Leichnam als Beweis präsentieren müssen.

4. Als Auferstandener ist Jesus vielen Zeugen erschienen, darunter seiner Mutter Maria (Apg 1,14), seinen Jüngern (Mt 28,16-20), seinen Freunden wie Petrus (1Kor 15,5), seinen Feinden wie Saulus (1Kor 9,1; 15,8), seinem Bruder Jakobus (1Kor 15,7) und einer Menge von fünfhundert Menschen (1Kor 15,6).

5. Viele Leute fingen an, Jesus als ihren Herrn und Gott zu verehren, der am Kreuz für ihre Sünden gestorben sei und in seiner Auferstehung neues Leben gebracht hätte. Deswegen versammelten sie sich nicht mehr samstags [am Sabbat], sondern kamen am Sonntag zusammen, dem Tag der Auferstehung. Die ersten Christen begannen auch mit Taufe und Abendmahl. Die Taufe zeigt, dass ein Christ mit Christus begraben ist und mit ihm in Reinheit wieder auferstehen wird, während das Abendmahl an den Leib und das Blut Jesu erinnert, also sein Leben, das er am Kreuz für uns gegeben hat.

6. Damals gab es eine ganze Reihe von Männern, die als Messias auftraten. (Solche Leute gibt es auch heute noch, denk nur an den einen Verlierer bei den Präsidentschaftswahlen 2004!) Viele hofften, dass er das Land von seinen Problemen befreien würde, unterstützten ihn ihm Wahlkampf, investierten Geld, Zeit und Energie und zogen voller Hoffnung in die Wahlen. Aber als er verlor, gaben sie ihre Hoffnung auf oder suchten sich einen neuen Heilsbringer.

Kein vernünftiger Mensch würde jemanden als Erlöser anpreisen, der eine totale Niederlage erlitten hat. Als der Messias Jesus getötet wurde, hätte jeder erwartet, dass seine Jünger vernünftig reagieren und aufgeben würden. Aber das genaue Gegenteil trat ein: Sie engagierten sich umso leidenschaftlicher, waren mutiger und stärker als je zuvor. Die einzig mögliche Quelle für ihre neue Hoffnung war, dass sie die Wahrheit sagten: Sie hatten Jesus gesehen, der von den Toten auferstanden und nun ziemlich lebendig war.

7. Sogar nichtchristliche Geschichtsschreiber bezeugen Tod und Auferstehung Jesu als eine historische Tatsache. Ein Beispiel dafür ist Josephus, ein jüdischer Geschichtsschreiber, der wenige Jahre nach Jesu Tod geboren wurde. Sein meistzitierter Abschnitt, das sogenannte *Testimonium Flavianum* [„Zeugnis des Flavius Josephus"] besagt:[32]

> *Um diese Zeit lebte Jesus, ein Mann voller Weisheit, wenn man*
> *ihn überhaupt einen Menschen nennen darf. Er tat nämlich ganz*
> *unglaubliche Dinge und war der Lehrer derjenigen Menschen,*
> *welche gerne die Wahrheit aufnahmen; so zog er viele Juden und*
> *viele aus dem Heidentum an sich. Er war der Messias. Auf Anklage*
> *der Vornehmen bei uns verurteilte ihn Pilatus zwar zum Kreuzes-*
> *tode; gleichwohl wurden die, welche ihn früher geliebt hatten, auch*
> *jetzt ihm nicht untreu. Er erschien ihnen nämlich am dritten Tage*
> *wieder lebend, wie gottgesandte Propheten neben tausend anderen*
> *wunderbaren Dingen von ihm verkündet hatten. Noch bis jetzt hat*
> *das Volk der Christen, die sich nach ihm nennen, nicht aufgehört.*

Jesus hat also nicht nur gelebt und ist gestorben, sondern ist als einziger vom Tode wieder auferstanden und hat damit Tod und Sünde besiegt. Er tat es aus Liebe zu dir, um eine Beziehung zu dir haben zu können. Damit du erkennen kannst, wie wunderbar Gott ist.

Jesus lebt; er ist heute im Himmel und herrscht als Gott über seine ganze Schöpfung. So kennt er jedes Haar auf deinem Kopf, jeden Tag deines Lebens, jeden Wunsch deines Herzens und jeden Gedanken in deiner Seele. Mit ihm kannst du jederzeit reden, und wenn du ihn bittest, wird er sich dir zu erkennen geben. Du kannst dich jederzeit seiner Vergebung zuwenden und er wird dich in seine Arme schließen. Ich bete fest, dass du Gott in Jesus am Kreuz erkennst und Jesus begegnest, der das Grab verlassen hat als gerechter, liebender, persönlicher, fröhlicher, guter, weiser, lebendiger und mächtiger Gott. Er ruft dich, dass du deine Hand in seine legst und als Christin mit ihm gehst.

Nur in Jesus können deine Fragen beantwortet werden, nur in ihm deine Sehnsüchte gestillt werden und deine Sünden vergeben. Nur in Jesus kann dein Leben verändert werden, werden deine Gebete beantwortet und wird die Ewigkeit eine Freude für dich.

Jesus ruft nach dir und ich bete, dass du mit ihm in Kontakt trittst. Wenn du das tust, sag mir bitte Bescheid. Dann werde ich dir das Abendmahl austeilen, bei dem sich Christen an den gebrochenen Leib und das vergossene Blut erinnern. Und dann werde ich dich taufen, um der Welt zu zeigen, dass Jesus für dich gestorben und auferstanden ist, um dich ins Reine mit Gott zu bringen, die Sünde zu beseitigen und dir durch seinen Tod neues Leben zu geben.

Rückfragen zum Thema „Offenbarung"

Haben die Gläubigen im Alten Testament erwartet, dass Jesus kommen und für ihre Sünden am Kreuz sterben würde?

Die Bibel kündigt klar an, dass Jesus als Diener und Messias kommen würde, der für unsere Sünden sterben würde. Am deutlichsten wird das im Alten Testament wohl in Jesaja 53,4-6:

> *In Wahrheit aber hat er die Krankheiten auf sich genommen, die für uns bestimmt waren, und die Schmerzen erlitten, die wir verdient hatten. Wir meinten, Gott habe ihn gestraft und geschlagen; doch wegen unserer Schuld wurde er gequält und wegen unseres Ungehorsams geschlagen. Die Strafe für unsere Schuld traf ihn und wir sind gerettet. Er wurde verwundet und wir sind heil geworden.*

> *Wir alle waren wie Schafe, die sich verlaufen haben; jeder ging*
> *seinen eigenen Weg. Ihm aber hat der Herr unsere ganze Schuld*
> *aufgeladen.*

Hunderte von Jahren nach Jesajas Prophetie begriffen die Menschen, die die Kreuzigung miterlebten, dass er um der Sünde willen so geschlagen wurde. Die Qualen waren so schrecklich, weil Sünde so schrecklich ist. Sie verstanden, dass er letztlich von Gott geschlagen wurde.

Doch es war nicht seine eigene Sünde, sondern unsere, wie Jesaja erklärt. Um den Tod Jesu begreiflich zu machen, verwendet er die Bilder vom Passahlamm und vom ersten Bock am Versöhnungstag. Doch nun war es ein Mensch, kein bloßes Lamm oder ein Bock, der sein Blut vergoss.

Jesaja ruft aus, dass Gott Jesus für unsere Übertretungen durchbohrt und er wegen unseres Ungehorsams geschlagen wird. Der Herr legte unsere Schuld auf Jesus, unseren Stellvertreter, damit wir Frieden, Heilung und Annahme erleben können. Jesus hat uns so sehr geliebt, dass er für uns gelitten hat.

Wie kann Gott gut sein und trotzdem zulassen, dass Jesus am Kreuz stirbt?

Wer Jesus liebt, der kann kaum Jesaja 53,10 lesen, ohne in Tränen auszubrechen: *„Aber der Herr wollte ihn leiden lassen und zerschlagen."* Das hebräische Wort, das hier mit „wollen" wiedergegeben ist, bedeutet eigentlich „sich an etwas freuen, etwas genießen", also „sich etwas wünschen".

Die Frage bleibt, wie der liebende Vater sich daran freuen kann, seinen Sohn fertigzumachen. Ist das nicht wie ein Vater, der seine Stahlkappenstiefel anzieht und auf dem Kopf seines ältesten Sohnes herumtrampelt, bis er in einer Pfütze voll Blut liegt?

Auf den ersten Blick wirkt dieses Bild von Gott, der als Vater seinen Sohn zermalmt, wie göttlicher Kindesmissbrauch. Aber Jesaja wurde glücklicherweise von Gott, dem Heiligen Geist inspiriert, als er dies schrieb, und wer weiterliest, anstatt sich vom Text zu entfernen und sich in Spekulationen zu ergehen, findet Klärung und Erklärung. Der Vater hat keine Freude daran, Jesus zu schlagen, sondern an dem Opfer, das Jesus in Demut und Liebe für uns gebracht hat (Jes 53,10-11, Gute Nachricht):

> *Aber der Herr wollte ihn leiden lassen und zerschlagen. Weil er*
> *sein Leben als Opfer für die Schuld der anderen dahingab, wird er*
> *wieder zum Leben erweckt und wird Nachkommen haben. Durch*
> *ihn wird der Herr das Werk vollbringen, an dem er Freude hat.*
> *Nachdem er so viel gelitten hat, wird er wieder das Licht sehen*
> *und sich an dessen Anblick sättigen. Von ihm sagt der Herr: „Mein*

Bevollmächtigter hat eine Erkenntnis gewonnen, durch die er, der Gerechte, vielen Heil und Gerechtigkeit bringt. Alle ihre Vergehen nimmt er auf sich."

Vater und Sohn sind keine Kompromisse eingegangen, um ihrem Herzenswunsch zu folgen, die Ketten der Sünde von den Schultern der Menschheit zu reißen, damit wir eine Welt ohne Leid, Qualen, Tod und Hölle erleben können. Dieses tiefe Verlangen gab Jesus die Kraft, die Höllenqualen der Kreuzigung auszuhalten, so wie es den Vater dazu brachte, Jesus für uns zu schlagen, um uns diese neue Welt zu schaffen.

Jesus hat uns die Eintrittskarte in das Reich Gottes gesichert, in der Männer und Frauen miteinander und mit ihrem Schöpfer in Frieden leben und das Wirklichkeit werden lassen, was Gott in der Würde der Schöpfung im Sinn gehabt hatte, bevor es im Sündenfall verloren ging. Nur durch ihn werden viele Menschen gerechtfertigt und befreit von den Wirkungen der Sünde wie Leid, Schmerz, Ungerechtigkeit, Tränen, Sorgen, Traurigkeit, Herzschmerz, Krankheit und Tod.

Wie Jesaja sagt, ist dies nur möglich, weil Jesus sein Leben als Opfer gab und wieder zum Leben erweckt wurde. Wir, die wir an ihn glauben, werden bildlich gesprochen zu seinen Nachkommen, die geistlich in die Familie Gottes hineingeboren werden, weil wir im Sieg Jesu Anteil an der Vergebung bekommen.

Der Text bei Jesaja beschreibt Jesus also nicht als unfreiwilliges Opfer des Vaters:

Er wurde misshandelt, aber er trug es, ohne zu klagen. Wie ein Lamm, wenn es zum Schlachten geführt wird, wie ein Schaf, wenn es geschoren wird, duldete er alles schweigend, ohne zu klagen. (Jes 53,7)

Jesus hat nicht gegen sein Leiden protestiert, sondern schwieg standhaft und konzentrierte sich auf seine Aufgabe, den Vater im Himmel zu verherrlichen und seine Menschen auf der Erde zu retten. Wenn Jesus für seine eigenen Sünden gestorben wäre, wäre er als rechtschaffener Mensch nicht ruhig geblieben, sondern hätte seine Schuld bekannt. Aber er tat es nicht, weil es nichts zu bekennen gab.

Jesus nutzte seine letzten Atemzüge nicht dazu, die Ungerechtigkeit anzuprangern, die er erleiden musste, denn er war völlig freiwillig in dieses Leiden hineingegangen und wusste, dass er es als unser Stellvertreter zu Recht erlitt. Genau das hätten wir verdient gehabt. Die einzig sinnvolle Erklärung für sein Schweigen ist, dass er das Opfer freiwillig auf sich nahm und bewusst und willentlich Ja dazu sagte, an unserer statt bestraft zu werden, um uns von Sünde, Tod und Teufel zu erlösen. Deshalb können Christen nicht aufhören, ihn zu loben und zu feiern.

Anmerkungen

[1]   D. A. Carson, „Maintaining Scientific and Christian Truths in a Postmodern World", *Science and Christian Belief,* Jahrgang 14, Nr. 2 (Oktober 2002), S. 107–122 (http://www. scienceandchristianbelief.org/articles/carson.pdf).

[2]   Josephus, *Jüdischer Krieg,* 7.203.

[3]   Cicero, *Pro Rabirio,* 5.16.

[4]   Sueton, *Das Leben der Cäsaren,* Vesp. 5.4.

[5]   Ohne Quellenangabe, von den Übersetzern wörtlich aus dem englischen Original übersetzt.

[6]   Nicht alle deutschsprachigen Übersetzungen geben diese Bedeutung her, vgl. z. B. Luther und Gute Nachricht – *Anm. d. Übers.*

[7]   John Stott, *Das Kreuz: Zentrum des christlichen Glaubens,* Marburg 2006 (Francke), S. 204 f.

[8]   C. S. Lewis, „The Humanitarian Theory of Punishment", in: *God in the Dock,* Grand Rapids 1970 (Eerdmans), S. 287–300.

[9]   In *Dienstanweisungen an einen Unterteufel,* Freiburg 2011 (Herder), Einleitung.

[10] Zählung nach den englischen Übersetzungen („redemption", „redeemer" etc.) – *Anm. d. Übers.*

[11] Zitat nach *Luthers sämtliche Schriften IX* und *Luthers Epistelauslegung,* Bd. 4: Der Galaterbrief (http://books.google.de), letzter Satz frei übersetzt – *Anm. d. Übers.*

[12] Der Autor vergleicht auf Englisch die fast gleich klingenden Worte *to impute* und *to impart* – *Anm. d. Übers.*

[13] Beide Psalmzitate nach der Neuen Evangelistischen Übersetzung.

[14] Zitat nach: Martin Luther, *Sermons on the Passion of Christ;* übersetzt von E. Smid und J. T. Isense, Rock Island/Illinois 1956 (Augustana Press), S. 25.

[15] Zitiert aus: James Denney, *The Death of Christ,* London 1911 (Hodder and Stoughton), S. 297.

[16] Eigentlich „straight A's", das ist die Bestnote im amerikanischen Schulsystem – *Anm. d. Übers.*

[17] Das Wort *to propitiate* wird in Wörterbüchern mit „jemanden beruhigen, günstig stimmen, gnädig stimmen, versöhnen, besänftigen" angegeben – *Anm. d. Übers.*

[18] Die Stellen bringen im Griechischen *ilasmos* bzw. *ilasterion* oder das Verb *ilaskomai* – *Anm. d. Übers.*

[19]   Von lateinisch *pro-* („für") + *petere* („hingehen", „bitten", vgl. „Petition"). Quelle: www. etymonline.de – *Anm. d. Übers.*

[20]   Karl Barth, *Kirchliche Dogmatik IV/1*, Zürich 1940 (Theologischer Verlag Zürich), S. 170.

[21]   P. T. Forsyth, *The Cruciality of the Cross*, London 1948 (Independence Press), S. 99.

[22]   Alle drei Zitate im Original nach Bruce Demarest, *The Cross and Salvation,* Wheaton 1997 (Crossway), S. 162, das dritte ist der deutschsprachigen Ausgabe von Calvins Römerbriefkommentar entnommen: *Der Brief an die Römer,* Calvin Studienausgabe Bd. 5, Neukirchen-Vluyn 2005 (Neukirchner), S. 293.

[23]   Die letzten drei Zitate sind nach G. Michael Thomas zitiert, *The Extent of the Atonement, A Dilemma for Reformed Theology from Calvin to the Consensus,* Carlisle 1997 (Paternoster), S. 27 bzw. S. 29.

[24]   Der Autor zielt hier auf eine Nebenbedeutung des engl. Verbs *to reconcile* ab, das normalerweise mit „versöhnen" übersetzt wird, aber auch „abgleichen, beilegen, schlichten, unter einen Hut bringen" heißen kann – *Anm. d. Übers.*

[25]   Der Autor zitiert nach Bruce Demarest, *The Cross and Salvation,* Wheaton 1997 (Crossway), S. 163.

[26]   Zitiert in: David Wells, *God in the Wastelands,* Grand Rapids 1994 (Eerdmans), S. 118.

[27]   Wer sich noch tiefer mit dieser Balance beschäftigen will, dem empfehlen wir Gerry Breshears Artikel „Learning to Distinguish between Degrees of Certainty" in: *Lessons in Leadership,* Randal Roberts (Hg.), Grand Rapids 1999 (Kregel).

[28]   John Piper, *Sehnsucht nach Gott,* Waldems 2005 (3L), S. 94 und S. 8.

[29]   John Stott, *Das Kreuz: Zentrum des christlichen Glaubens,* Marburg 2006 (Francke), S. 434.

[30]   Amy Carmichael, *If,* Fort Washington 1992 (CLC), S. 46.

[31]   Der Autor arbeitet hier mit den englischen Ausdrücken „sweet water" („süßes Wasser" für Frischwasser) und „bitter water" („bitteres Wasser" für trübes Wasser). Die Stichwortverbindung zum „süßen, freundlichen" bzw. „bitteren" Gemüt kann auf Deutsch leider nicht nachgeahmt werden – *Anm. d. Übers.*

[32]   Übersetzung nach www.wikipedia.de (September 2012).

Durch seinen Tod ist er
zum Sühneopfer für unsere Sünden geworden,
und nicht nur für unsere Sünden,
sondern für die der ganzen Welt.
1. Johannes 2,2